U0089226

中國學術思想 研究輯刊

三八編

林慶彰 主編

第15冊

沉香齋經學文存（中）

龐光華 著

花木蘭文化事業有限公司

國家圖書館出版品預行編目資料

沉香齋經學文存（中）／龐光華 著 -- 初版 -- 新北市：花木
蘭文化事業有限公司，2023〔民 112〕
目 2+240 面；19×26 公分
（中國學術思想研究輯刊 三八編；第 15 冊）
ISBN 978-626-344-403-4（精裝）
1.CST：經學 2.CST：訓詁學 3.CST：文集
030.8   112010425

中國學術思想研究輯刊
三八編　第十五冊   ISBN：978-626-344-403-4

沉香齋經學文存（中）

作　　者　龐光華
主　　編　林慶彰
總 編 輯　杜潔祥
副總編輯　楊嘉樂
編輯主任　許郁翎
編　　輯　張雅淋、潘玟靜　美術編輯　陳逸婷
出　　版　花木蘭文化事業有限公司
發 行 人　高小娟
聯絡地址　235 新北市中和區中安街七二號十三樓
　　　　　電話：02-2923-1455 ／傳真：02-2923-1452
網　　址　http://www.huamulan.tw 信箱 service@huamulans.com
印　　刷　普羅文化出版廣告事業
封面設計　劉開工作室
初　　版　2023 年 9 月
定　　價　三八編 16 冊（精裝）新台幣 42,000 元
版權所有 • 請勿翻印

沉香齋經學文存(中)

龐光華　著

目

次

今本《尚書·仲虺之誥》非偽書新證

提要：

　　《古文尚書》中一篇的《仲虺之誥》近千年來一直被懷疑是魏晉人所偽造的偽書。本文從漢語史、語言學、古文獻學、文字學等方面列舉十六類證據，共三十條左右，具體論證了今本《仲虺之誥》就是商代古本的真實文獻，在流傳過程中雖然有少數流變，但不可能是戰國以後的人所能偽造。

關鍵詞：仲虺之誥　孔傳　偽造　尚書　魏晉人

　　本書前面綜合詳細考證了今本《古文尚書》不可能是魏晉人偽造，只能是孔安國傳下來的先秦古文獻，並且具體詳盡考證了今本《古文尚書》的《說命》三篇肯定是西周以前的文獻，戰國時代的人都不可能偽造，更何況魏晉人更不能偽造。我們現在具體考證《古文尚書》中的《仲虺之誥》不可能是魏晉人偽造。

　　孔子為《仲虺之誥》作序言：「湯歸自夏，至於大坰。仲虺作《誥》。」按照古人編書的慣例，孔子為《尚書》所作的各篇序是單獨彙編成書的，並不分散於《尚書》各篇之中。因此，司馬遷只是看到了孔子的《書序》，而沒有看到《古文尚書》的《仲虺之誥》的原文。

　　自從宋代的吳棫、朱熹以來，眾多學者認為今本《古文尚書》的《仲虺之誥》是魏晉時代人所偽造〔註1〕。我們可以明確斷言今本《古文尚書》的《仲

〔註1〕具體參看閻若璩《尚書古文疏證》（黃懷信等校點，上海古籍出版社，2010年版），王鳴盛《尚書後案》之《尚書後辨》（顧寶田等校點，北京大學出版社，

虺之誥》不可能是魏晉人所造的偽書,甚至不可能是戰國時代的偽書,就是商代的真實文獻,最多只是個別字詞在傳抄中發生了流變,例如「惟」是戰國時代才有的字形,在西周以前不存在,這只可能是今本《古文尚書》是戰國時代傳抄而成的,所以帶有戰國文字的特徵,不能表明原始文本成立於戰國時代。我們一定要注意區分古文獻的起源年代和最後抄本的寫定年代。所以,不能依據個別字形的晚起而否定《仲虺之誥》的真實性和古老性。我們從漢語史、語言學、古文獻學、文字學等角度列舉多證,考證今本《古文尚書·仲虺之誥》斷然不可能是戰國以後人所能偽造的。

1.《仲虺之誥》:「成湯放桀于南巢,惟有慚德。」孔傳:「有慚德,慚德不及古。」此文的「慚德」一詞頗為獨特,罕見於先秦兩漢典籍。僅僅見於《左傳·襄公二十九年》吳國公子季札入魯觀周樂,「見舞《韶濩》者,曰:『聖人之弘也,而猶有慚德,聖人之難也』。」杜注《韶濩》為「殷湯樂」。是商湯之樂,《周禮·春官·大司樂》稱《韶濩》為《大濩》。又杜注「慚德」為「慚於始伐」。先秦典籍別無「慚德」它例。《仲虺之誥》和《左傳》此文的「慚德」到底哪個才是本源呢?如果以為《仲虺之誥》是戰國以後甚至魏晉時代的偽書,那就只能是《左傳》為本源。但是我認為恰恰相反。《左傳》的「慚德」只能是承襲了今本《仲虺之誥》的「慚德」。因為《左傳》此文沒有言及成湯流放夏桀於南巢之事,《左傳》此文的文脈與《仲虺之誥》的上下文脈明顯懸殊,《左傳》此文沒有暗示是引述了古本的《仲虺之誥》。戰國以後的作偽者如何可能將《左傳》「猶有慚德」改為「惟有慚德」,並恰到好處地放到偽造的《仲虺之誥》之中?作偽者根本無法判斷古本《仲虺之誥》有「惟有慚德」這句話。《仲虺之誥》在春秋時代廣為流傳,《左傳》一共四次明確提到「仲虺」之名,三次明確引述其文,都可與今本《仲虺之誥》相比對。但是今本《仲虺之誥》的「慚德」一詞在《左傳》中沒有標示為《仲虺之誥》或「仲虺之言、仲虺有言」。不要說是魏晉時代,就是春秋戰國時代,如果沒有今本《仲虺之誥》作參考,任何人都不可能知道「慚德」一詞是來自《仲虺之誥》。因此戰國以後的作偽者完全不可能將《左傳》的「慚德」一詞恰到好處地放到偽造的《仲虺之誥》中。只能是《左傳》襲用了今本《仲虺之誥》的「慚德」,其源流肯定

2012 年版),王先謙《尚書孔傳參正》(中華書局點校本,2011 年。何晉點校),屈萬里《尚書集釋》(李偉泰、周鳳五校,中西書局,2014 年)附錄三《偽古文尚書襲古簡注》。

是這樣，不可能相反。《史記‧吳太伯世家》完全引述了《左傳》之文，所以有「慚德」一詞。從《史記》來看，司馬遷沒有見過今本《仲虺之誥》，絲毫沒有涉及《仲虺之誥》的內容。那是因為司馬遷創作《史記》的時候，《古文尚書》還沒有被發現。所以《史記》所述的《尚書》都是《今文尚書》，沒有《古文尚書》，清代學者已經有堅強的論證〔註2〕，本文毋庸贅言。

還有一點，《左傳》只是說「聖人之弘也，而猶有慚德，聖人之難也」。沒有明說聖人是成湯，而且完全沒有說成湯放夏桀之事，更沒有提到仲虺。因此，戰國以後作偽者絕無可能依據《左傳》的「慚德」這幾句偽造出今本《仲虺之誥》的「成湯放桀于南巢，惟有慚德」。所以今本《仲虺之誥》就是春秋時代廣為流傳的商代的古本，不可能出於戰國以後人的偽造。更考《殷周金文集成》4326器《番生簋蓋》（西周晚期）〔註3〕：「尃求不替德。」張亞初《殷周金文集成引得》〔註4〕88頁讀「替」為「僭」。光華案，張亞初訓「替」為「僭」，

〔註2〕例如，段玉裁《古文尚書撰異》（中華書局影印本，1998年）、皮錫瑞《今文尚書考證》（盛冬鈴、陳抗點校，中華書局，2011年版）以及皮錫瑞《經學通論》（周春健校注，華夏出版社，2011年版）二《書經》37《論〈伏傳〉之後以〈史記〉為最早，〈史記〉引〈書〉多同今文，不當據為古文》（皮錫瑞此文考證《史記》所引《尚書》與《古文尚書》不合）、王先謙《尚書孔傳參正》（何晉點校，2011年版中華書局）等等，都明確認為《史記》是依據了《今文尚書》，而不是《古文尚書》。皮錫瑞《經學通論》37條92頁引陳壽祺之說稱司馬遷時代只有歐陽氏所傳的《尚書》，《史記》所據是歐陽氏的《今文尚書》。同頁又引臧琳《經義雜記》稱《史記》所引《尚書》為今文。皮錫瑞本人是今文經學家，其《今文尚書考證》不討論《古文尚書》，且明稱《古文尚書》是偽古文。程元敏《尚書學史》（華東師範大學出版社，2013年版）上674頁本來認識到：「故馬遷所習者亦今文無疑。」這是正確的。但後來又說《古文尚書》出來後，孔安國又將《古文尚書》傳授給司馬遷，這是毫無根據的臆測，不可取。馬士遠《兩漢〈尚書〉學研究》（中國社會科學出版社，2014年版）第一編第六章《司馬遷〈尚書〉學研究》第一節也認為司馬遷兼採今古文《尚書》，主要依據了《漢書‧司馬遷傳》和《經典釋文序錄》，這是不可信的。
〔註3〕郭沫若《兩周金文辭大系考釋》（見《郭沫若全集‧考古編》八，科學出版社，2002年）新頁283推斷此器為周厲王時代，彭裕商取其說。郭沫若後改其說為周懿王時代。楊樹達《積微居金文說》（增訂本，中華書局，1997年。86～88頁）卷四有《番生簋蓋跋》和《番生簋蓋跋再》。吳其昌推定為周成王時代，容庚推斷為周宣王時代，李學勤推斷為周幽王時代，白川靜、劉起釪推斷為周夷王時代，唐蘭、陳夢家、馬承源推斷為周孝王時代，吳其昌後改其說為周孝王時代。吳鎮烽推斷為西周中期後段。以上材料並見黃鶴著《西周有銘銅器斷代研究總覽》（上海古籍出版社，2021年）552～553頁。
〔註4〕中華書局，2001年。另參看中國社科院考古所《殷周金文集成》（修訂增補本，中華書局，2007年）第四冊2708～2709頁。

義不可通。「瞀德」當讀為「慚德」。「瞀」的上古音是從母侵部，「慚」是從母談部，古音通轉，毫無可疑。更考《尚書‧洪範》：「沉潛剛克。」《左傳‧文公五年》引《商書》作：「沈漸剛克。」《史記‧宋微子世家》、《漢書‧谷永傳》也引「潛」作「漸」。可知「潛」與「漸」可通假。則《仲虺之誥》的「慚德」就是西周晚期金文《番生簋蓋》的「瞀德」。戰國以後人如何能偽造得與西周金文一致？因此，今本《仲虺之誥》一定是先秦古本，魏晉人絕無可能偽造。

2.《仲虺之誥》：「予恐來世以台為口實。」其中「台」為第一人稱，是《尚書》才有的特殊的語言現象。通檢儒家十三經和《國語》、《逸周書》、《戰國策》、《荀子》、《韓非子》、《呂氏春秋》、《莊子》、《墨子》等先秦古文獻，只有《尚書》才有以「台」為第一人稱代詞的現象，今古文《尚書》在這點上是高度一致的。《爾雅》解釋「台」為「我、予」就是針對《尚書》而言。詳參本書《今本〈尚書‧說命〉非偽書新證》〔註5〕（一）《從《說命》與《楚語》的比較論今本《說命》非偽書》之五。這是後世無法偽造的。

「口實」一詞，又見於《左傳‧襄公二十二年》鄭人使少正公孫僑對答晉國使臣徵朝的要求，曰：「若不恤其患，而以為口實，其無乃不堪任命，而翦為仇讎，敝邑是懼。」鄭國的子產（即少正公孫僑。少正即少卿，爵位高於上大夫）〔註6〕對答晉國使臣的一大段話中使用了一次「口實」，而且沒有標明利用了古本《仲虺之誥》的典故。戰國以後的作偽者不可能從這一大段話中單單提取出「口實」一詞來偽造《仲虺之誥》的「予恐來世以台為口實」。這是斷不可能之事。魏晉人怎麼知道古本《仲虺之誥》中有「口實」一詞。《左傳‧襄公二十五年》齊莊公被齊國權臣崔杼所殺後，晏子立於崔氏之門外，曰：「君死，安歸？君民者，豈以陵民？社稷是主。臣君者，豈為其口實，社稷是養。故君為社稷死，則死之；為社稷亡，則亡之。若為己死而為己亡，非其私昵，誰敢任之？且人有君而弒之，吾焉得死之，而焉得亡之？將庸何歸？」晏子的這一長段話非常貫通，在意思上與《仲虺之誥》「予恐來世以台為口實」絲毫

〔註5〕已經收入本書。或參看上海社會科學院主辦《傳統中國研究集刊》第22輯，上海社會科學出版社，2020年。

〔註6〕附帶提及，《荀子‧宥坐》篇稱：「孔子為魯攝相，朝七日而誅少正卯。」所傳孔子誅少正卯之事，有可能存在誤解，這個「誅」應該訓為批判、譴責，而在戰國時代誤傳為誅殺。少正卯是魯國的少卿，地位高於孔子，孔子只能譴責他，不可能誅殺少正卯。這個「誅」是口誅筆伐的誅。

不沾邊，且沒有標明是利用了古本《仲虺之誥》的典故。魏晉學者絕無可能利用晏子語言中的「口實」一詞，來偽造今本《仲虺之誥》「予恐來世以台為口實」。只能是《左傳》引用了今本《仲虺之誥》的「口實」一詞，因為在春秋時代，今本《仲虺之誥》極為流行。

《國語‧楚語下》楚國的王孫圉聘於晉，晉定公饗之，趙簡子、吳玉以相。趙簡子與王孫圉問答。王孫圉做了長篇應對，其中有讚美觀射父：「未嘗為寶。楚之所寶者，曰觀射父，能作訓辭，以行事於諸侯，使無以寡君為口實。」王孫圉長篇大論，闡發的意思是楚國不以白珩為寶，而以賢臣能臣為寶，內容思想與《仲虺之誥》「予恐來世以台為口實」毫不相干，且沒有標明是利用了古本《仲虺之誥》的典故。因此，魏晉學者不可能利用王孫圉之言偽造出今本《仲虺之誥》「予恐來世以台為口實」。要注意的是《仲虺之誥》的第一人稱是「台」，而整部的《左傳》、《國語》沒有以「台」為第一人稱的用例。魏晉人要從《尚書》中找出「台」，還要同時使用《尚書》中的第一人稱代詞「予」（《左傳》、《國語》的第一人稱代詞不用「予」，用「余」），從《左傳》或《國語》找出「口實」，然後再偽造出今本《仲虺之誥》「予恐來世以台為口實」。同一句中使用兩個不同的第一人稱代詞「予」和「台」，整部《尚書》僅此一例，整個先秦兩漢典籍也僅此一例，魏晉人絕無依傍，如何偽造得出來？哪有這麼高的學術水平和如此精密的作偽技巧？絕對不可信。《易經‧頤卦》：「自求口實。」「口實」是口中食物。《公羊傳‧文公五年》：「含者何？口實也。」這個「口實」是死者入殮時口中所含之物。《易經》、《春秋公羊傳》的「口實」的意思均與《仲虺之誥》無關，且上下文脈的意思絲毫不相干，所以魏晉人更不可能利用《易經》、《春秋公羊傳》的「口實」來偽造《仲虺之誥》「予恐來世以台為口實」。今本《仲虺之誥》一定是真本的商代文獻。

3.《仲虺之誥》仲虺曰：「惟天生民有欲，無主乃亂。」孔傳：「民無君主，則恣情慾，必致禍亂。」考《仲虺之誥》此文可比對《逸周書‧文酌》：「民生而有欲。」但是《文酌》的文脈是：「民生而有欲，有惡，有樂，有哀，有德，有則。則有九聚，德有五寶，哀有四忍，樂有三豐，惡有二咎，欲有一極。」清代學者于鬯以為《文酌》是出於周文王〔註7〕，甚有可能。兩相比對，文章和思想有明顯不同。魏晉人斷不可能依據《文酌》的「民生而有欲」，而偽造出《仲虺之誥》「惟天生民有欲，無主乃亂」。因為魏晉人不可能知道古本《仲

〔註7〕見黃懷信等《逸周書匯校集注》57頁，上海古籍出版社，2013年版。

誥之誥》有「惟天生民有欲，無主乃亂」這兩句，怎麼可能依據《逸周書》的這句「民生而有欲」而偽造出《仲虺之誥》之仲虺此言呢？他不會知道仲虺有過此言。而且整部今古文《尚書》只有《仲虺之誥》才有這樣的思想，偽造者無所依傍，不可能恰到好處在《仲虺之誥》中偽造此言。因此，「惟天生民有欲，無主乃亂」必是古本《仲虺之誥》的原文。《逸周書·文酌》「民生而有欲」只能是來自今本《仲虺之誥》，不可能有其他來源。這也表明今本《仲虺之誥》在《逸周書·文酌》之前已經成立，則在周文王以前就已經產生了，戰國以後人絕無可能偽造。更考《荀子·禮論》：「禮起於何也？曰：人生而有欲，欲而不得，則不能無求；求而無度量分界，則不能不爭；爭則亂，亂則窮。先王惡其亂也，故制禮義以分之，以養人之欲，給人之求。使欲必不窮乎物，物必不屈於欲。兩者相持而長，是禮之所起也。」我們仔細觀察《荀子》此文的文脈，與《仲虺之誥》的意思相去甚遠，戰國以後人不可能從中提取「人生而有欲」（也許「人」原當作「民」，因避唐太宗諱而改），來偽造《仲虺之誥》的「惟天生民有欲，無主乃亂」。二者有關鍵性的不同：（1）《仲虺之誥》稱「惟天生民」，《荀子》是「人生而」，這有極為明顯的不同。《仲虺之誥》是遠古文獻，有敬畏上天的觀念，而《荀子》是唯物主義，天不怕地不怕，有人定勝天的思想。因此，依據《荀子》「人生而有欲」不可能偽造出思想觀念有很大區別的「惟天生民有欲」。《荀子》沒有「天生民」的觀念。（2）《仲虺之誥》的「無主乃亂」之類的語言不見於先秦兩漢典籍（《左傳》有「無主」，但沒有「無主乃亂」之類的表述），《荀子》此文的文脈完全沒有這層意思，不可能啟發魏晉學者偽造出來今本《仲虺之誥》的「無主乃亂」這樣的話。

　　《仲虺之誥》用「主」，不用「君、王、后」，這也是上古的文例。考《詩經·大雅·卷阿》：「百神爾主矣。」毛傳無釋。鄭箋稱：「使女為百神主，謂群神受饗而佐之。」依據毛序，《卷阿》是召康公戒周成王之詩，則其年代在西周初年，語言承襲商代者較多。「主」很早有「神主」之義，但在商代已經有「人主」之義。金文中多以「主」與「臣」對舉，此不錄。《詩經·周頌·載芟》：「侯主侯伯。」毛傳：「主，家長也。」則是人主。春秋時代，卿大夫稱主。如《左傳·襄公三十一年》：「趙孟將死矣。其語偷，不似民主。」《左傳·宣公二年》：「不忘恭敬，民之主也。賊民之主，不忠。棄君之命，不信。」這是要刺殺趙盾的刺客的歎息，稱晉國正卿趙盾為「民之主」。《左傳·宣公十

五年》：「謀不失利，以衛社稷，民之主也。」從文脈推斷，解揚對楚子說的「民之主」是大臣，不是國君。諸侯國君也稱「民主」，《左傳‧文公十七年》：「襄仲如齊，拜谷之盟。復曰：「臣聞齊人將食魯之麥。以臣觀之，將不能。齊君之語偷。臧文仲有言曰：『民主偷必死』。」這裡的「民主」指齊君。

《論語‧里仁》子曰：「富與貴是人之所欲也。」可知人有欲望的思想和說法在春秋以前肯定存在了。從思想史上看，今本《仲虺之誥》「惟天生民有欲，無主乃亂」是極為精闢的思想，應該在儒家發生之前就有了。儒家強調仁政，反而不容易產生「惟天生民有欲，無主乃亂」這樣深刻的思想。這個思想倒是和戰國時代秦國的法家思想有相通之處，應該是法家產生的遠古思想來源。綜上所述，今本《仲虺之誥》不可能是魏晉人偽造。

4.《仲虺之誥》：「惟天生聰明時乂，有夏昏德，民墜塗炭。」這分兩點討論。

（1）「昏德」一詞在先秦兩漢文獻甚為罕見。考《左傳‧宣公三年》王孫滿對楚王說了一大堆話，有曰：「桀有昏德，鼎遷於商。」《左傳》僅此一處用了「昏德」，而且正是指夏桀。因此《左傳》的「昏德」應該是來自今本《仲虺之誥》。由於《左傳》此處的王孫滿之言沒有提示是出典於《仲虺之誥》，因此魏晉學者不可能提取《左傳》的「桀有昏德」，造出「有夏昏德」而恰到好處地放到《仲虺之誥》中。而且《仲虺之誥》的這段文脈和《左傳》的這段文脈相差十分顯著，只有「夏桀有昏德」這一點相同，因此戰國以後學者不可能單單從《左傳》提取「桀有昏德」而造出「惟天生聰明時乂，有夏昏德，民墜塗炭」，因為《左傳》此處沒有「塗炭」一詞，而且整部《左傳》都沒有「塗炭」這個詞。

（2）更考「塗炭」一詞出現在先秦文獻中只出現於《孟子》。考《孟子‧公孫丑下》：「伯夷，非其君不事，非其友不友。不立於惡人之朝，不與惡人言。立於惡人之朝，與惡人言，如以朝衣朝冠坐於塗炭。」《孟子‧萬章下》：「伯夷，目不視惡色，耳不聽惡聲。非其君不事，非其民不使。治則進，亂則退。橫政之所出，橫民之所止，不忍居也。思與鄉人處，如以朝衣朝冠坐於塗炭也。當紂之時，居北海之濱，以待天下之清也。故聞伯夷之風者，頑夫廉，懦夫有立志。」《孟子》常常引述《尚書》，對於《尚書》非常熟悉（《孟子》引述《尚書》之言至少有十次，稱為「《書》曰」〔註8〕。而沒有引述過《易經》）。所以，

〔註8〕這還只是明顯的，很多地方引用《尚書》沒有注明，而是暗引。

《孟子》這兩處的「塗炭」一詞應該是來自今本《仲虺之誥》的「塗炭」。因為《孟子》此兩處文脈都是在講商朝末年的義士伯夷，與《仲虺之誥》講昏君夏桀的文脈毫不沾邊，一個是義士，一個是暴君，除了「塗炭」一詞，沒有可以相通之處，絕不可能是魏晉學者利用《孟子》的「塗炭」和《左傳》的「桀有昏德」，拼合在一起，造出了「有夏昏德，民墜塗炭」。而且《仲虺之誥》前面的「惟天生聰明時乂」還不知道從哪裏造出來的？因此，今本《仲虺之誥》「惟天生聰明時乂，有夏昏德，民墜塗炭」一定是商代古本的原文，斷無可能是魏晉人偽造。就是戰國時代的神仙也偽造不來。

5.《仲虺之誥》：「天乃錫王勇智，表正萬邦，纘禹舊服。茲率厥典，奉若天命。」這段文字十分古雅，而且在先秦兩漢的典籍中沒有明顯可與對應的文獻，魏晉學者無所依據和參考，打破頭也偽造不出來。但是這段文字有的地方卻與《古文尚書》的其他篇相吻合。例如：

（1）《仲虺之誥》「奉若」一詞，考《古文尚書·周書·君牙》：「用奉若于先王，對揚文、武之光命，追配于前人。」《古文尚書·說命》傅說曰：「明王奉若天道。」〔註9〕《左傳》、《詩經》、《易經》、《史記》都無「奉若」一詞，只有《逸周書·寤儆》周公對答周武王曰：「奉若稽古維王。」〔註10〕依據《寤儆》原文所述，當是周武王時代的文獻，尚未克商奪取天下。但是原文已經稱周武王為王，所以此篇應該是武王克商後追記而成，應在周初，至少周公尚在。因此「奉若」一詞是極為古老的詞彙，確實是商代詞彙。整部《逸周書》只有這一處「奉若」〔註11〕，而且上下文脈與《仲虺之誥》沒有半點關係，難道魏晉學者有能力從《逸周書》全書單單提取一個「奉若」來偽造《仲虺之誥》的這一段嗎？簡直不可思議，絕無可能。《逸周書》的「奉若」必定是承襲了《古文尚書》的用詞，不可能相反。這說明《仲虺之誥》在商末周初的《寤儆》之前早已產生。魏晉人絕對偽造不出「奉若」一詞來恰到好處地安放在《古文尚書》的《說命》、《仲虺之誥》、《君牙》的有關文句之中。

（2）《仲虺之誥》「纘禹舊服」。考《詩經·魯頌·閟宮》：「奄有下土，纘禹之緒。」整部《詩經》只有這一處「纘禹」一語。先秦兩漢典籍也只有《詩

〔註 9〕據《尚書注疏》卷九《說命中》：「惟說命總百官，乃進於王曰：『嗚呼！明王奉若天，建邦設都。……』」

〔註10〕見黃懷信等《逸周書彙校集注》305頁，上海古籍出版社，2013年版。

〔註11〕據此可以推斷《寤敬》不可能是春秋戰國時代的儒家偽造而成，其年代在商末周初，應屬可信。

經》這一處，別無依傍。《古文尚書‧周書‧君牙》：「今命爾予翼，作股肱心膂，纘乃舊服。」但是《君牙》同為《古文尚書》，也被人認為是魏晉人偽造，而不能成為《仲虺之誥》依據的文獻。由於《詩經‧魯頌‧閟宮》的上下文脈與《仲虺之誥》相距甚遠，魏晉人不可能單單從整部《詩經》中提取「纘禹」一詞，再偽造一個極為生僻的「舊服」一詞，來偽造《仲虺之誥》「纘禹舊服」，再偽造《君牙》的「纘乃舊服」。這是完全不可想像的。《仲虺之誥》的「舊服」指古有的疆土，這是很古雅的詞，春秋戰國兩漢以來的文獻幾乎不用的，魏晉人如何偽造得了？況且《君牙》的「舊服」，孔傳訓為「故所服」，意思是「以前所施行的功業」。《尚書‧盤庚上》；「由乃在位以常舊服，正法度。」這個「舊服」，孔傳訓為「故事」，即長久以來的國家慣例。這兩個「舊服」都與《仲虺之誥》的意思不同，所以魏晉人不可能利用今文經《盤庚》的「舊服」來偽造《仲虺之誥》的意思完全不同的「舊服」。

（3）《仲虺之誥》的「表正萬邦」。孔傳：「儀表天下，法正萬國。」則這個「表正」是動詞並列，不是主謂結構。《大戴禮記‧主言》：「表正，則何物不正？」這個「表正」是主謂結構，與《仲虺之誥》的「表正」結構不同。魏晉學者不可能利用《大戴禮記》的「表正」來偽造《仲虺之誥》的「表正」。《孔子家語》的「表正」相關文句完全抄襲了《大戴禮記》，一覽即明，與《仲虺之誥》無關。因此，說王肅偽造《古文尚書》完全是無根之談，厚誣古人。徐幹《中論‧法象第二》：「符表正，故情性治。」「符表正」也是主謂結構，與《大戴禮記》相同，且主語是作「符表」。「表正萬邦」一語，魏晉人是沒有依據可以造出來的。

以上證據表明今本《仲虺之誥》絕不可能是戰國以後人偽造得了的。

6.《仲虺之誥》：「夏王有罪，矯誣上天，以布命于下。帝用不臧，式商受命，用爽厥師。」此可比對《墨子》。考《墨子‧非命上》：「於《仲虺之告》曰『我聞于夏人矯天命，布命於下，帝伐之惡，龔喪厥師。』此言湯之所以非桀之執有命也。」《墨子‧非命中》：「先王之書《仲虺之告》曰『我聞有夏人矯天命，布命于下，帝式是惡，用【爽】闕師。』此語夏王桀之執有命也，湯與仲虺共非之。」《墨子‧非命下》：「《仲虺之告》曰『我聞有夏人矯天命，【布命】于下，帝式是增，用爽厥師。』先秦兩漢典籍只有《墨子》三次引述《仲虺之誥》的原文。別無其他文獻可以比對。那麼是否可能是魏晉學者依據《墨子》的這三次引述而偽造今本《仲虺之誥》「夏王有罪，矯誣上天，以布命于

下。帝用不臧，式商受命，用爽厥師」呢？我認為完全沒有這種可能，只能是
《墨子》引述了不同版本的《仲虺之誥》。考論如下：

　　《非命》三篇所引《仲虺之誥》的文句與今本有明顯不同，多有出入。如
果魏晉學者依據《墨子》偽造今本《仲虺之誥》，有如此異同，不擔心授人以
柄嗎？所以，只能說《非命》三篇所引述的是戰國時代流傳的另一個版本的《仲
虺之誥》，這個版本作「告」，不作「誥」。作「夏人」，不作「夏王」。作「天
命」，不作「上天」。作「驕」，不作「驕誣」。作「帝伐之惡」，又作「帝式是
惡」，又作「帝式是增」，而今本《仲虺之誥》作「帝用不臧」。為什麼有這種
差別的？這是因為墨家所傳的《尚書》和儒家所傳《尚書》是不同的版本，有
較大異同。多有旁證可尋，《墨子》引書不都可信，舉證如下：

　　（1）《尚書》的《說命》，篇名在《墨子·尚同中》居然作《術令》〔註12〕。
而且《墨子》此文所引：「唯口出好興戎。」明顯是《尚書·大禹謨》之言，
但是《墨子》引作《術令》。真是匪夷所思，顯然是傳本的系統不同，或是《墨
子》誤引。

　　（2）《墨子·七患》：「故《夏書》曰：『禹七年水。』《殷書》曰：『湯五
年旱』。此其離凶餓甚矣。」而今本的今古文《尚書》並無此語。孫詒讓《墨
子閒詁》畢沅引述《管子·權數》：「管子曰：湯旱七年，禹五年水。」《莊子·
秋水》：「湯之時，八年七旱。」《荀子·富國》：「禹十年水，湯七年旱。」《賈
誼新書·無蓄》：「禹有十年之蓄，故免九年之水；湯有十年之積，故勝七歲之
旱。」《淮南子·主術》：「湯之時，七年旱。」以上皆言湯七年旱，而且從來
沒有說禹七年水患。但《呂氏春秋·順民》稱：「昔者湯克夏而正天下，天大
旱，五年不收。」《論衡·感虛》：「傳書言湯遭七年旱，以身禱於桑林，自責
以六過，天乃雨。或言五年。」《呂氏春秋》和《論衡》稱湯五年旱應該就是
依據《墨子》。先秦書除《墨子》和戰國末期的《呂氏春秋》外，都稱湯旱七
年，不是五年。足見《墨子》所傳古典與儒家、道家所傳均不相同。

　　（3）《墨子·七患》：「故《周書》曰：『國無三年之食者，國非其國也；
家無三年之食者，子非其子也。』此之謂國備。」今本《尚書·周書》無此文。
孫詒讓《墨子閒詁》引畢沅的考證，以為《墨子》所引的《周書》是《逸周書·
文傳》篇。但是二者雖然意思相通，語句出入極大，以致看不出是直接引述《逸
周書》之文，《墨子》所依據的版本一定與今本《逸周書》不同。

〔註12〕參看孫詒讓《墨子閒詁》（中華書局點校本，1986年版）77頁。

（4）《墨子·尚賢中》：「先王之書《呂刑》道之曰：『皇帝清問下民，有辭有苗。曰群后之肆在下，明明不常，鰥寡不蓋，德威維威，德明維明。乃名三后，恤功于民，伯夷降典，哲民維刑。禹平水土，主名山川。稷隆播種，農殖嘉穀。三后成功，維假于民』。」〔註13〕考今文經《呂刑》相應之文是：「皇帝清問下民，鰥寡有辭於苗。德威惟畏，德明惟明。乃命三后，恤功于民。伯夷降典，折民惟刑；禹平水土，主名山川；稷降播種，家殖嘉穀。三后成功，惟殷于民。」二者對勘，詞句頗有出入，最重要的是《墨子》「群后之肆在下，明明不常，鰥寡不蓋」不見於今本《呂刑》，足見墨家所傳的《呂刑》不是儒家所傳的版本。但是其他文句可以與今本相比對，是重要的校勘根據。①《墨子》作「下民」，《呂刑》「下民」後有「鰥寡」；②《墨子》作「德威維威」，《呂刑》作「德威惟畏」（《禮記·表記》引《甫刑》「畏」作「威」）；③《墨子》作「維」，《呂刑》作「惟」；④《墨子》作「乃名三后」，《呂刑》作「乃命三后」；⑤《墨子》作「哲」，《呂刑》作「折」〔註14〕；⑥《墨子》作「農殖嘉穀」，《呂刑》作「家殖嘉穀」；⑦《墨子》作「維假于民」，《呂刑》作「惟殷于民」。凡此不同之處甚多。足見，墨家所傳《呂刑》與孔子所傳《呂刑》的版本不同。

（5）《墨子·尚賢下》引《呂刑》稱：「於先王之書《呂刑》之書然，王曰：『于！來！有國有土，告女，訟刑在今，而安百姓〔註15〕，女何擇言人，何敬不刑，何度不及』。」考今本《呂刑》：「王曰：呀！來！有邦有土，告爾，祥刑在今。爾安百姓，何擇非人？何敬非刑？何度非及？」《墨子》作「女」，《呂刑》作「爾」；《墨子》作「訟」，《呂刑》作「祥」；《墨子》作「而」，《呂刑》作「爾」；《墨子》作「女何擇言人」〔註16〕，《呂刑》作「何擇非人」，這個異文比較重要，應該是依據了不同的傳本，不是簡單的異文。《墨子》作

〔註13〕見吳毓江《墨子校注》（中華書局點校本，1993 年版。《新編諸子集成》本）78～79 頁。

〔註14〕皮錫瑞《今文尚書考證》（中華書局點校本，2011 年版）444 頁引《漢書·刑法志》「折」作「惄」。又引段玉裁之說稱當作「折」，訓制止。

〔註15〕《墨子》此文的斷句，參考了中華書局點校本《今文尚書考證》（盛冬鈴、陳抗點校）的斷句，不同於王煥鑣《墨子集詁》（上海古籍出版社，2011 年版）201～202 頁、吳毓江《墨子校注》（孫啟治點校，中華書局點校本，1993 年版）97 頁的斷句。

〔註16〕吳毓江《墨子校注》（孫啟治點校，中華書局點校本，1993 年版）104 頁引段玉裁之說，「言」為「吉」之訛。似可信。

「不」，《呂刑》作「非」。這也表明《墨子》所依據的《尚書》是與今本不同的傳本。

（6）《墨子·尚賢中》引《湯誓》云：「聿求元聖〔註17〕，與之戮力同心，以治天下。」考今本《湯誓》並無此文，而見於《湯誥》作：「聿求元聖，與之戮力，以與爾有眾請命。」相互比對，《湯誥》無「同心」和「以治天下」。《墨子》無「以與爾有眾請命」。這表明《墨子》誤將《湯誥》當做了《湯誓》，是墨家引述時記憶有誤。而且墨家所依據的《湯誥》版本與今本《湯誥》有顯著不同，是墨家所傳的《尚書》，不同於儒家所傳。《墨子》明白無誤地寫作是引述《湯誓》，魏晉學者如何敢依據《墨子》所引《湯誓》之文而偽造《湯誥》？這絕對不合情理。《墨子》所引就是別本《湯誥》之文而一時誤記為《湯誓》，不可做別的解釋。《墨子》此文正好表明今本《湯誥》不可能是魏晉人偽造的。

（7）《尚書·呂刑》：「惟作五虐之刑曰法。」依據孔傳，《尚書》原文肯定是作「五虐」。而《墨子·尚同中》引作：「唯作五殺之刑曰法。」改「虐」為「殺」，文義大變。

（8）《墨子·尚賢中》：「此聖王之道，先王之書《距年》之言也。傳曰：『求聖君哲人，以裨輔而身』。」《墨子·尚賢下》：「於先王之書《豎年》之言然，曰：『晞夫聖、武、知人，以屏輔而身。』此言先王之治天下也，必選擇賢者以為其羣屬輔佐。」《豎年》為《距年》之誤。《距年》是先王之書，儒家所未傳，正如《莊子·天下》所稱墨子「好學而博」。

以上各證足見墨家所傳的《尚書》和今本《尚書》頗有歧出是很正常的，《墨子》引述古典根本不是依據原文精確引述，而且所依據的版本也很特別，不是儒家所傳的通行本，這點至關重要。因此，絕對不能依據墨家所引《仲虺之誥》與今本有所不同，就認定今本是魏晉人偽造，那是沒有說服力的。恰恰相反，《墨子》所引與今本《仲虺之誥》顯然是同源異流，反而證明今本《仲虺之誥》是真實的春秋以前的古本文獻，魏晉人不可能如此偽造。例如：

①《仲虺之誥》作「夏王」，《墨子》作「夏人」，但是整部《尚書》凡是稱夏桀的地方沒有稱為「夏人」的，都是「夏王」。考今文經的《湯誓》：「夏王率遏眾力，率割夏邑。」古文經的《湯誥》：「夏王滅德作威。」古文經《咸有一德》：「夏王弗克庸德，慢神虐民。」古文經《泰誓中》：「厥監惟不遠，在

―――――――――――――
〔註17〕「聿」本或作「隧」。

彼夏王。」今古文《尚書》都沒有「夏人」一詞。可知《墨子》所引的「夏人」不是儒家所傳的《尚書》系統。魏晉人不可能根據《墨子》的「夏人」而造出《尚書》的「夏王」。

　　②《墨子》作「天命」，今本《仲虺之誥》作「上天」。如果魏晉學者依據《墨子》偽造《仲虺之誥》，為什麼要做這個改動呢？毫無道理可講。「天命、上天」都見於《尚書》，但是「上天」一詞僅現於《古文尚書》。考《湯誥》：「敢用玄牡，敢昭告于上天神后，請罪有夏。」《湯誥》：「上天孚佑下民。」《泰誓上》：「今商王受，弗敬上天，降災下民。」這些都是《古文尚書》，今文《尚書》沒有出現「上天」，今古文《尚書》都有「天命」。魏晉學者為什麼不利用《尚書》中廣泛使用的「天命」一詞，而要用今文《尚書》中根本沒有的「上天」來偽造古文經《仲虺之誥》呢？這說不通。「上天」一詞還出現於《左傳‧僖公十五年》：「上天降災，使我兩君匪以玉帛相見，而以興戎。」僅此一例。這是晉惠公的妹妹、秦穆公的夫人穆姬要求秦穆公不要將被俘的晉惠公處死而傳話給秦穆公。《詩經‧小雅‧小明》：「明明上天，照臨下土。」《詩經‧小雅‧信南山》：「上天同雲，雨雪雰雰。」《詩經‧大雅‧文王》：「上天之載，無聲無臭。」在上古文獻中，「上天」遠遠不如「天命」用得普通（在金文中只有「天命」，沒有「上天」），二者都是春秋以前的語詞。魏晉學者選擇「上天」，這就造成了與《墨子》所引明顯的不同，他們不怕露出作偽的馬腳嗎？情理上說不通。因此，今本《仲虺之誥》不可能是戰國以後人所偽造。

　　③《墨子》作「帝伐之惡」，又作「帝式是惡」，又作「帝式是增」，而今本《仲虺之誥》作「帝用不臧」。相互比對，二者差別太大，利用《墨子》的「帝伐之惡」、「帝式是惡」、「帝式是增」，不可能造出「帝用不臧」。倒是《左傳‧昭公元年》有「后帝不臧。」《左傳》此文明顯是利用了今本《仲虺之誥》的典故「帝用不臧」。《左傳》此處的上下文脈與《仲虺之誥》沒有任何關聯，學者根本看不出是利用了《仲虺之誥》的典故。魏晉學者不可能知道《仲虺之誥》此處有「帝用不臧」四字可與《左傳》對應。因此，魏晉學者不可能僅僅從《左傳》提取「后帝不臧」四字來偽造《仲虺之誥》的「帝用不臧」（而且二者的語詞並非完全一致，區別很明顯）。只有可能是《左傳》利用了今本《仲虺之誥》的典故。而且《墨子》所引的《尚書》不是《左傳》所引的《尚書》系統。《左傳》所依據的《尚書》系統是今本《尚書》，是儒家所傳的系統。

　　魏晉人要偽造，為什麼依據《墨子》的三段引文要造出如此不同的《仲虺之誥》呢？這不明明是顯而易見的破綻嗎？因此，今本《仲虺之誥》的這段文字絕不可能是魏晉人依據《墨子》所偽造，而是西周以前古本。這是不可質疑的，戰國以後人偽造不了。

　　7.《仲虺之誥》：「簡賢附勢，寔繁有徒。」考《左傳·昭公二十八年》：「（司馬）叔遊曰：《鄭書》有之『惡直醜正，實蕃有徒。』無道立矣，子懼不免。」晉國的司馬叔遊引述「實蕃有徒」一語，明言出自《鄭書》〔註18〕，並非出自《仲虺之誥》或《商書》，魏晉人如何能利用《鄭書》的「實蕃有徒」來偽造《仲虺之誥》的「寔繁有徒」？而且「蕃、繁」用字不同。這是不可想像的事，魏晉人絕無可能如此偽造。只能是《鄭書》襲用了今本《仲虺之誥》的典故，因為《左傳》明示「實蕃有徒」出於《鄭書》，魏晉人不可能直接將《鄭書》的話變成《仲虺之誥》的話，這太容易被人發現，作偽者哪有這樣魯莽的呢？如果《左傳》稱「實蕃有徒」不是出自《鄭書》，而是出自《仲虺之誥》，那就有可能被利用來偽造今本《仲虺之誥》。這個道理是很清楚的。我們不能看到二句有點像，就說《古文尚書》是利用了其他書來偽造的，這不是科學的態度。更何況「簡賢附勢」一語為先秦兩漢文獻所無，其言典雅，魏晉人如何偽造？更何況《孔叢子·連叢子下》作：「惡直醜正，實繁有徒。」明顯出自《左傳》。《潛夫論·愛日》引《傳》曰：「惡直醜正，實繁有徒。」也來自《左傳》。足見《左傳》此言廣為流傳，多被漢代文獻引述，魏晉人為什麼要將「惡直醜正」改成「簡賢附勢」呢？不僅毫無道理，而且偽造不出來，因為沒有依據。只能說「簡賢附勢，寔繁有徒」就是古本《仲虺之誥》的原文，不可能是魏晉人偽造。

　　8. 考《論語·先進》：「賜不受命，而貨殖焉，億則屢中」。又見《史記·仲尼弟子列傳》。《史記》有《貨殖列傳》，其「貨殖」一詞應該是來自《論語》。而《論語》的「貨殖」一詞應該是來自《古文尚書·仲虺之誥》：「惟王不邇聲色，不殖貨利」的「殖貨利」，並沒有其他來源。《左傳》的「貨」字不與「殖」字連用。因此，春秋時代的孔子讀到的《仲虺之誥》就是今本《仲虺之誥》，沒有其他版本。《仲虺之誥》此處的上下文十分連貫，不可能單單依據《論語·先進》「而貨殖焉」或《史記·貨殖列傳》偽造出一個「不殖貨利」。這是不可想像的。只能是《論語》的「貨殖」來自《仲虺之誥》的「不殖貨

〔註18〕楊伯峻《春秋左傳注》對《鄭書》無解。

利」。則今本《仲虺之誥》在孔子之前早已成為經典，廣泛流傳，並為孔子所閱讀。

9.《仲虺之誥》：「改過不吝。」這句經典名言在先秦兩漢文獻中沒有可以對應的地方，必為古本《仲虺之誥》所有。其中的「吝」字在十三經中在《尚書》僅僅出現一次，其餘各經只有《論語·泰伯》：「子曰：『如有周公之才之美，使驕且吝，其餘不足觀也已。』」《論語·堯曰》：「猶之與人也，出納之吝，謂之有司。」《易經》又多次用「吝」。《論語》的這兩個「吝」字都是出自孔子的語言，不會來自《易經》，因為《易經》是孔子晚年所讀，《易經》的觀念在《論語》中沒有反映。因此，《論語》的「吝」字應該是來自《古文尚書·仲虺之誥》的「改過不吝」的「吝」。「改過不吝」只出現於《仲虺之誥》，後人不可能依據《論語》或《周易》的一個「吝」字，從而偽造出「改過不吝」這樣經典的語言。因為《論語》和《周易》的「吝」與「過、改過」不相關聯。《論語》、《左傳》都沒有「改過」一詞。當然有類似的意思。《論語·學而》只有：「過則勿憚改。」「過」與「改」並不連在一起使用。又見《論語·子罕》。《論語·衛靈公》子曰：「過而不改，是謂過矣。」應該認為《論語》的這些思想都是來自今本《仲虺之誥》的「改過不吝」。《論語》中的所有的「改過」之類的思想都不與「吝」字連用。《尚書大傳》有「改過」一詞，但不與「吝」連用。《荀子·仲尼》：「以吝嗇而不行施。」用例是「吝嗇」連用，與「改過」無關。《說苑》卷十九《修文》：「孔子曰：『由之改過矣。』」但這與「吝」無關。

更考《逸周書·寤儆》：「擇人而食，不驕不吝。」《論語》孔子的「驕且吝」，很可能是脫化自《逸周書》的「不驕不吝」。因此，今本《仲虺之誥》必然在孔子之前早已廣泛流行，並為孔子所閱讀，不可能是戰國以後人所能偽造。《論語》的「吝」字來自今本《仲虺之誥》。

10.《仲虺之誥》：「克寬克仁，彰信兆民。乃葛伯仇餉，初征自葛。東征，西夷怨；南征，北狄怨，曰：『奚獨後予？』攸徂之民，室家相慶，曰：『徯予后，后來其蘇。』民之戴商，厥惟舊哉！」考《孟子·梁惠王下》：「《書》曰：『湯一征，自葛始。』天下信之。『東面而征，西夷怨；南面而征，北狄怨。曰：奚為後我？』民望之，若大旱之望雲霓也。歸市者不止，耕者不變。誅其君而弔其民，若時雨降，民大悅。《書》曰：『徯我后，後來其后。』」《孟子·滕文公下》：「《書》曰：『葛伯仇餉。』此之謂也。」《孟子》自稱此文是引述

《尚書》，但並沒有明說是引述了《仲虺之誥》，魏晉學者無法斷定是出自古本《仲虺之誥》，因此魏晉人不可能依據《孟子》此文稍加改寫，從而偽造出今本《仲虺之誥》的此文。

況且，今本《仲虺之誥》和《孟子》所引，在字詞上頗有異同，這無法解釋魏晉人偽造《古文尚書》為何要如此？

更考《仲虺之誥》的「攸徂之民」，此四字十分古雅，先唐文獻僅此一處，並無它例，魏晉人無所依據，挖空心思也偽造不出來。「攸徂之民」必為古本《仲虺之誥》原文，斷然不可能是魏晉人所能偽造。

魏晉人也不可能依據《孟子·梁惠王下》「民望之，若大旱之望雲霓也。歸市者不止，耕者不變。誅其君而弔其民，若時雨降，民大悅。」而偽造出「攸徂之民，室家相慶，曰：『徯予后，後來其后。』民之戴商，厥惟舊哉！」二者在文本上相差太大，魏晉學者不可能偽造得出來。

11.《仲虺之誥》：「用人惟己。」這是十分古雅的語言，後人引用甚少。孔傳：「用人之言，若自己出。」這是訓「惟」為「若」。考《漢書·敘傳》：「用人如由己。」又見荀悅《前漢紀·孝平皇帝紀》。《漢書》此言明顯脫化自《仲虺之誥》。《古文尚書》自漢武帝時代發現以來一直存在於朝廷，東漢時代早已廣為流傳，其言被引述，這是很自然的事。《漢書·敘傳》的上下文脈是：「蓋在高祖，其興也有五：一曰帝堯之苗裔，二曰體貌多奇異，三曰神武有徵應，四曰寬明而仁恕，五曰知人善任使。加之以信誠好謀，達於聽受，見善如不及，用人如由己，從諫如順流，趣時如向赴。」魏晉人如何可能單單從這段話中提出「用人如由己」，從而偽造出《仲虺之誥》「用人惟己」？如果今本《古文尚書》是偽書，則魏晉人根本不知道古本《仲虺之誥》有此言。再看看《仲虺之誥》的上下文脈：「惟王不邇聲色，不殖貨利。德懋懋官，功懋懋賞。用人惟己，改過不吝。克寬克仁，彰信兆民。」二者比對，文脈相距遙遠，風馬牛不相及。只能解釋為《漢書》「用人如由己」是利用了《仲虺之誥》「用人惟己」的典故。絕不可能相反。今本《仲虺之誥》「用人惟己」肯定是商代古本。

12.《仲虺之誥》：「民之戴商，厥惟舊哉！佑賢輔德，顯忠遂良。兼弱攻昧，取亂侮亡。推亡固存，邦乃其昌。德日新，萬邦惟懷。」考《左傳·宣公十二年》：「仲虺有言曰：『取亂侮亡。』兼弱也。《汋》曰：『于鑠王師，遵養時晦。』耆昧也。《武》曰：『無競惟烈。』撫弱耆昧以務烈所，可也。」這是隨武子之言。《左傳·襄公十四年》：「史佚有言曰：『因重而撫之。』仲虺有言

曰：『亡者侮之，亂者取之，推亡固存，國之道也。』」《左傳・襄公三十年》：
「大夫聚謀，子皮曰：《仲虺之志》云『亂者取之，亡者侮之。推亡固存，國
之利也。』」以上《左傳》三段之文引述仲虺之言，只能是出自今本《仲虺之
誥》，沒有別的來源。

　　比較考察《仲虺之誥》和《左傳》所引仲虺之言。可以看出《仲虺之誥》
的句法嚴整，修辭考究。我發現有三個證據都很過硬。

　　（1）「佑賢輔德，顯忠遂良。兼弱攻昧，取亂侮亡。推亡固存，邦乃其
昌」。這幾句是押韻之文，「良、亡、昌」押陽部，顯然是古本原作所為，不可
能是戰國以後偽造。而《左傳》所引都沒有完整的押韻，只能是依據今本《仲
虺之誥》，截取部分，以意引之。後世作者不大可能依據《左傳》的這幾段文
獻偽造出句法嚴整的押韻文獻。這是我發現的很重要的證據，可以支撐今本
《仲虺之誥》是西周以前真實的古本。

　　（2）「佑賢輔德，顯忠遂良。兼弱攻昧，取亂侮亡。推亡固存，邦乃其
昌」。這幾句有明顯對文的用詞，連用四個動賓結構的四字句，用詞非常講究。
「賢、德」為同類詞，「忠、良」為同類詞，「弱、昧」為同類詞，「亂、亡」
為同類詞，「推亡、固存」是同類詞。戰國以後人無論如何不可能依據《左傳》
的這三段文獻偽造出今本的「佑賢輔德，顯忠遂良。兼弱攻昧，取亂侮亡。推
亡固存，邦乃其昌」。

　　（3）《仲虺之誥》的複合虛詞「乃其」是《尚書》特有的表示期待、希望
的虛詞，「乃」與「其」意思接近〔註19〕，這個「其」並非代詞，「乃其」後緊
接動詞或動詞短語，而不是名詞。這樣的「乃其」不存在於《左傳》。考《左
傳・襄公二十一年》：「若上之所為而民亦為之，乃其所也，又可禁乎？」《左
傳・襄公二十八年》：「今還，受享而惰，乃其心也。」這兩個「其」是代詞。
《左傳》的「乃其」僅此二例。要注意的是《左傳》的兩個用例的「乃其」後
面是接名詞，而《仲虺之誥》的「乃其」後面是接動詞，二者性質完全不同。
因此，《左傳》的「乃其」不是複合虛詞，與《仲虺之誥》不同，戰國以後人
不可能依據《左傳》的「乃其」偽造出《仲虺之誥》的複合虛詞的「乃其」。
《仲虺之誥》的「乃其」這樣的複合虛詞到了春秋戰國時代已經沒有了表示期

〔註19〕　參看謝紀鋒編撰《虛詞詁林》（修訂本），商務印書館2015年。9頁引《經傳
　　　　釋詞》「乃，猶其也」條；同書10頁引《經詞衍釋》「乃，猶其也」條。要注
　　　　意的是，這樣的「乃」與同書12頁引楊樹達《詞詮》（四）所稱作為指示代名
　　　　詞的「乃」與「其」義同是兩回事，二者不相干。

待、希望的複合虛詞的用法。這是極為重大的語言變遷。依據《左傳》是不可能偽造出來。如果作偽者依據《左傳》的這三段文獻，同時又從西周初期召公所作的今文經《尚書·君奭》「不得知天命不易，天難諶，乃其墜命，弗克經歷」取出表示期待、希望的複合虛詞「乃其」來與《左傳》相拼合，偽造出今本《仲虺之誥》。這是完全不可想像的。哪有作偽者如此天衣無縫的造假？

《國語·晉語一》驪姬曰：「君盍老而授之政。彼得政而行其欲，得其所索，乃其釋君。」《國語·楚語下》子西曰：「德其忘怨乎！余善之，夫乃其寧。」這《國語》的這兩個「乃其」與《尚書》同，是表示期待、希望的複合虛詞，後接動詞。因此，《國語》的這兩個「乃其」明顯是模仿了《尚書》的語法，是春秋時代的仿古現象，在春秋時代已經是古典用法了〔註20〕。《左傳》沒有繼承《尚書》「乃其」的古老用法。《國語》完全沒有提及仲虺之言或仲虺之事，作偽者不可能單單從《國語》中提取「乃其」一詞和《左傳》的仲虺之言完美組合，並加以修辭，構成為今本《仲虺之誥》。那是匪夷所思的事情。《易經》、《詩經》、《論語》、《孟子》、《周禮》沒有「乃其」一詞。《荀子·樂論》有一處「乃其」：「君子明樂，乃其德也。」後接名詞，用法與《左傳》同，與《尚書》不同。《史記》也沒有《尚書》的「乃其」。更考《尚書·說命》傅說曰：「惟事事，乃其有備，有備無患。」「乃其有備」是期待做好準備。《古文尚書》的《仲虺之誥》和《說命》的「乃其」完全吻合。

以上三證可以充分證明絕對是《左傳》三次引述了今本《仲虺之誥》。今本《仲虺之誥》絕不可能是戰國以後的作者依據《左傳》和《國語》所能偽造的。這是我明確的結論。

《周書·康誥》周成王曰：「往盡乃心，無康好逸豫，乃其乂民。」孔傳釋「乃其」為「其乃」，不精確，沒有說出「期待希望」的意思。《康誥》：「乃其速由文王作罰，刑茲無赦。」這兩個「乃其」有表示希望、期待的意思。「乂民」是動賓結構，義為治理好人民。「乃其速由文王作罰」，孔傳釋「由」為「用」。孫星衍訓「由」為「罪」。王先謙《尚書孔傳參正》〔註21〕663頁取孫星衍之說。則「速」不是「快速」，而是動詞「招致」之義。依據孫星衍、王先謙的訓詁，則《尚書》此文當斷句為「乃其速由。文王作罰，刑茲無赦。」這個「速由」可對應《尚書·酒誥》的「速罪」。則「由」讀為「尤」。《周書》的「乃

〔註20〕整部《國語》只有這兩處「乃其」。
〔註21〕中華書局點校本，何晉點校，2011年版。

－210－

其」表示期待，明顯是承襲了《商書》的傳統，見於《尚書・康誥》和《君奭》。這是值得注意的現象。但是我們根據《康誥》的內證，認為孫星衍、王先謙的訓詁是錯誤的。因為《康誥》接著說：「汝乃其速由茲義率殺。」將這句和《康誥》「乃其速由文王作罰，刑茲無赦」相比對，可以判斷孫星衍、王先謙的訓詁和斷句應該不可信，孔傳是對的。「由」當從孔傳訓「用」，即遵循。（孔傳原文無「遵循」二字。）「速」不是「招致」，而是「趕快」。《康誥》「乃其速由文王作罰，刑茲無赦」當解釋為：希望趕快依照文王所作的刑罰，將其處刑，絕不寬恕。《康誥》：「汝乃其速由茲義率殺。」當解釋為：你應當趕快遵循此義，一概將其處死。如此解釋，無不通達。如果採取孫星衍的訓詁，則《康誥》「汝乃其速由茲義率殺」這句將無法解釋。

更考《逸周書・商誓》：「我乃其來即刑。」〔註22〕《商誓》是周武王時代的文獻，通篇以周武王的口吻發布文誥。這個「乃其」後接動詞「來、即」，不是接名詞，與《尚書》的「乃其」用法相同，應該是表示期待希望的意思。從「乃其」一詞也可以認為《商誓》是可信的周初文獻，不可能是春秋以後所能造作的。

《逸周書・嘗麥》：「惠乃其常，無別於民。」〔註23〕意思是「（對人民的）恩惠希望要固定不變（即不能時有時無），對於人民不能有所分別，要普施恩惠」。「常」顯然是動詞性的（形容詞與動詞同類），表示「恒常不變」，明顯不可能是名詞。依據《竹書紀年》，《嘗麥》是周成王四年所作，我看是可信的。莊述祖不信，也沒有證據〔註24〕。用「于」，不用「於」，這也是此篇年代古老的一個證據，因為《尚書》、《詩經》都用「于」，不用「於」。可知《逸周書》的《商誓》和《嘗麥》中的「乃其」的用法與今古文《尚書》完全一致。由於這個「乃其」的用法很特殊，在春秋時代已經基本廢棄不用（仿古的《國語》是例外），所以《商誓》和《嘗麥》這兩篇可信為周初時代的文獻。

綜合以上各例，可知今古文《尚書》中的「乃其」的用法彼此完全吻合，都只與動詞或動詞性短語連用，後面不接名詞，與《逸周書》、《國語》的「乃其」的用法相合，與《左傳》不合。所以，今古文《尚書》的「乃其」一詞是極其古老的詞彙。

〔註22〕見黃懷信等《逸周書匯校集注》464頁，上海古籍出版社，2013年版。
〔註23〕見黃懷信等《逸周書匯校集注》741頁，上海古籍出版社，2013年版。
〔註24〕見黃懷信等《逸周書匯校集注》719頁，上海古籍出版社，2013年版。

　　《商書》和《周書》、《逸周書》的這類「乃其」的用法後來沒有傳承下來。只有《國語》有兩個地方承襲了《尚書》「乃其」的用法，這是極為珍貴的。《國語》的「乃其」與《仲虺之誥》、《說命》相同，與今文經的《康誥》和《君奭》完全相同，即今古文經完全一致。正好說明今本《仲虺之誥》、《說命》都是真實的商代的古老文獻，在春秋戰國已經是古老的經典，不可能是後世所偽造。

　　在甲骨文中，沒有發現「乃其」一詞，但是有「乃茲」一詞，雖然二者意思不同。張玉金《甲骨文虛詞詞典》〔註25〕解釋道：「乃茲，猶乃今。代詞『茲』有時指代說話的日子或時刻，如『我自茲唯若』(《合集》21819)，是說我們從現在起會順利。這時候，『茲』和『今』意思相同」。《合集》16949 反：「乃茲有求。」張玉金解釋說：「如今恐怕會有災殃。」「乃茲」有時候省為「乃」。孟世凱《甲骨學辭典》〔註26〕有「乃茲有祟」條：「意為『果然如此有作祟』。目前只見於武丁卜辭。」孟世凱對「乃茲」的解釋與張玉金不同。郭旭東等主編《殷墟甲骨學大辭典》〔註27〕所引提示了在甲骨文中的「乃茲」一詞的若干用例。我們認為甲骨文的「乃茲」與《古文尚書》的「乃其」在構詞有一定的關聯，二者後面都是接動詞或動詞性短語，其用法相同。《尚書》「乃其」的年代可能並不比甲骨文的「乃茲」晚，因為《仲虺之誥》是商湯之時，《說命》是武丁之時。學術界已經確證主要用於占卜的甲骨文的語言和商代一般文獻與口語的語言是有所不同的。

　　當然也有可能是甲骨文時代的「乃茲」，在《尚書》流傳的過程中由「乃茲」流變為「乃其」。事實上，甲骨文的「乃茲」根本沒有在先秦的文獻中傳承下來，可見消失得很早。消失的方式也許是從「乃茲」流變為「乃其」。我敢肯定今古文《尚書》、《逸周書》、《國語》中用法驚人一致的「乃其」一詞〔註28〕，可以證明今本《古文尚書‧仲虺之誥》、《說命》一定是先秦古老的真實文獻，戰國以後的人不可能如此精密地偽造。

　　13.《仲虺之誥》：「德日新，萬邦惟懷；志自滿，九族乃離。王懋昭大德，建中于民，以義制事，以禮制心，垂裕後昆。」

〔註25〕中華書局，1994 年。137～138 頁。
〔註26〕上海人民出版社，2009 年。43 頁。
〔註27〕中國社會科學出版社，2020 年 12 月。
〔註28〕這也說明了今本《國語》的產生非常古老，其中語言明顯有存古的現象。《國語》中的「乃其」比《左傳》中的「乃其」要古老。二者的用法有本質的不同。

　　（1）《周易·繫辭上》：「日新之謂盛德。」《易傳》此言明顯來自《仲虺之誥》「德日新」。不可能相反。因為《繫辭》的上下文脈與《仲虺之誥》相去太遠，沒有關聯。魏晉人不可能依據《繫辭》「日新之謂盛德」，而假想《仲虺之誥》有類似語句從而造出「德日新」恰到好處放到《仲虺之誥》的這個位置。更考今古文《尚書》沒有嚴格的「之謂」這樣的句式，只有《洪範》稱：「汝則從，龜從，筮從，卿士從，庶民從，是之謂大同。」這是「是之謂」句式，不是「之謂」句式，二者的區別似微妙而實明顯。這種「是之謂」句式在《左傳》、《國語》都沒有。《左傳》多有「其是之謂乎」，《國語》多有「其此之謂」，都與「是之謂」略有不同。但是《國語》多有「短語或詞+之謂+短語或詞」的句式，表示評論，也是先秦的一種「正名」。例如，《周語下》：「守府之謂多。」《晉語一》：「為仁者，愛親之謂仁；為國者，利國之謂仁。」《晉語八》：「此之謂世祿。」《左傳·僖公二十八年》先軫曰：「子與之，定人之謂禮。」《左傳·文公二年》：「共享之謂勇。」《左傳·宣公二年》：「昭果毅以聽之之謂禮。」《左傳·宣公十五年》：「此之謂明德矣。」這應該是春秋時代已經流行的句法。《繫辭》「日新之謂盛德」這樣的句式應該是來自《國語》或《左傳》。但是魏晉學者卻沒有將《左傳》、《國語》、《繫辭》的「短語或詞+之謂+短語或詞」句式用於所謂偽古文的《仲虺之誥》，僅僅從中提取「德日新」一語。這也是完全不可思議的。要注意的是這種句法不見於《論語》。《論語》多用的句式是「短語或詞+謂之+短語或詞」，將「之謂」變為「謂之」，這是這種句式的重大變遷，是語言的時代發展。《繫辭》沒有《論語》的「謂之」，而用《左傳》、《國語》的「之謂」，實在是因為《繫辭》的作者認為《左傳》、《國語》才是崇高的經典。在《易傳》時代，《左傳》、《國語》的地位高於《論語》。我們還沒有發現《論語》和《繫辭》有明顯的關聯。例如《繫辭》有「盛德」一詞，但《論語》有眾多關於「德」的論述，偏正結構的構詞有「至德、大德、小德、文德、民德」，卻沒有「盛德」。但《國語·周語下》有「盛德」，如「且其語說《昊天有成命》，《頌》之盛德也。」《左傳·僖公七年》：「作而不記，非盛德也。」《左傳·文公十八年》：「以誣盛德。」《左傳·襄公二十九年》：「盛德之所同也。」同年又曰：「如地之無不載也，雖甚盛德，其蔑以加於此矣。」《左傳·昭公八年》：「臣聞盛德必百世祀。」「盛德」見於《左傳》、《國語》，而不見於《論語》，可見《繫辭》的作者是熟讀《左傳》、《國語》，並受其影響，而不是受《論語》影響。《尚書》也沒有「盛德」一詞。魏晉人不可能僅僅從《繫辭》

「日新之謂盛德」中提取「日新」來偽造《仲虺之誥》的「德日新」，而拋棄「之謂盛德」。哪有這樣作偽的？不合情理。因此，只能是《繫辭》取典於今本《仲虺之誥》的「德日新」。不可做別的解釋。所以，今本《仲虺之誥》肯定是商代真本文獻，戰國以後人偽造不了。

（2）「萬邦惟」在《古文尚書》有類例。考《尚書·伊訓》：「萬邦惟慶。」《尚書·周官》：「萬邦惟無斁。」與《仲虺之誥》「萬邦惟懷」極為近似。都是《古文尚書》，這種句式只出現於《古文尚書》，在先秦兩漢文獻中沒有其他用例。魏晉人無所依傍，不可能偽造。有「萬邦惟」句式的文獻都是先秦真本文獻，不可能出於魏晉人偽造。

（3）《仲虺之誥》：「王懋昭大德。」在先秦兩漢典籍很少被引述。但可比對《國語·周語中》：「叔父其茂昭明德。」《周語》此言明顯是引述《仲虺之誥》。不可能相反。我們在《今本〈尚書·說命〉非偽書新證》中詳細論證了凡是《國語》和《古文尚書》的《說命》相通的地方，都是《國語》引述《說命》，不可能相反。因此《周語》與《仲虺之誥》有此相通之處，也只能是《周語》引述《古文尚書》的《仲虺之誥》，不可能相反。《仲虺之誥》和《周語中》的上下文脈相差很大，沒有明顯的關係，魏晉人不可能從《周語中》單單提取一個「茂昭明德」來偽造他們不知道的《仲虺之誥》「懋昭大德」。

（4）《仲虺之誥》：「以義制事。」此言完全見於《荀子·君子》：「論法聖王，則知所貴矣；以義制事，則知所利矣。論知所貴，則知所養矣；事知所利，則動知所出矣。二者是非之本，得失之源也。」《荀子》這段文獻的上下文脈與《仲虺之誥》的語境文脈毫無關係，魏晉學者不可能單單從《荀子》此文中單單提出「以義制事」四字，原封不動地放到偽造的《仲虺之誥》中去。《古文尚書》與先秦兩漢文獻可以比對的地方常常不是完全一致，往往有字詞句的不同。這次為什麼會一模一樣照搬這四個字呢？只可能是《荀子》引述了今本《仲虺之誥》，絕無可能相反。

（5）《仲虺之誥》：「建中于民。」孔傳：「立大中之道於民。」考《中庸》：「用其中於民。」《中庸》此處的文脈是「子曰：『舜其大知也與？舜好問而好察邇言，隱惡而揚善，執其兩端，用其中於民，其斯以為舜乎。』」與《仲虺之誥》此處的文脈毫無關係，孔子是說舜之德，《仲虺之誥》是說商湯，而且文本大義相差太大。魏晉學者斷無可能從《中庸》提取「用其中於民」來偽造《仲虺之誥》的「建中于民」。且「建中」一語不見於《左傳》、《國語》、

《禮記》、《荀子》,在今古文《尚書》中出現於《仲虺之誥》,別無所見。這個獨一無二的古老語詞,魏晉人無所依傍,如何能偽造?只能是《中庸》化用了今本《仲虺之誥》的典故。所以,今本《仲虺之誥》肯定是真實的商代文獻。

(6)《仲虺之誥》:「垂裕後昆。」孔傳:「垂優足之道示後世。」將「裕」訓詁為「優足」。可以比對的文獻到了東漢末期。考《風俗通義‧窮通‧太傅汝南陳蕃》:「垂訓後昆。」《蔡中郎集‧劉鎮南碑》:「垂芳後昆。」「垂訓後昆、垂芳後昆」都顯然來自今本《仲虺之誥》的「垂裕後昆」。魏晉人不可能依據《風俗通義》、《蔡中郎集》而偽造出極為古雅的《仲虺之誥》「垂裕後昆」。將常見字「訓、芳」改為「裕」字是不可能的,先秦兩漢魏晉文獻幾乎沒有「垂裕」一詞的用例,魏晉人不可能無中生有地偽造,直到唐朝人編撰的《晉書‧宗室列傳》才用到了《仲虺之誥》的這個典故:「而誠節克彰,垂裕後昆,奕世貞烈,豈不休哉!」但是《晉書‧劉寔傳》晉懷帝對劉寔下詔:「故能光隆於當時,垂裕於百代。」此事在晉懷帝晉永嘉三年,即公元 309 年。這個「垂裕」只可能來源於今本《仲虺之誥》,因為《古文尚書》在晉代列為官學,廣為人知。先唐文獻沒有別的「垂裕」的用例。因此,只能是《風俗通義》、《蔡中郎集》、晉懷帝詔書依據了今本《仲虺之誥》「垂裕後昆」。不可做其他解釋。

14.《仲虺之誥》:「予聞曰:『能自得師者王,謂人莫己若者亡。好問則裕,自用則小。』」其中文句可比對《荀子‧堯問》:「莊王曰:『不穀謀事而當,群臣莫能逮,是以憂也。其在中蘬之言也,曰:諸侯自為得師者王,得友者霸,得疑者存,自為謀而莫己若者亡。今以不穀之不肖,而群臣莫能逮,吾國幾於亡乎!是以憂也』。」《荀子》楚莊王所引「中蘬」就是「仲虺」,楊注:「中蘬,與仲虺同,湯左相也。」王先謙《荀子集解》引郝懿行注同。

《韓詩外傳》卷六:「昔者楚莊王謀事而居有憂色,申公巫臣問,曰:『王何為有憂也?』莊王曰:『吾聞諸侯之德,能自取師者王,能自取友者霸,而與居不若其身者亡。以寡人之不肖也,諸大夫之論莫有及於寡人,是以憂也。』」《韓詩外傳》此文明顯是出自《荀子》,與《仲虺之誥》原文無關。

《呂氏春秋‧驕恣》:「仲虺有言,不穀說之。曰『諸侯之德,能自為取師者王,能自取友者存,其所擇而莫如己亡。』今以不穀之不肖,羣臣之謀又莫吾及也,我其亡乎!』」。《呂氏春秋》此文明顯是出自《荀子》,因為《荀子》、

《呂氏春秋》、《韓詩外傳》此處的情景都是在談論魏武侯謀事而當，大臣李悝進諫並講述楚莊王的故事。《荀子》、《呂氏春秋》都提及楚莊王引述了仲虺之言。兩相比對，《呂氏春秋》、《荀子》、《韓詩外傳》與今本《仲虺之誥》都有所不同，不是精確引述，而且《仲虺之誥》根本沒有「諸侯之德」，是否是今本《仲虺之誥》遺漏了呢？我們明確回答：不可能。《仲虺之誥》的古本一定沒有「諸侯之德」這樣的字。因為通考今古文《尚書》，沒有一次提到、更沒有討論過「諸侯之德」的問題，甚至連《左傳》都沒有「諸侯之德」這樣的語句。因此，「諸侯之德」絕不是《仲虺之誥》的原文，只是楚莊王在引述《仲虺之誥》時的話題主體，是莊王自己加的。《呂氏春秋》「能自為取師者王，能自取友者存，其所擇而莫如己亡」。《荀子》「自為得師者王，得友者霸，得疑者存，自為謀而莫己若者亡」。這比對《仲虺之誥》「能自得師者王，謂人莫己若者亡。好問則裕，自用則小」，哪個文本才是最古老的文本呢？其源流如何呢？我們可以明確回答：今本《仲虺之誥》才是最古的文本，《呂氏春秋》、《荀子》都是來自今本《仲虺之誥》。理由如下：

（1）《荀子》「得友者霸」不可能是《仲虺之誥》的古本，因為在商代還沒有諸侯稱霸的觀念，春秋才有五霸。《荀子》一書常常將「王、霸」合起來討論，分為不同的層次，所以才導致《仲虺之誥》在《荀子》中發生了流變。

（2）《荀子》「王、霸、存、亡」四分法來討論諸侯之德，這是《荀子》全書的思維方式，《荀子》常常用三分法或四分法來分析一個事物。例如《荀子·王霸》：「故用國者，義立而王，信立而霸，權謀立而亡。」《荀子·強國》：「威有三：有道德之威者，有暴察之威者，有狂妄之威者。」《荀子·王制》：「王奪之人，霸奪之與，強奪之地。奪之人者臣諸侯，奪之與者友諸侯，奪之地者敵諸侯。臣諸侯者王，友諸侯者霸，敵諸侯者危。」這也是典型的三分法，還有四分法的，如《荀子·儒效》：「故人主用俗人，則萬乘之國亡；用俗儒，則萬乘之國存；用雅儒，則千乘之國安；用大儒，則百里之地久，而後三年，天下為一，諸侯為臣。」以「俗人、俗儒、雅儒、大儒」為四分法。但是四分法在《尚書》中從來沒有。《仲虺之誥》的「推亡固存」也是「存、亡」二分法。

（3）《仲虺之誥》是韻文。「王、亡」押陽部韻，「裕、小」是屋、宵旁轉合韻。考《荀子·王霸》：「上一而王，下一而亡。」也是以「王、亡」為韻。《荀子》的四分法就沒有押韻了。

　　因此今本《仲虺之誥》的「王、亡」二分法才是古本,《荀子》「王、霸、存、亡」四分法是《仲虺之誥》在戰國時代發生了流變,肯定是後起的,不可能是《尚書》古本。

　　《呂氏春秋》「能自為取師者王,能自取友者存,其所擇而莫如己亡」這個三分法也是戰國時代的思維方法。《荀子》「得友者霸,得疑者存」變成了《呂氏春秋》的「能自取友者存」。可是考「取友」一詞是戰國時代的語言,不能早到春秋以前。類例如《孟子‧離婁下》:「其取友必端矣。」《禮記‧學記》:「七年視論學取友。」《大戴禮記‧曾子制言中》:「比說而取友。」「取」一作「交」。《荀子‧大略》:「匹夫者不可以不慎取友。」春秋時代及以前的文獻,如《左傳》、《易經》、《詩經》、《尚書》、《逸周書》、《國語》、《論語》都沒有「取友」一詞。因此,《呂氏春秋》的「能自取友者存」一定是戰國時代才新產生的話,不可能是商代《仲虺之誥》的古本。

　　《吳子兵法‧圖國》有類似的記載:「(魏)武侯嘗謀事,羣臣莫能及,罷朝而有喜色。起對曰:『昔楚莊王嘗謀事,羣臣莫能及,朝罷而有憂色。申公問曰:「君有憂色,何也?」曰:「寡人聞之,世不絕聖,國不乏賢,能得其師者王,得其友者霸。今寡人不才,而羣臣莫及者,楚國其殆矣!」此楚莊王之所憂,而君悅之,臣竊懼矣。』於是武侯有慚色。」這也明顯是戰國時代的一個文本,不必深論。

　　另外,《仲虺之誥》的「好問則裕,自用則小」這樣的極為典雅的格言,在先秦兩漢魏晉文獻中沒有可以比對的地方,不可能是戰國以後的人所能偽造的。直到北朝顏之推《顏氏家訓》卷上《勉學》篇稱「《書》曰:『好問則裕。』」才引述《仲虺之誥》此言。

　　綜上所論,今本《仲虺之誥》「予聞曰:『能自得師者王,謂人莫己若者亡。好問則裕,自用則小。」,才是商代古本,與此相對應的《荀子》、《呂氏春秋》、《韓詩外傳》、《吳子兵法》的文段都是在戰國時代產生的流變,所依據的就是今本《仲虺之誥》,不可能別有來源,更不可能是今本《仲虺之誥》此文依據《荀子》、《呂氏春秋》的相關文段偽造而成的。

　　15.《仲虺之誥》:「嗚呼!慎厥終,惟其始。」《群書治要》卷二引「嗚呼」作「烏虖」,當以「烏虖」為古本。而「烏虖」這個字形是西周以前的形體〔註29〕,可以得到春秋以前的金文的證明。這是魏晉人不可能偽造得了。

_____

〔註29〕詳見本書《今本〈古文尚書‧說命〉非偽書新證》。

　　「慎厥終，惟其始」是非常古老的語言，與戰國文獻相比對的有幾處，都是在今本《仲虺之誥》之後才有的語言現象。例如，《禮記・文王世子》：「必慎其終始。」《禮記・表記》：「子曰：『事君慎始而敬終。』」《管子・版法》：「慎觀終始。」《老子》：「慎終如始。」《鄧析子・轉辭》：「慎終如始也。」這些戰國文獻都沒有《仲虺之誥》的「厥」和「惟」字，這兩個字是今古文《尚書》常用字，必為古本所有，戰國文獻引述才加以省略。而「惟其始」的這個「惟」字用法極為古老，訓「若」〔註30〕。孔傳訓「如」。這種罕見用法，魏晉人早已非常陌生，斷然無法偽造。魏晉人所見到的都是「如始」，怎麼會想到一個非常古雅的在戰國以後早已廢棄不用的「惟其始」？這不合情理。因此，今本《仲虺之誥》是真實的商代文獻，不可能是魏晉人所能偽造。

　　16.《仲虺之誥》：「殖有禮，覆昏暴。欽崇天道，永保天命。」此可比對《左傳・閔公元年》：「親有禮，因重固，間攜貳，覆昏亂，霸王之器也。」明顯是《左傳》用容易理解的「親有禮」替代古雅的「殖有禮」，用「覆昏亂」代替「覆昏暴」。《左傳》無「昏暴」一詞。整個今古文《尚書》只有這一處是「昏暴」，作偽者無所依據不可能偽造出「昏暴」一詞。如果造假，也會是依據《左傳》而使用「昏亂」一詞。而且《左傳》這一段十分貫通的文章，為什麼作偽者偏偏只選取「親有禮、覆昏亂」來偽造《仲虺之誥》的語句呢？作偽者不可能知道《仲虺之誥》有這樣的內容，因為《左傳》此處沒有明示是仲虺之言或仲虺之志。倒是《史記・周本紀》在武王克商後，尹佚筴祝曰：「殷之末孫季紂，殄廢先王明德，侮蔑神祇不祀，昏暴商邑百姓，其章顯聞於天皇上帝。」《周本紀》明稱「昏暴」是引用了周武王時代的尹佚之言，與《仲虺之誥》無關。魏晉時代的作為者斷然不敢公然竊取周武王時代的尹佚之言「昏暴」放到《仲虺之誥》中。況且《周本紀》上下文脈沒有「殖有禮」之類的語言。魏晉人不可能從《左傳》中找出一個「親有禮」，把「親」改為極為生僻的「殖」。然後利用《史記・周本紀》的「昏暴」將《左傳》的「覆昏亂」改為「覆昏暴」，再將《左傳》中間的「因重固，間攜貳」刪掉。這樣的作偽絕無可能存在。

　　另外，「欽崇」一詞除此之外，不見於先秦兩漢典籍，魏晉時代的作偽者沒有依據，絕不可能無中生有地偽造出這個典雅的「欽崇」。在十三經中只有《尚書》的「欽」訓「敬」，《詩經》的「欽欽」訓「憂」。《爾雅》「欽」訓「敬」是解釋《尚書》，「欽」訓「憂」是解釋《詩經》。《禮記・內則》：「欽有帥。」

鄭玄注：「欽，敬也。」本《爾雅》。《內則》的「欽」顯然是繼承了《尚書》的傳統。《左傳》、《論語》、《孟子》和《禮記》中的其餘各篇都不用「欽」字，而用「敬」或「恭、恪、儼、祗」。由於《爾雅》訓「欽」為「敬」是針對《尚書》的訓詁，所以今本《尚書》的「欽」字肯定是先秦古本，孔子讀過的《尚書》就有「欽」字。因此，今本的「欽崇」一詞肯定是商代古本《仲虺之誥》的原文，非後世所能偽造。更考，《逸周書・武穆》：「欽哉欽哉！」「欽」訓「敬」，與《尚書》用詞相合。《武穆》應是周初文獻，非春秋以後（包含春秋）所能偽造。《逸周書・嘗麥》「欽之哉！諸正敬功」云云。「欽」訓「敬」，與《尚書》合。《嘗麥》撰成於周成王四年，是周初文獻。

　　本文通過以上 16 類共三十條左右的證據，從漢語史、語言學和古文獻學的角度詳盡論證今本《古文尚書》的《仲虺之誥》肯定是商代古本，不可能是魏晉人所偽造。我沒有發現任何證據可以支撐《仲虺之誥》是魏晉人偽造的。這應該可以作為定論了。本文實證與邏輯並重，非空言所能推到。

《尚書》新考三篇

提要：

　　《尚書》中的「亂越」是同意連文，「越」與「亂」同意，訓「治理」。前人只有楊筠如《尚書覈詁》對此做出了正確的解釋，但被學術界所忽略。《尚書》的「受民」是「受命民」之省，意思是受上帝寵愛之民、得到皇天保佑之民。《尚書》「惟其克相上帝，寵綏四方。」當斷句為「惟其克相上帝寵，綏四方。」「上帝寵」當連讀，意思是「天命、天休」。對《尚書》的以上三個疑難問題的訓詁研究有助於精確理解我國的最高經典《尚書》，辯證了前人關於《尚書》訓詁的錯誤。

關鍵詞：亂越　　受民　　受命民　　上帝寵

一、「亂越」新考

　　《尚書・盤庚下》：「肆上帝將復我高祖之德，亂越我家。」其中的「亂越」一詞難解。孔傳：「以徙故，天將復湯德，治理於我家。」則孔傳分明訓「亂」為「治理」，「越」為「於」，顯然以「越」為虛詞。孫星衍《尚書今古文注疏》〔註1〕240頁引《爾雅》訓「亂」為「治」，訓「越」為「於」，同「粵」，同於孔傳；皮錫瑞《今文尚書考證》〔註2〕214頁對「亂越」無解；王先謙《尚書孔傳參正》〔註3〕464頁同於孫星衍，且曰：「今文無徵。」楊筠如《尚書覈詁》〔註4〕174頁引《爾雅》、《廣雅》訓「亂」為「治」，引《廣雅》訓「越」為「治」。

〔註1〕中華書局點校本，2004年版。
〔註2〕中華書局點校本，2011年版。
〔註3〕中華書局點校本，2011年版。
〔註4〕陝西人民出版社，2005年。

曾運乾《尚書正讀》〔註5〕116頁、屈萬里《尚書集釋》〔註6〕96頁訓「亂」為「治」，「越」為「於」。江灝、錢宗武《今古文尚書全譯》〔註7〕171頁，也同於孫星衍、王先謙，無新解。周秉鈞《尚書今注今譯》〔註8〕別出新解，訓「亂」為助詞，無義；引《爾雅‧釋言》訓「越」為「揚」，將「亂越我家」譯為「光大我們的國家」。顧頡剛、劉起釪《尚書校釋譯論》〔註9〕第二冊925頁注解道：「亂疑Ａ〔註10〕之誤。其字即金文中的『嗣』，亦即『司』（見《毛公鼎》等器），其意通『嗣』。『越』即金文中的『雩』，同音通用。其義為『與』、『及』。『我家』即奴隸制王朝稱自己王家，與我邦同用（如《毛公鼎》數稱『我邦我家』）。『亂越我家』，似可讀為『嗣及我家』。」這樣的訓詁沒有道理可言。

今按，諸家釋「亂」為「治」，本於《爾雅》，且「亂」訓「治」廣泛見於《尚書》多篇，並非孤例，用於本文也通暢，固不可疑。周秉鈞將「亂」字訓為虛詞，當無根據。周秉鈞訓「越」為「揚」，雖據《爾雅》，也不可取，因為古文獻沒有「揚家、揚國」之類的說法。顧頡剛、劉起釪聯繫金文，疑「亂」為錯字，讀為「嗣」，並無根據。由於顧頡剛、劉起釪並沒有舉出在古文獻中「亂」誤為Ａ的旁證，當屬輕易改經，這種做法不大可取。且讀「亂」為「嗣」，意思也不通暢。顧頡剛、劉起釪還利用金文訓「越」為「與、及」，也不是可信的訓詁。「嗣及我家」這種語句在古文獻中很不自然，當不可取。考《潛夫論》〔註11〕卷九《志氏姓》：「為夏帝大戊御，嗣及費仲，生惡來、季勝。武王伐紂，並殺惡來、季勝之後。」其中的「嗣及」的意思「世代相傳之後延至、傳至、至於」的意思，而且「嗣及」的前面後面都只能皆人名，不能接「國、邦、家」之類字樣。另外，遍考古文獻，在東漢以前，沒有發現「嗣及」一詞。因此，我們不取顧頡剛、劉起釪之說。

本文認為前人訓「亂」為「治」，這是可信的。只是將「越」釋為「于、於」都是錯誤的。楊筠如《尚書覈詁》〔註12〕174頁引《廣雅》訓「越」為

〔註5〕華東師範大學出版社，2011年。

〔註6〕中西書局，2014年。94頁。

〔註7〕貴州人民出版社，1990年。

〔註8〕收入《十三經今注今譯》，嶽麓書社，1994年。參看171~172頁。

〔註9〕中華書局，2010年版。此書主要是劉起釪執筆寫成。

〔註10〕Ａ為從「矞」從「彐」之字，左右結構。

〔註11〕參看汪繼培箋、彭鐸校正《潛夫論箋校正》（中華書局點校本，1985年）420頁。

〔註12〕陝西人民出版社，2005年。

「治」。雖然簡潔無論證，確是最精確的解釋，可惜長期不被學術界所知悉和認可。我們贊同楊筠如之說，認為「越」也當訓「治」，與「亂」同義連文，「亂越我家」的意思是「治理好我家」，「越」不是虛詞。考《廣雅·釋詁三》：「越，治也。」王念孫《廣雅疏證》〔註13〕的闡釋極為精彩：「越者，《周語》『汩越九原，宅居九隩』。汩、越，皆治也。《說文》『汩，治水也。』越與汩聲相近，故同訓為治，猶越與曰之同訓為於也。《說苑·指武》篇云『城郭不修，溝池不越』。是越為治也。韋昭注訓『越』為揚，失之。」王念孫的疏證精確不易〔註14〕。《尚書》「亂越我家」可比對《國語·周語》「汩越九原」，〔註15〕《尚書》的「亂越」正相當於《國語》的「汩越」，「亂、汩」據《廣雅》都訓「治」〔註16〕，「越」據《廣雅》和王念孫《疏證》也訓「治」。「亂越」應是同義連文。

孟蓬生在《首屆古文字與出土文獻語言研究國際學術研討會》〔註17〕提交了一篇會議論文《〈尚書·盤庚〉「亂越」新證》〔註18〕，將「亂越」與金文的「諫辥（讀為乂）」相聯繫，認為二者古音相通，其義是「治理」或「安定（使……安寧）」。孟蓬生還認為金文中的「諫辥」與「諫罰」是音轉關係。我們的結論雖然與孟蓬生的觀點有相通之處，但與孟蓬生之文有明顯不同。本文認為：（1）「亂越」與金文的「諫辥」無關。（2）「諫」字在古漢語中沒有「治理」的意思。（3）金文的「諫罰」與「諫辥」不可能音轉，二者無關。並母的「罰」與疑母的「辥」上古音不能相通。（4）本文與孟蓬生的文章在論證上完全不同。（5）孟蓬生因為「亂」與「諫」古音相通，於是認為存在複聲母 kl-。我認為上古音不存在複聲母，見母與來母在上古相通是因為上古音中的來母分為兩系，與見母相通的來母絕不與舌頭音相通，屬於舌根邊音 L。因此與複

〔註13〕 香港中文大學出版社，1978 年。349～351 頁。

〔註14〕 錢大昭《廣雅疏義》（劉永華校注，社會科學文獻出版社，2015 年）360 頁不明「越」有「治」義，以為《廣雅》的「越」是「趍」的形近相訛。錢大昭擅改原文，立說武斷，僅據《玉篇》，沒有古文獻的用例，遠不及王念孫精審。由此可見錢大昭在撰寫《廣雅疏義》時沒有見過王念孫的《廣雅疏證》。

〔註15〕 另參看王引之《經義述聞·國語上》「汩越九原」條的王引之按語。

〔註16〕 《說文》釋「汩」為「治水」，引申為一般的「治」，猶如「理」為治玉，引申為一般的治理。參看段玉裁《說文解字注》「汩」字條。《故訓匯纂》「汩」字條。「汩」訓治，與「淈」訓治同源。參看郝懿行《爾雅義疏》「淈」字條。

〔註17〕 華南師範大學出土文獻語言研究中心主辦，廣州，2016 年 11 月。

〔註18〕 其提要收入會議論文集，沒有論文全文。我在會上聽孟蓬生先生宣讀了論文。此文後發表於《語文研究》2017 年 3 期。本文依據其正式發表之文討論。

聲母無關〔註19〕。雅洪托夫認為二等字帶有 l-介音的說法不能成立〔註20〕。（6）孟文以「曹劌」在《上博簡》作「曹蔑」為據，來論證「罰」與「乂」相通，這是不可信的。春秋時魯國名將「曹沫」，「沫」與「蔑」同是明母月部，完全相通，所以「曹沫」在楚簡又作「曹蔑」，與見母的「劌」毫無關係。如果在古籍和出土文獻中的「曹沫、曹蔑」與「曹劌」真是一人，那麼見母的「劌」在先秦一定有曉元音，讀如「翽」（翽從歲聲，劌也從歲聲）〔註21〕。「曹沫」或作「曹沬」，當是形近而訛。楚簡作「曹蔑」證明了古書作「曹沫」是正確的。但為什麼會產生「曹劌」這個異文呢？就是因為「劌」在先秦有曉母合口一音，與「翽」同音。而曉母合口在上古音正好可與明母相通，證據眾多〔註22〕。若「劌」只有見母音，則與明母無論如何不能通轉？因此，孟蓬生論證「罰」與「乂」相通的關鍵證據站不住，其說不可信。但孟蓬生此文認為訓為「治」的「越」與「乂」音義皆通，這應是正確的。我也認為訓為「治」的「越」當是「乂」之借，二者在訓「治」這個義位上是同源詞。

二、「受民」新考

　　《尚書》中的「受民」一詞頗難理解。《尚書・立政》：「相我受民。」孔傳釋「受民」為「所受天民」。《尚書》同章又曰：「以乂我受民」。孔傳又釋為「所受之民」。《尚書・洛誥》曰：「誕保文武受民。」孔傳也釋為「所受之民」。義亦不明。孫星衍《尚書今古文注疏》〔註23〕、王鳴盛《尚書後案》〔註24〕、皮錫瑞《今文尚書考證》〔註25〕皆對「受民」無釋；王先謙《尚書孔傳參正》〔註26〕釋為：「受天命與我之民」。王國維《觀堂集林》卷一《洛誥解》曰：

〔註19〕 參看龐光華《上古音及相關問題綜合研究》第三章第一節，暨南大學出版社，2015 年。

〔註20〕 參看龐光華《上古音及相關問題綜合研究》第一章第五節的注解 14，暨南大學出版社，2015 年。66～70 頁。

〔註21〕 類例頗多，參看何九盈等《古韻通曉》238 頁，中國社會科學出版社，1987 年；郭錫良《漢字古音手冊》（增訂本）209 頁，商務印書館，2010 年。

〔註22〕 參看龐光華《上古音及相關問題綜合研究》第三章第二節，暨南大學出版社，2015 年。

〔註23〕 中華書局標點本，2004 年版。475 頁。

〔註24〕 北京大學出版社，2012 年。

〔註25〕 中華書局標點本，2011 年版。

〔註26〕 中華書局標點本，2011 年。845 頁。

「受民，謂所受於天之民。」曾運乾《尚書正讀》〔註27〕：「受民者，受之於天，受之於祖也」。楊筠如《尚書覈詁》〔註28〕稱：「受民，古成語。……蓋謂所受於天之民也」。曾運乾、楊筠如都承襲自王國維。還有姜昆武《詩書成詞考釋》〔註29〕也採取王國維之說，文繁不錄。顧頡剛、劉起釪《尚書校釋譯論》〔註30〕第三冊 1489 頁注解【31】也贊同王國維之說。

今考《洛誥》又曰：「承保乃文祖受命民。」可知《尚書》有「受命民」的觀念。我們認為「受民」當是「受命民」之省，受命民的意思是「得到天命之民、受上帝寵愛之民、得到皇天保佑之民」，猶言「寵民」，並非「受天命與我之民」或「所受於天之民」。王先謙、王國維之說均誤。更考《尚書·召誥》：「欲王以小民受天永命。」可見《尚書》有小民「受天命」的觀念。受天命的小民就是「受民」。《尚書·大誥》：「今天其相民。」《尚書·呂刑》：「今天相民，作配在下。」「天相民」就是上天幫助人民。《尚書·泰誓上》：「天佑下民，作之君，作之師。」「天佑下民」就是上天保佑下民。《尚書·湯誥》：「惟皇上帝，降衷于下民。」孔傳訓「衷」為《善》，可信。「降衷于下民」言降幅於人民。《尚書·呂刑》：「皇帝清問下民鰥寡，有辭于苗。」皇帝就是上帝，「問」是存問、體恤、關照的意思。《尚書·召誥》：「天亦哀于四方民，其眷命用懋。」《尚書·泰誓上》：「天矜于民，民之所欲，天必從之。」〔註31〕「矜」是憐愛、同情。《尚書·泰誓中》：「惟天惠民。」同篇又曰：「天其以予乂民。」《尚書·洪範》：「惟天陰騭下民。」《尚書》的這些思想都是人民可以得到天命或得到上帝保佑的意思。

「受」字在《尚書》中往往與「天命、命」相關聯。考《尚書·君奭》：「殷既墜厥命，我有周既受。」「受」就是「受命」，接受天命。又曰：「天不

〔註27〕華東師範大學出版社，2011 年版。267 頁。
〔註28〕山西人民出版社，2005 年版。328 頁。
〔註29〕齊魯書社，1989 年。146～147 頁。
〔註30〕中華書局，2010 年版。此書主要是劉起釪執筆寫成。
〔註31〕學術界歷來認為《泰誓》是偽古文《尚書》，這個問題很複雜，不能一概而論。例如《泰誓》此文的「天矜於民」就可以對應《詩經·小雅·鴻雁》：「爰及矜人。」《詩經》的「矜人」當是出典於《泰誓》的「天矜於民」。毛傳釋「矜」為「憐」，鄭箋釋「矜人」為「可憐之人」。魯詩釋「憐」為「苦」。王先謙《詩三家義集疏》（中華書局電校本，2009 年版）632 頁取魯詩之說，稱：「矜人，即《呂覽貴因》篇所云『苦民』。」今按，眾說皆非。前人皆不知「矜人」是出典於原本的《尚書·泰誓》的「天矜於民」。「矜人」的意思是「天所憐憫之人」。從《毛詩》可以反證今本《泰誓》絕不全偽。

庸釋於文王受命。」又曰：「我聞在昔成湯既受命。」《尚書・召誥》：「有殷受天命。」又曰：「今王嗣受厥命。」又曰：「其曰我受天命，丕若有夏曆年」《酒誥》：「克受殷茲命。」《大誥》：「克綏受茲命。」又曰：「敷賁敷前人受命。」孔傳以「前人」為周文王、周武王，可信。《咸有一德》：「克享天心，受天明命。」《立政》：「乃伻我有夏，式商受命。」《無逸》：「文王受命惟中身。」《梓材》：「用懌先王受命。」《畢命》：「惟文王、武王敷大德于天下，用克受殷命。」《大禹謨》：「受命於神宗，率百官若帝之初。」《微子之命》：「皇天眷佑，誕受厥命。」《詩經・卷阿》：「爾受命長矣。」《詩經・韓奕》：「韓侯受命，王親命之。」又曰：「以先祖受命，因時百蠻。」《詩經・江漢》：「文武受命，召公維翰。」《詩經・召旻》：「昔先王受命。」《詩經・江漢》：「于周受命。」以上各證表明《尚書》、《詩經》以「受」與「命、天命」關係密切，所以「受命民」可以省稱為「受民」。《尚書》的「受命民」在構詞上類似於《逸周書・商誓解》的「多罪紂」。

在上古文獻就有省略語廣泛存在。比較類似的例子如：

「天休命」可以省為「天休」。如《尚書・武成》：「俟天休命。」而《尚書・湯誥》：「各守爾典，以承天休。」《湯誥》的「天休」就是《武成》的「天休命」之省。而且在經典中「天休」比「天休命」用得更加普遍。

「唯命是聽」省為「唯命」。《左傳・隱公元年》鄭莊公說：「制，岩邑也，虢叔死焉，佗邑唯命。」「唯命」是「唯命是聽」之省，《左傳》多有「唯命是聽」之例〔註32〕，其例不錄。

「不入於道、不入於心」省為「不入」。《國語・晉語四》胥臣曰：「故人生而學，非學不入。」韋昭注：「不入，不入於道。」則「不入」是「不入於道」的縮略語。又曰：「若有違質，教將不入。」韋昭注：「不入，不入於心。」則「不入」是「不入於心」的縮略語。

《楚辭・天問》：「勳闔夢生，少離散亡。」王注：「闔，吳王闔廬也。夢，闔廬祖父壽夢也。壽夢卒，太子諸樊立，諸樊卒，傳弟餘祭，餘祭卒，傳弟夷未，夷未卒，太子王僚立。闔廬，諸樊之長子也，次不得為王，少離散亡，放在外，乃使專設諸刺王僚，代為吳王，子孫世盛。」從王逸注可知，吳王「闔廬」可省稱為「闔」；吳王「壽夢」可省稱為「夢」。又，闔廬的刺客「專設諸」，在《史記・刺客列傳》中作「專諸」，沒有「設」字。宋代蘇轍《古史》卷三

_____

〔註32〕要注意的是《左傳》沒有「唯命是從」一詞。

十五亦作「專設諸」；明朝的陳士元《名疑》〔註33〕卷二：「專諸，一作鱄設諸，
一作專設諸。」

蔡文姬《悲憤詩》：「彼蒼者何辜？」徐仁甫《廣古書疑義舉例》卷三之三
十《歇後語例》稱，這是出典於《詩經‧黃鳥》：「彼蒼者天。」用「彼蒼者」
指「蒼天」而省略了「天」字。因此，「彼蒼者」並非指蒼生〔註34〕。

徐仁甫《楚辭文法概要》〔註35〕下篇肆《成分變化》一《省略》指出《離
騷》：「皇覽揆余初度兮。」其中的「皇」是上文「皇考」之省，用「皇」指「皇
考」。

《管子‧小問》：「管仲曰：然。公使我求寧戚，寧戚應我曰『浩浩乎』。
吾不識。婢子曰：《詩》有之『浩浩者水，育育者魚』。」尹注：「水浩浩然盛
大，魚育育然相與而游其中。喻時人皆得配偶以居其室家。寧戚有伉儷之思，
故陳此詩以見意。」古詩有「『浩浩者水，育育者魚」，於是春秋時代的寧戚用
「浩浩」來代指「浩浩者水」而省略後面的「水」字。

杜甫《八哀詩‧李光弼》：「異王冊崇勳。」錢鍾書《談藝錄》〔註36〕146
頁指出「異王」是「異姓王」之省，則是用「異」來指「異姓」。李賀《綠章
封事》詩：「願攜漢戟招書鬼。」李賀《題歸夢》：「書客夢昌穀。」錢鍾書《談
藝錄》〔註37〕146頁指出「書鬼」是「書生之鬼」的省略；「書客」是「書生
作客」之省。

楊樹達《積微居金文說》〔註38〕卷六《匽侯旨鼎跋》指出青銅器中的「見
事於」可以省稱為「見於」。在同書卷四《無惠鼎跋》中指出銘文中的「玄袞
衣」可以省稱為「玄衣」。

張頷《山西萬榮出土錯金鳥書戈銘文考釋》〔註39〕考釋在山西萬榮出土
的春秋時代吳國的錯金鳥書戈銘文「王子於之用戈」的「於」是吳王僚之名「州
於」的縮略語，應屬可信。張頷此文還提到在青銅器銘文中有將「陳敬仲」稱
為「陳仲」的現象，這也是縮略語。

〔註33〕文淵閣《四庫全書》本。
〔註34〕徐仁甫翻譯為：「天哪！我有什麼罪過。」
〔註35〕收入《徐仁甫著作集》之《廣古書疑義舉例‧楚辭文法概要》，中華書局，2014
年。214頁。
〔註36〕三聯書店，2010年版。《錢鍾書集》。
〔註37〕三聯書店，2010年版。《錢鍾書集》。
〔註38〕增訂本，中華書局，1997年版。153頁。
〔註39〕收入張頷《張頷學術文集》，中華書局，1995年。34～37頁。

李學勤《論河北近年出土的戰國有銘青銅器》〔註40〕三《秦器》（十七）《十八年上郡戈》指出該銘文中的「漆」是秦上郡屬縣「漆垣」之省。同文指出非發掘品《四年呂不韋戈》的「高」是「高奴」之省。

戰國秦國青銅器《二年上郡守戈》的「上郡守」，在《廿七年上守趞戈》銘文中省作「上守」。

另外，陳偉武《出土戰國秦漢文獻中的縮略語》、《商代甲骨文中的縮略語》、《兩周金文中的縮略語》〔註41〕三篇論文專門收集了先秦古文字材料和秦漢出土文獻中的大量材料中的縮略語現象，證明在西漢以前的語言和文獻中確實廣泛存在縮略語，其文頗有學術意義。其例不錄。黃天樹《關於甲骨文商王名號省稱的考察》〔註42〕所討論的甲骨文中商王名號的省稱非常有意義。

在先秦文獻中廣泛存在省略語的現象，可參看俞越《古書疑義舉例》〔註43〕二十三《蒙上文而省例》、二十四《探下文而省例》、二十五《舉此以見彼例》、二十六《因此以及彼例》；楊樹達《中國修辭學》〔註44〕第十八章《省略》；楊伯峻、何樂士《古代漢語語法及其發展》（修訂本）〔註45〕第十一章《省略》；易孟醇《先秦語法》（修訂本）〔註46〕第九章《省略》；王占福《古代漢語修辭學》〔註47〕第二章第四節《省略》；徐仁甫《楚辭文法概要》〔註48〕下篇肆《成分變化》一《省略》和《廣古書疑義舉例》的有關章節。

以上各例都可作為本文的旁證。《尚書》的「受命民」可以省略為「受民」，毫無可疑。

三、「上帝寵」新考

《尚書·泰誓上》：「惟其克相上帝，寵綏四方。」孔傳：「當能助天寵安天下。」《十三經注疏》本 180 頁，《十三經今注今譯》〔註49〕本 178 頁，皆作

〔註40〕收入李學勤《新出青銅器研究》增訂版，人民美術出版社，2016 年。190 頁。
〔註41〕皆收入陳偉武《愈愚齋磨牙集》，中西書局，2014 年。
〔註42〕收入《黃天樹古文字論集》，學苑出版社，2006 年。
〔註43〕收入《古書疑義舉例五種》，中華書局，2010 年版。
〔註44〕上海古籍出版社，2006 年。
〔註45〕語文出版社，2001 年。
〔註46〕湖南大學出版社，2005 年。
〔註47〕武占坤校訂，河北教育出版社，2001 年。
〔註48〕收入《徐仁甫著作集》之《廣古書疑義舉例·楚辭文法概要》，中華書局，2014 年。
〔註49〕嶽麓書社，1994 年。

如此斷句。《黃侃手批白文十三經》〔註50〕對《尚書》此處的斷句是將「相上帝寵綏四方」連讀。

今按，諸家斷句未安。當斷為「惟其克相上帝寵，綏四方」。「寵」當上屬，與「上帝」連讀，即「上帝寵」。其義是：周國受到上帝的寵愛，天命攸歸，我周王能夠助上帝之寵，平定四方。「上帝寵」相當於「天命、天寵、天休」，因此「上帝」與「寵」不能斷開〔註51〕。考《孟子·梁惠王下》引此文作：「惟曰其助上帝寵之四方有罪無罪惟我在。」其中的「上帝寵」顯然要連讀。東漢

〔註50〕 上海古籍出版社，1986 年版；《尚書》卷 29 頁。

〔註51〕 《黃侃手批白文十三經》斷句亦非。「天寵」、「天休」為古人恒言。金文中多言天子休、天子休命。金文常有的「對揚王休」之休即休命。以古證古，王休猶如王寵，天休即天寵。古人言對揚王休後，就以吉金作某彝器。這是什麼意思呢？我以為那就是說：為了答揚君王對我的恩寵，就用吉金作成青銅器。在器上刻銘辭，以便把君王的恩寵昭告於後世，尤其是自己的子孫。所以金文中常說「子子孫孫永寶用之」這一類的話。《墨子·天志中》：「鏤之金石，琢之槃盂，傳遺後世子孫。」《墨子·尚賢下》亦說：「琢之槃盂，傳遺後世子孫。」均可與金文相印證。後世典籍如《建康實錄》卷四曰：「從太皇建朕四世，太平主非朕復誰？遣使以印綬拜石印三郎為王。又刻石銘，褒詠靈德，以答休祥。」（亦見《六朝事蹟編類》卷下，文字略有異同）。『以答休祥』與金文『對揚王休』可相比對。知『對揚』與『答』（報答、酬答）義近。楊樹達《積微居小學述林》中有《〈詩〉『對揚王休』》解一文，楊氏釋休為賜。義亦與寵相近。唯楊氏頗詆鄭康成之說。《唐蘭先生金文論集》（紫禁城出版社，1995 年）中有《論彝銘中的『休』字》一文對楊氏有所批評。但楊樹達在《積微翁回憶錄》（上海古籍出版社，1986 年）241 和 351 頁中明確拒絕並譏諷唐蘭的批評。今考郭沫若《兩周金文辭大系圖錄考釋》（上海書店出版社、1999 年）下冊 P16 曰：「彝器銘多用令為錫。」郭氏舉證數例，皆有力。此不錄其銘文用例。郭氏所言之『令』與楊樹達所言之『休』同義（在典籍中皆用為『美、善』義），以此可旁證楊樹達釋『休』為『錫』之說不誤。關於「對揚」（經典中又作『奉揚』。如《左傳·僖公二十八年》：「重耳敢再拜稽首，奉揚天子之丕顯休命」。），可參考虞萬里《榆枋齋學術論集》（江蘇古籍出版社）中《金文「對揚」歷史觀》一文。但清儒許瀚《攀古小廬全集》上（齊魯書社，1985 年）《孟子韻》章稱《梁惠王下》的引書之言當斷句為：「惟曰其助上帝寵之，四方有罪無罪惟我在，天下曷敢有越厥志？」其中「之、在、志」乃押『之』韻。許瀚且稱引了趙氏注與焦循之說。我們認為這樣斷句問題甚多，不足取，許瀚錯判了韻例。理由如次：（1）如從許瀚斷句，則全句意義不明，無從索解。（2）如本文所述，『上帝寵』猶言『天休』，乃古書中的常用語，自為一詞，不當為『上帝寵之』。（3）《尚書》原文本為『綏四方』，《孟子》引為『之四方』，乃是以『之』為『治』之借。『治』與『綏』義近，可同義互換。如據許瀚之說，則《尚書》原文與《孟子》引文的意思會有不同。

趙岐注：「以助天光寵之也。四方善惡皆在已。」焦循《孟子正義》〔註52〕116～117頁廣徵博引，最終還是贊成「寵之」屬上讀。其實，「寵」和「之」之間要斷開。

古書關於「天寵」的記載很多。考《易經・師・象》：「承天寵也。」鄭玄注：「寵，光耀也。」寵，王肅本作龍〔註53〕。《詩經・商頌・長發》：「何天之龍。」鄭箋：「龍當作寵。寵，榮名之謂。」《大戴禮記》引龍為寵〔註54〕。「何」即後來的「荷」。「何天之龍（寵）」與「何天之休」同義。休為休命之省。言何（荷）皇天之美命，正為受天帝之寵的意思。經典言「休命」者甚多，不煩舉例。《文選・宋孝武宣貴妃誄》：「天寵方降」。「天之寵」就是「天寵、上帝寵」。《周易・无妄・彖》：「天命不佑」。古書中極多「天命」一詞，比「天命」更古老的說法就是「帝寵、上帝寵」。

上古有「助天」的說法。《泰誓》「相上帝寵」（「相」訓「助」）可比對《國語・越語上》：「今寡人將助天滅之。」韋注：「言夫差天所不與，故曰助天。」《越語下》：「無助天為虐，助天為虐者不祥。」《左傳・昭公二年》：「無助天為虐。」《禮記・月令・仲冬》：「以助天地之閉藏也。」《左傳・昭公二年》：「不助天，其助凶人乎？」《尚書・舜典》：「重華協于帝。」協與助同義《莊子・在宥》：「故聖人觀於天而不助。」其中也有「助天」的觀念。《莊子・大宗師》：「是之謂不以心捐道，不以人助天。」《淮南子・時則》：「所以助天地之閉。」《晏子春秋・內篇諫下》：「國人皆曰：晏子助天為虐。」《尚書大傳》（王闓運補注本）卷七：「田車載兵，號曰助天收。」《尚書大傳》此篇還有「助天生」、「助天養」、「助天誅」等說法。《後漢書・蘇竟傳》：「上祭於畢，求助天也。」「寵」字最早的含義是「天寵、上帝之寵」，與「天休、天眷」同義。

〔註52〕中華書局點校本，1996年版。沈文倬點校。《新編諸子集成》本。

〔註53〕《詩經・周頌・酌》：「我龍受之。」鄭箋：「龍，寵也。」

〔註54〕《詩經》又稱：「何天之休」。「何天之龍（寵）」與「何天之休」同義。休為休命之省。言何（荷）皇天之美命，正為受天帝之寵的意思。經典言「休命」者極多，不煩舉例。《急就篇》卷四：「謁裼塞禱鬼神寵」。師古注：「故為鬼神所寵佑也」。《隋書・音樂志下》：「感靈心，回天眷」。天眷即天寵。「寵」字多用為「天寵」、「帝寵」之義，「何天之寵」即是命運好之義（何，後作「荷」）。天寵即是《易》之「天佑」。《易・大有・上九》：「自天佑之」。《尚書・大誥》：「天休於寧王。」天休就是天寵、帝寵。《湯誥》：「以承天休。」《武成》：「陳於商郊，俟天休命。」同篇又曰：「天休震動。」《君奭》：「天休茲至。」

　　《泰誓》「相上帝寵」還可比對《逸周書・商誓解》：「助天永休。」上帝即天。寵即休（言休命）。又可比對《易・泰・象辭》：「輔相天地之宜，以左右民。」輔相即助，宜即休。（宜為義之借，義訓善，與休同義）。《易・繫辭上》：「可與祐神矣。」《易》之「祐神」相當於前舉的「助天」、「相上帝寵」。李鼎祚《周易集解》卷十四引九家《易》有曰：「是助天地明其鬼神者也。」《逸周書・商誓》：「爾多子其人自敬，助天永休於我西土。」知古人多有「助天」的意識。

　　《急就篇》卷四：「謁禓塞禱鬼神寵。」師古注：「故為鬼神所寵祐也。」《左傳・昭公十六年》：「鬼神而助之。」《易・繫辭上》：「自天祐之。」又曰：「天之所助者順也。」《左傳・成公元年》：「神、人弗助。」《墨子・法儀》：「天必福之。」同篇又曰：「故天福之。」《墨子・天志中》：「故古者聖王明知天鬼之所福。」《國語・周語下》：「皇天弗福。」《左傳・襄公二十六年》：「此湯所以獲天福也。」《莊子・庚桑楚》：「有恆者，人舍之，天助之。人之所舍，謂之天民；天之所助，謂之天子。」《管子・形勢》：「其功順天者天助之，其功逆天者天違之。天之所助，雖小必大。」《管子・形勢解》：「鬼神不助。」同篇又曰：「其功順天者，天助之。」《文選・宋孝武宣貴妃誄》：「天寵方降。」《隋書・音樂志下》：「感靈心，廻天眷。」天眷即天寵。「寵」字多用為「天寵」、「帝寵」之義，「何天之寵」即是命運好之意，故「寵」字可採入占筮術語。（寵訓榮，亦由天寵之義引申而成）。但「寵」為抽象詞，不可為形象[註55]。故《易》的作者用與「寵」諧音的「龍」作為卦辭，用「龍」暗喻「寵」意。《易・繫辭下》：「其取類也大。」王弼注：「託象以明義。」故知不可離象說義。為什麼在《易經》中只有乾坤二卦中才以「龍」為占筮語呢？那是因為「龍」在這裡暗喻天寵、上帝寵，正與乾（即天）相應，附帶也連及到了坤（即地）。可見古人取象寓意之精。『天寵』即是《易》之『天祐』。《易・大有・上九》：「自天祐之」。《易・无妄・彖》：「天命不祐」。《逸周書・克殷》：「群賓僉進曰『上天降休』。」『天降休』相當於甲骨文中的『帝降若』。天即帝，休即若（休、若皆訓善）。以『龍』為『寵』的諧音字和雙關語，應是在

〔註55〕《左傳・昭公二年》：韓宣子適魯，「見《易》象與《魯春秋》」。《易・繫辭傳》：「是故易者象也，象也者象也」。《搜神記》卷一「弦超」條曰：「兼注《易》七卷，有卦有象」。《文心雕龍・原道》：「幽贊不僅有神明，《易》象惟先」。《周易參同契》第十章曰：「易者，象也」。可見，《易》必有象。

西周以後，可能始於西周。因為在殷代的甲骨文中，表示上帝保佑的詞不是用『龍、寵』，而是用『若』，甲骨文中多有『帝若王』、『若于帝』、『帝降若』之類的句式，「若」訓「善」或「順」，即上帝善待君王，或上帝依順君王。

更考《殷周金文集成》4469 器：「厥非正命，乃敢疾訊人，則唯輔天降喪，不少（肖）隹死〔註56〕。」有言「輔天降喪」，「輔天」就是「助天、相天」。金文中的《何尊》有曰：「亡識視於公氏有勳於天。」『有勳於天』與『助天』義近。

《尚書・大誥》：「予惟小子，不敢替上帝命。」又同篇：「爽邦由哲，亦惟十人迪知上帝命越天棐忱。」《君奭》：「我亦不敢寧于上帝命。」《大誥》、《君奭》的「上帝命」就是《泰誓》的「上帝寵」。因此，「上帝」與「寵」不能斷開。

《泰誓上》此句的「綏四方」三字為句，可以比對《尚書・說命下》的「用綏民」，《詩經・周頌・桓》：「綏萬邦。」三者用「綏」，皆是三字為句。

只是趙岐注和焦循《正義》的斷句和訓詁有誤，不可不辨。我們認為《孟子》此文當斷句為：惟曰其助上帝寵，之四方，有罪無罪惟我在。「上帝寵」當連讀，「之」下屬，與「四方」連讀。以訓詁學言之，「之」讀為「治」，言「治四方」。既然我君師治理四方，那麼四方有罪無罪我君師都能明察〔註57〕。「之」的古音為之部章母，章母為照三，上古音與端母極近，就是錢大昕《十駕齋養新錄》〔註58〕卷五《舌音類隔之說不可信》所論證的「古無舌上音」，以及黃侃先生所說的「照三歸端」〔註59〕。「治」為之部定母。二者韻母同部，聲母旁紐為雙聲，音近可通。

〔註56〕關於「少（肖）」的釋讀，參看裘錫圭先生《讀逨器銘文箚記三則》，《文物》2003 年第 6 期，76 頁。

〔註57〕據焦循《孟子正義》（中華書局點校本，1996 年版）116 頁所引江聲《尚書集注音疏》，「我」訓「我君師」，「在」訓「察」。

〔註58〕收入《錢大昕全集》柒，江蘇古籍出版社，1997 年版。

〔註59〕雖然「照三歸端」並不完全正確（參看王力《黃侃音韻學淑萍》，收入《王力語言學論文集》，商務印書館，2000 年；王力《漢語音韻學》第三遍第五章第二十三節，收入《王力文集》第四卷，山東教育出版社，1986 年；張世祿《漢語音韻學史》第八章第一節，上海書店，1984 年；唐作藩主編《中國語言文字學大辭典》799 頁「照三歸端說」條，中國大百科全書出版社，2007 年版；曹述敬主編《音韻學辭典 300 頁「照三歸端」條，湖南出版社，1991 年》），但上古聲母照三與端母雖不相同，確實相近，可以通轉。

　　或讀「之」為「知」。《詩經・小雅・采薇》：「莫知我哀。」《鹽鐵論・備胡》引「知」為「之」。王先謙《詩三家義集疏》稱《毛詩》的「知」，齊詩作「之」。「知」訓「為」，也就是「治」，如「知縣、知州、知府」。《國語・周語中》〔註60〕：「知晉國之政。」韋昭注：「知政謂為政。」《呂氏春秋・長見》：「三年而知鄭國之政。」高注：「知，猶為也。」《周易・繫辭上》：「乾知大始」。焦循《易章句》〔註61〕：「知，猶為也；為，猶治也。」王引之《經義述聞》〔註62〕卷二《乾知大始》條引王念孫說同，而舉證詳備。清代學者有的也訓「知」為「主管」，實際上與「治」同義。

〔註60〕見徐元誥《國語集解》（中華書局點校本修訂本，2015 年版）74 頁。
〔註61〕收入陳居淵主編《焦循著作集》之《雕菰樓易學五種》（鳳凰出版社，2012 年）
　　　　上冊。卷七 158 頁。
〔註62〕鳳凰出版社，2013 年版。

《史記》、《尚書》的一處異文考

摘要：

　　《史記》有一處的「靜」字對應今文《尚書》的「謐」、古文《尚書》的「恤」。經考證，古文《尚書》的「恤」應當是「盍」的錯字，而「盍」是「窓」的古字，訓為安寧，正好是「靜、謐」的意思。

關鍵詞：謐、盍、窓、恤、血

　　《史記・五帝本紀》：「欽哉，欽哉，惟刑之靜哉！」《集解》引徐廣曰：「今文云『惟刑之謐哉』。《爾雅》曰『謐，靜也』。」《索隱》注：「惟形之謐哉。案：古文作『恤哉』，且今文是伏生口誦，『恤』、『謐』聲近，遂作『謐』也。」《史記》此文對應《尚書・舜典》：「欽哉，欽哉，惟刑之恤哉！」從以上的文獻可知，《史記》的「靜」對應今文《尚書》的「謐」，而「謐」的意思正是「靜」，因此可以說二者完全一致，司馬遷是用比較通俗的「靜」來解釋今文《尚書》的「謐」。但麻煩的是與《史記》的「靜」、今文《尚書》的「謐」相對應的《古文尚書》是作「恤」，而「恤」絕無「靜謐」的意思。這個異文該怎樣解釋呢？

　　我們認為，『恤』為古文經，為心母；『謐』為今文經，為明母。二者發音部位相去甚遠，顯然不可能是音近相通轉的關係，這個異文從音理上是無法解釋的。我們的研究認為這實際上與音近相通毫無關係。我們根據古文字學的考察認為古文《尚書》提到的『恤』很可能並非真正的『恤』字，而是一個從心

從皿的字盆被誤認成了『恤』〔註1〕。在戰國中山王墓出土的方壺銘文上有這個盆字，有的學者就誤釋為『恤』。如高明《古文字類編》〔註2〕150頁收有戰國中山王方壺銘文中的盆字釋為『恤』字。但那個字實在不能釋為『恤』。張政烺先生的考釋認為那個字應該分析為從心皿聲，讀為『罔』〔註3〕。何琳儀《戰國古文字典》〔註4〕沒有收入『恤』字，也就是認為中山王方壺銘文中的盆字不是『恤』。湯餘惠等《戰國文字編》〔註5〕雖然也把這個盆字分析為從心從皿，但不以『皿』為聲符，而是讀為『寧』。現在看來，《戰國文字編》的意見是對的。『寧』字在古文字中常作『寍』〔註6〕。《說文》：「寍，安也」。戰國文字中頗有此字〔註7〕。

而在戰國古文字中有沒有偏旁『宀』往往是異體字，不影響文字的音義，參看滕壬生《楚系簡帛文字編·序言》31頁〔註8〕，何琳儀《戰國文字通論》訂補本〔註9〕216～217頁，例證甚多。劉釗《古文字構形學》〔註10〕第十六章340頁：「古文字中一些字可加宀旁為繁化」。我自己舉證如下：

（1）在《郭店楚墓竹簡·窮達以時》中『拘』作從『宀』從『句』的字；（2）今本《老子》第十五章：「孰能濁以久靜之徐清，孰能安以久動之徐生」。而馬王堆帛書甲乙二本的『安』都是作『女』，省掉了上面的『宀』。另可參看陳劍博士《說「安」》〔註11〕。（3）《郭店楚墓竹簡·五行》裏的『中』都寫成從『宀』從『中』。（4）《郭店楚墓竹簡·唐虞之道》裏的『主』寫成從『宀』

〔註1〕在文字學中，上下結構和左右結構有時確實可以相混。例如「暮」和「期」是異體字，「蟹」和「蠏」是異體字，「棊」和「棋」是異體字，「杍」和「李」有時是異體字。類例甚多。

〔註2〕中華書局，1980年版。

〔註3〕參看《張政烺文史論集》473頁，中華書局，2004年。容庚《金文編》（中華書局，1998年版）723頁採取張政烺之說。

〔註4〕中華書局，2007年版。

〔註5〕319頁（福建人民出版社，2001年）。

〔註6〕參看《康熙字典》291頁，中華書局本。

〔註7〕滕壬生《楚系簡帛文字編》（增訂本，湖北教育出版社，2008年）682頁、李守奎《楚文字編》（華東師範大學出版社，2003年）451頁收錄了不少楚系文字中的『寍』，只是從『穴』，不從『宀』。作為偏旁的『穴』和『宀』相通。

〔註8〕湖北教育出版社，1995年。

〔註9〕江蘇教育出版社，2003年。

〔註10〕福建人民出版社，2006年。

〔註11〕見《語言學論叢》第31輯，商務印書館，2005年。

從『主』。（5）據馬國翰《玉函山房輯佚書》所輯李登《聲類》的佚文，『寶』的古文作『珤』（另參看《康熙字典》293 頁），沒有『宀』。（6）在金文中的『親、造』等字都有時寫作從『宀』（如作『寴』，從而與《說文》中訓『至也』的『窺』相混）。（7）『寵』在《詩經》中又寫作『龍』。（8）在金文中的『宿』有不從『宀』的例子（雖然少見）。（9）滕壬生《楚系簡帛文字編》〔註12〕690 頁所錄的兩個『宿』字都不從『宀』，同書 691 頁所錄的『寡』字在楚系簡帛文字中都沒有『宀』旁，同書691 頁的『寢』字在《信陽楚簡》中都不從『宀』。（10）《郭店楚墓竹簡》中的『留』字寫作從『宀』旁，『夭』字從『宀』旁。（11）何琳儀《戰國古文字典》82 頁稱戰國文字中的從『來』從『里』（上下結構）的字有異體帶有『宀』。（12）據《集韻》，古文『煙』有『宀』旁。（13）『是』古文又作『寔』。（14）『惺』有異體字帶『宀』旁。『墊』或作從『宀』從『執』。（15）『夢』或作從『宀』從『夢』。據《康熙字典》286 頁，『宵』古文或不從『宀』旁。（16）《周禮・春官・小祝》：「寧風。」其中「寧」一作沒有『宀』旁。

　　因此，在古文字中，『盗』可以省掉『宀』旁而成盗。在西周中期的青銅器銘文也有此字，裘錫圭等古文字學家就讀為『盗』〔註13〕。因此，古文《尚書》和《史記索隱》所引的古文經『恤』很可能原文是從心從皿的字盗〔註14〕，也就是『盗』字的省寫，而被漢代的經學家誤認為是左右結構的『恤』字〔註15〕。

〔註12〕增補本，湖北教育出版社，2008 年。

〔註13〕參看裘錫圭《中國出土文獻十講》（復旦大學出版社，2004 年）66 頁；以及《金文詁林補》12・2406～2407 頁『盗』字條周法高的按語。金文中既有『盗』字（參看陳初生《金文常用字典》729～730 頁，陝西人民出版社，2004 年），也有不從『宀』之形盗，如《殷周金文集成》第 5940 條銘文和 9735 條銘文都有此字（參看張亞初《殷周金文集成引得》523 頁，中華書局，2001 年）。

〔註14〕劉釗《古文字構形學》（福建人民出版社，2006 年）第十六章339 頁稱：「古文字中皿、血二字經常相混。」陳夢家《中國文字學》（中華書局，2006 年）第三章《漢字的結構》48 頁：「血、盟一字（原注：金文亦同，後來金文加明字為聲符）。」光華按，原文的『盟』當作『皿』。

〔註15〕可舉類例：郭沫若《十批判書》（見《郭沫若全集・歷史編》第二冊）中的第一篇文章（21 頁）論述到：西周金文中有『孚』字，在《尚書・呂刑》中作『率』，亦或作『律』；古文《尚書》誤作『鋖』。郭沫若這是說：「東漢的古文家們古文程度並不深，時時愛讀別字。」《說文解字敘》有稱：東漢時代「今雖有尉律不課，小學不修，莫達其說久矣。」許慎在此文中還嚴厲批評了東漢時代的「俗儒鄙夫，玩其所習，蔽所希聞，不見通學，未嘗睹字例之條，怪舊藝而善野言。」許慎認為當時學者對文字的分析解釋有很多「不合於孔氏古文，謬於史籀。」

　　我們這樣考慮還有別的理由。因為有證據表明『恤』字形確實是一個比『卹』後起的字〔註16〕。《尚書・舜典》：「惟刑之恤哉。」段玉裁《古文尚書撰異》〔註17〕卷一下：「卹，今本作恤。此衛包所改也。《尚書》本皆作『卹』。衛改為『恤』。妄謂卹、恤古今字也。考《說文》血部『卹，憂也』。心部『恤，憂也』。是二字音義皆同。然古書不容徑改。」段玉裁《說文解字注》『卹』字注已明言：「卹與恤音義皆同。又疑古只有『卹』，『恤』其或體。」段玉裁的見解十分精闢。王引之《經義述聞》〔註18〕第三《惟刑之恤哉》條從段玉裁之說，稱：「今本『卹』作『恤』，乃衛包所改。《古文尚書撰異》已辯之。」段玉裁、王引之的這個見解是對的，現代的古文字學也表明先秦的古文字中只發現了『卹』字，還不沒有發現確實可靠的『恤』字。鄒漢勳《讀書偶識》〔註19〕卷一8頁：「《小畜》六四『血去，惕出』。馬季長讀『血』為『恤』，晁說之以『血』古文『恤』。《渙》上九『渙其血去，逖出』。《說卦傳》『坎為血卦』。以《小畜》例之，《渙》之血去亦當讀恤。」可知在古文確實沒有『恤』字，只作『卹』或『血』。因此我們說先秦的古文《尚書》中的那個所謂『恤』字應該是『卹』的異體字，而不當釋為『體恤』字〔註20〕。這樣解釋，《史記》原文就與今古文《尚書》都互相和諧。因為『寧（寍）』〔註21〕與《史記》的『靜』、今文《尚書》的『謐』意思非常接近，完全可以同義互換。如《爾雅・釋詁》：「謐、寧，靜也」。並不是以『寧』與『靜、謐』為古音通假字〔註22〕。因此，《史記索隱》實際上是說作『寧』為古文經，作『謐』為今文經。這與古文獻完全相合。考先秦經典中的《尚書》、《詩經》、《左傳》表示『安寧、安

〔註16〕　雖然二者都見於《說文》，而且在《說文》中應該是同源詞。

〔註17〕　中華書局，《四部要籍注疏叢刊》本中，1805頁。

〔註18〕　虞思微等校點，上海古籍出版社點校本第一冊，160～161頁，2016年。但王引之此文所討論的古音通假是完全錯誤的，不詳論。

〔註19〕　中華書局點校本，2008年。陳福林點校。

〔註20〕　舉一旁證：鄒漢勳《讀書偶識》（中華書局點校本，2008年。陳福林點校）卷二33頁：「古文『平在朔易』，今文『便在伏物』。漢勳案：『易』當作『昒』，昒、昧、薆、微，一聲之轉。微，藏也。昒與物俱從勿聲，故今文作『物』；古文作『易』者，移『日』於『勿』上作之。後人不識，妄認為變易之易耳」。鄒漢勳的這段論述十分精彩，他討論的情況與本文的論述非常相似。

〔註21〕　從文字學上看，「寍」字要早於「寧」，後者是後來的通行字或俗字。《說文》只作「寍」字，《說文》中的「寧」字不是「寍」的異體字。

〔註22〕　本文從古文字的角度作出解釋，與段玉裁、王引之企圖用通假來解釋有所不同。

靜』之義都用『寧』字〔註23〕，而沒有用『儜』字之例。在漢語史上，『儜』
顯然是比『寧』晚出的字。因此說「『寧』為古文經，『儜』為今文經」是非常
準確的。

　　根據以上的考證，我們還可以順便辨正上古文獻中兩個疑難問題。

　　一是校正《詩經》中的一處錯字。《詩經·閟宮》：「閟宮有侐」。毛傳：
「侐，清靜也」。《玉篇》人部「侐」字注採毛傳。《說文》：「侐，靜也」。也
引毛傳〔註24〕。事實上，在古文獻中，「侐」訓「清靜」或「靜」只見於毛傳，
別無它例。甚至整部《十三經》都只有《毛詩》這一處用「侐」字，不見於其
他任何經典。這樣的用字現象在《十三經》中是非常罕見的。因此，《毛詩》
這裡的「侐」甚為可疑。

　　對於毛傳的解釋，歷來無異說。只是《韓詩》侐作闃。我們認為「侐」
訓清靜，從文字學和訓詁學上都不好解釋。《毛詩》的「侐」字當是恤字之
誤，在古文獻中常誤為「恤」。《文選》卷十六《別賦》注引「侐」正作「恤」
〔註25〕。在古文字中，作為偏旁的『心』與『人』確實可以相通，頗有證據。
例如：（1）《論語·公冶長》：「左丘明恥之」。定州漢墓竹簡本《論語》〔註26〕
恥作佴。（2）《論語·為政》：「有恥且格。」漢墓竹簡本恥作佴。知佴為恥的
古字〔註27〕。（3）《玉函山房輯佚書》錄有《古文官書》稱在古文中『憼』與
『儆』同字，今作「警」。（4）《詩經·唐風·山有樞》：「他人是愉」。鄭玄曰：
「愉讀曰偷」。（5）《詩·小雅·鹿鳴》：「視民不恌」。恌，《說文》引作佻。
（6）《詩·賓之初筵》：「威儀怭怭」。怭，《說文》引作佖。（7）『侈』，據《集
韻》或從『心』旁。（8）據《集韻》，『惓』又作『倦』，『佚』又作『佚』。這
些都是證據。

〔註23〕　《尚書》、《詩經》、《左傳》三種古老的經典中根本沒有『儜』字。時代很古老
　　　　的《逸周書》和戰國時代的《國語》也只有『寧』，沒有『儜』字。如《國語·
　　　　周語下》：「密，寧也。」《周語中》：「故能光有天下，而和寧百姓」。《國語》
　　　　用『寧』二十多次。

〔註24〕　《廣韻》、《集韻》同《說文》。

〔註25〕　此據《經籍篆詁·職韻》，或許有版本根據。而考李善注《文選》本（中華書
　　　　局）、六臣注《文選》本（人民文學出版社）的《別賦》注都無此異文。因此，
　　　　《經籍篆詁·職韻》的這處引證尚待深考，非為定論。

〔註26〕　文物出版社，1997年。

〔註27〕　另參看王輝《古文字通假字典》（中華書局，2008年）16～17頁。裘錫圭《簡
　　　　帛古籍的用字法是校讀傳世先秦秦漢古籍的重要根據》（收入《裘錫圭學術文
　　　　集》4《語言文字與古文獻卷》，復旦大學出版社，2012年）。

　　而「恤」又是「𥁕」的俗字或錯字。「𥁕」就是「𥁕」的古字，訓安寧〔註28〕，正是「清靜」的意思。而《韓詩》的閾字也應該是「𥁕」的錯字。如此則怡然理順，訓詁暢通。從上可知，《詩經》此處的原文應該是經過了「𥁕」→「恤」→「𥁕」這樣的變遷。而且這樣的訛變過程在先秦就已經完成，這才造成由先秦古文字寫成的《毛詩》原文作「𥁕」〔註29〕。

　　二是《詩經・周頌・維天之命》：「假以溢我。」《左傳・襄公二十七年》引作「何以恤我」。則《詩經》的「溢」對應《左傳》的「恤」。古人對於這個異文往往不能做出合理的解釋。今考《爾雅・釋詁》：「溢、寧，靜也」。則《詩經》此處的「溢」當訓「靜」；〔註30〕而《左傳》所引作的「恤」應該是「𥁕」的錯字或俗字，也訓「靜」。如此則《詩經》與《左傳》完全吻合，毫無歧異。我們這樣的解釋還有古文獻的支持。考王先謙《詩三家義集疏》引《韓詩》「溢」正作「謐」，而「謐」正是「𥁕」義。

〔註28〕參看《故訓匯纂》590頁。

〔註29〕鑒於「𥁕」字在《十三經》等上古文獻中只出現了一次，所以我認為應該是「恤」誤為「𥁕」，而不是「𥁕」誤為「恤」。有的學者把《尚書》的「恤」解釋為「𥁕」的借字，不可信。「恤」只能是「𥁕」的錯字或俗字。

〔註30〕毛傳：「溢，慎也」。清代學者也引《爾雅》：「溢，慎也」來解釋，當非。

「司空」新考——兼考
《尚書·洪範》的產生年代及其他

提要：

　　「司空」一名出現於春秋，在商周金文中作「司工」，在商周以前作「共工」。司空的主要職權是主管土地和工程建設，在春秋以前還監管百工，在春秋時代與工師分為二職，不相從屬。司空的職權從西周到春秋有所變遷。「司工」從文字上變為「司空」是為了突出「司空」主管土地的職官特徵。《洪範》應該寫成於商末，不會晚至戰國。

關鍵詞：司空　司工　共工　工師　工正　百工　洪範　於乎

一、司空新考

　　「司空」一職肇自太古，但「司空」一名卻非虞夏所有，始見於殷商，作「司工」。何以理解這個職官的職權範圍呢？古今學者多以為「司空」一名是來自「司工」，是百工的主管，也就是掌管各種手工業。近人吳大澂〔註1〕、楊樹達〔註2〕均以為「司空」即「司工」〔註3〕，「空」為「工」之假借。「司空」主理百工之事，唐虞以上稱「共工」。錢玄《三禮辭典》〔註4〕略述吳、楊氏之

〔註1〕見徐文鏡編《古籀彙編》（上海書店出版社，1998年）170頁「工」字條。
〔註2〕見《積微居小學述林全編》卷六《司徒司馬司空釋名》，上海古籍出版社。2007年。
〔註3〕參看錢玄《三禮辭典》（江蘇古籍出版社，1998年）「司空」條。265～266頁。
〔註4〕江蘇古籍出版社，1998年。

說，並表贊同。黃季剛《說文段注小箋》〔註5〕亦謂：「司空之空借為工」。錢玄同《說文段注小箋》亦稱司空為司工之借〔註6〕。《中國歷史大辭典・先秦史》〔註7〕的《司空》條（繆文遠、王連升撰）：「掌管工程營建及製作。銘文作『司工』。商代已置，西周、春秋戰國多沿用」。舉有《管子・立政》和《呂氏春秋・季春》為例。郭沫若《金文叢考・周官質疑》〔註8〕也指出「司空」在金文中作「司工」。在戰國文字中也是如此〔註9〕。何琳儀《戰國古文字典》〔註10〕1478頁及109頁、李學勤主編《中國古代文明與國家形成研究》〔註11〕426頁稱：「可知司空是手工業的總管。」此書還說：「在西周金文中，司工與司徒、司馬並稱為三司，是司工即司空之證。」〔註12〕今按，李學勤等此說實是影寫郭沫若《周官質疑》之言。郭沫若《周官質疑》八《司工》曰：「以司空而兼司寇，足見司寇之職本不重要。古者三事大夫僅司徒、司馬、司空，而不及司寇也。」〔註13〕郭氏之文明確將金文中的「司工」與文獻中的「司空」

〔註5〕收入《說文箋識四種》，1983年，上海古籍出版社。也見《黃侃文集》的《說文箋識》，中華書局，2006年。

〔註6〕見《錢玄同文集》（中國人民大學出版社，1999年）第五卷。不過，錢玄同《說文段注小箋》和黃侃《說文段注小箋》幾乎雷同，二者的雷同絕非巧合，必是同出一源。黃侃曾說錢玄同竊其文字學手稿。黃侃雖善罵，而世人皆知其箋釋群書，未聞錢玄同有過箋釋古書之事。因此，《說文段注小箋》恐本為黃侃所作。吾友蕭旭兄告訴我郭萬青兄經考證後認為黃侃、錢玄同的此二書恐都是源自聽章太炎講《說文解字》的筆記。故此二書與《章太炎說文解字授課筆記》（中華書局，2010年版）頗多雷同。郭萬青兄曾將黃侃、錢玄同此二書與《章太炎說文解字授課筆記》做過比較，參看郭萬青《黃侃、錢玄同〈說文段注小箋〉比勘》（見《臺北大學中文學報》第15期，2014年）。我以為此說頗有理。

〔註7〕上海辭書出版社，1996年。168頁。

〔註8〕見《郭沫若全集・考古編》第五卷，科學出版社，2002年。新頁153～155頁。附和「司空」就是金文「司工」的還有徐連達《中國歷代官制大詞典》393頁，廣東教育出版社，2002年。呂宗力主編《中國歷代官制大辭典》，北京出版社，1995年版。

〔註9〕據畏友蕭旭兄告知：《元和姓纂》卷二：「司工：周宣王時司工錡，因官氏焉。」《玉海》卷125引《氏族略》、《姓氏急就篇》卷下同。據《墨子・明鬼下》所引《周春秋》「司空」也作「司工」。

〔註10〕中華書局，2007年版。

〔註11〕雲南人民出版社，1998年。

〔註12〕另參看李學勤主編、王宇信等著《中國古代文明與國家形成研究》（中國社會科學出版社，2007年）305～306頁。

〔註13〕見《郭沫若全集・考古編》第五卷，科學出版社，2002年。新頁154頁。另參看參看郭沫若《兩周金文辭大系考釋》（《郭沫若全集・考古編》第八卷，科學出版社，2002年）新頁253～254頁對《揚殷》的考釋。

相等同。實則劉申叔先生《春秋時代官制考》已經指出：「且周制，大國三卿，司徒兼冢宰，司馬兼宗伯，司空兼司寇。」〔註14〕當時劉申叔先生未見金文，而此見解與金文相合，足見劉申叔先生學術之精，遠早於郭沫若的研究。張亞初、劉雨《西周金文官制研究》〔註15〕22～24 頁對西周金文中的「司工」考證甚詳悉，認為金文中的「司工」相當於文獻中的「司空」，主管手工業和土木工程〔註16〕。

李學勤主編《中國古代文明與國家形成研究》〔註17〕又引《甲骨文合集》5628 條辭曰：「貞惟弓令司工。」然于省吾《甲骨文字釋林》〔註18〕73 頁明言卜辭中的「司工」乃主管貢納之官，工為貢之借，非關百工〔註19〕。沈長雲《上古史探研》〔註20〕中的《談古官司空之職》一文支持于省吾之說，認為「司空」主土是由司空主管貢納進而演變來的。此中是非後文有說。

沈長雲先生《上古史探研》中的《談古官司空之職》〔註21〕一文力反眾說，堅決反對金文的「司工」、文獻中的「司空」是「主管百工」的說法，主張「司工、司空」都是「主土」之官，引證廣博，言之成理。在司空主土這一點上，我完全贊成沈長雲的觀點。但其中有些複雜的問題，沈文沒有辨析清楚。另外，我不贊成沈文中另外的一些提法。我認為前人關於「司空」的解釋尚未能盡善。今重新考論「司空」如下〔註22〕：

手工業的主管在西周稱「工師」，最多是「司工」的屬官，未可相混，也

〔註14〕見《左盦外集》卷十，收入《劉申叔先生遺書》（江蘇古籍出版社，1997 年）。又見《儀徵劉申叔遺書》第十一冊 4670 頁，萬仕國點校（廣陵書社，2014 年）。

〔註15〕中華書局，2004 年版。

〔註16〕「工」與「空」相通還可參看王輝《古文字通假字典》（中華書局，2008 年）462 頁。白於藍《戰國秦漢簡帛古書通假字彙纂》（福建人民出版社，2012 年）643～644 頁。

〔註17〕雲南人民出版社，1998 年。

〔註18〕中華書局，1993 年。亦見《甲骨文字詁林》第四冊 2912～2913 頁。中華書局，1996 年。

〔註19〕「工」與「貢」相通還可參看王輝《古文字通假字典》（中華書局，2008 年）457 頁。

〔註20〕中華書局，2002 年。

〔註21〕最早發表於《中華文史論叢》，1983 年第 3 輯，上海古籍出版社，1983 年。

〔註22〕下中邦彥主編《亞洲歷史事典》（日文本，日本平凡社，1962 年版。共十卷）沒有獨立的「司空」條；日本京都大學東洋史辭典編纂會《新編東洋史辭典》（日文本，日本東京創元社，平成三年版。即 1992 年）沒有「司空」條。

不是職位對等的不同職官，說見左言東《先秦職官表》〔註23〕48頁「司空」與「工師」二條。金文中頗多「工師」之言，且分為數職，如武庫工師、往庫工師、左庫工師、右庫工師、上庫工師、下庫工師等，這些工師才是分管各手工業的官員，在西周應該是「司工」的屬官。

　　春秋以來才有的「司空」在西周金文作「司工」，猶如「司空」在夏商以前又作「共工」。「工」為本字，顯然要早於「空」字。金文中多有「百工」之例，但從無「百工」與「司工」相關聯之例。在殷周及以前應該是「司工」監管百工，鄭玄注《考工記》以為司空監百工，那麼各種工師就是「司空」的屬官。但很可能春秋時「司工」已與「工師」分化為二職，不是上下級關係了。春秋時代的「工師」未必是「司空」的屬官。那時司空已再不監管百工，而主要是主管水土的治理，還負責各種土木工程，同時監管服苦力的囚徒〔註24〕。「司空」在夏商時的名稱很可能是「共工」或「司工」，但在甲骨文中還只能發現「工、多任務」這樣的說法，沒有確實的「共工」字樣〔註25〕。

　　古以「司空」即「共工」是根據《周禮·考工記》鄭玄注：「司空掌營城郭、建邑。立社稷、宗廟，造宮室、車服、器械、監百工者。唐虞以上曰共工」。《通典》卷二十《職官一》稱「共工」為虞舜時期的古官〔註26〕。足見「共工」一名起源於遠古，在夏商以前已經存在。

　　但上古文獻確有「司空」與「工師」並列為二職的根據。考《文子·自然》：「昔堯之治天下也，……禹為司空，……奚仲為工師。」〔註27〕注：「造器物備民用。」工師當是主管各種手工業的官員，而與司空並列平行。《漢書·百

〔註23〕商務印書館、1994年。

〔註24〕就是現在的勞改犯。

〔註25〕甲骨文中的「工、多任務」不一定與春秋時代的「工師」相對應。有可能「多任務」就是「多官」的意思，相當於《尚書》、《毛詩》、《左傳》中的「多士」。「工」訓「官」實為常談，參看《故訓匯纂》「工」字30～36條。

〔註26〕中華書局標點本，2007年版。482頁。

〔註27〕亦見《淮南子·齊俗》。只是「工師」在《淮南子》作「工」，其實「工」也有「工師、工官」之義，參看《故訓匯纂》「工」字條；另參看張雙棣師《淮南子校釋》增訂本1154～1155頁，北京大學出版社，2013年。張雙棣師在箋釋中列舉了一些關於「工師」的文獻。「工師」又稱「監工」。考《呂氏春秋·季春紀》：「是月也，命工師，令百工，審五庫之量，金鐵、皮革筋、角齒、羽箭幹、脂膠丹漆，無或不良。百工咸理，監工日號，無悖於時，無或作為淫巧，以蕩上心」。高注：「監工，工官之長」。又見楊寬等《戰國會要》（上海古籍出版社，2005年）498頁。在《荀子·解蔽》作「器師」：「工精於器，而不可以為器師。」

官公卿表上》以司空與共工分立對舉，以司空主土。注引應劭曰：「為共工，理百工之事也。」《尚書‧舜典》亦以司空與共工為二職。《尚書‧舜典》：「僉曰：『伯禹作司空』」。又曰：「俞，咨！垂，汝共工」。分明以禹為司空，垂為共工〔註28〕，這個「共工」當是「工師」的別名。《呂氏春秋‧季春紀》也分明以「工師」和「司空」分為二職。《荀子‧王制》：「雕琢文采，不敢專造於家，工師之事也。」《淮南子‧時則》：「工師效功，陳祭器。」《孟子‧梁惠王下》：「則必使工師求大木。」工師與司空不同。《續漢志》補注引應劭《漢宮儀》曰：「綏和元年，罷御史大夫。官法周制，初置司空。」似應劭以司空為周代職官，周朝以前不稱司空。但沒有證據表明殷商時沒有「司工」一名。司空在商代以前又名共工，因與神話相合，或非臆說。《尚書‧舜典》和《漢書‧百官公卿表上》都以司空與共工分立對舉，這是春秋以後的觀念，從此可見《尚書‧舜典》產生於春秋以後，或者《舜典》的「共工」就是工師的意思，與遠古的「共工」不同。而《漢書‧百官公卿表上》則是依據《尚書‧舜典》將司空與共工分為二職，這是將「共工」和「工師」相混同的結果。實則，在西周及以前，「工師」是「司工（空）」的屬官。

「司空」自古以來均為主土之職，今古文經皆同。但至少春秋時「司空」與「共工」或「工師」已分為二職。更考《左傳‧莊公二十二年》：「齊侯使敬仲為卿。……使為工正。」《左傳‧昭公四年》言之甚明：「覆命而致之君，君不敢逆王命而復賜之，使三官書之。吾子為司徒，實書名。夫子為司馬，與工正書服。孟孫為司空，以書勳。今死而弗以，同棄君命也。書在公府而弗以，是廢三官也。」分明以「司徒、司馬、工正、司空」四者並立，這時的「工正」應非「司空」的屬官。

《左傳‧昭公十七年》：「祝鳩氏，司徒也；鴡鳩氏，司馬也；鳲鳩氏，司空也；爽鳩氏，司寇也；鶻鳩氏，司事也。五鳩，鳩民者也。五雉，為五工正，利器用、正度量，夷民者也。九扈為九農正，扈民無淫者也。」分明以「司空」與「工正」各自獨立，官階應對等。

《左傳‧宣公四年》：「及令尹子文卒，鬥般為令尹，子越為司馬，蒍賈為工正。」則春秋楚國有「工正」之官，而明代的董說《七國考》卷一〔註29〕謂

─────────

〔註28〕「共工」與「司空」分為二職是春秋以來才有的，這可證明《舜典》是春秋以後才寫定的。

〔註29〕中華書局，1998 年版。35 頁。

楚國的莫敖即司空之職。《藝文類聚》卷四十七引《齊職儀》曰：「楚改司空為莫敖。」。董說蓋本此立言。則在春秋時期的楚國，司空與工正分為二職。工正又稱工尹〔註30〕。

《左傳·襄公九年》：「九年春，宋災。樂喜為司城以為政。使伯氏司里，……使皇鄖命校正出馬，工正出車，備甲兵。」宋國的「司城」就是「司空」，與「工正」顯然為二職。在宋國，「司城」的地位明顯高於「工正」（因為《左傳》稱其可以「為政」。以春秋時代的慣例論之，「為政、執政」就是掌朝的「上卿」，即總理大臣）〔註31〕。則在春秋時的宋國，司空與工正分為二職。

從秦始皇兵馬俑考古發現的兵器銘文來看，戰國時代的秦國的百工是由相邦或丞相直接監管（如戰國時代秦國的兵器銘文有「相邦張儀造」、「相邦呂不韋造」之類）〔註32〕，秦國的工師直接對相邦負責。則先秦秦國的百工與司空無關，況且秦國的中央政府根本沒有「司空」一職〔註33〕。

齊國有「工師」，沒有發現確實的「司空」一職〔註34〕。

魏國有「工師」，沒有發現確實的「司空」一職〔註35〕。

《呂氏春秋·開春》：「韓氏城新城，期十五日而成。段喬為司空，有一縣後二日。段喬執其吏而囚之。」則韓國有「司空」，且主管築城，與百工無明

〔註30〕參看楊寬等《戰國會要》（上海古籍出版社，2005年）卷五十八《職官七》。

〔註31〕可能是受到宋國文化的影響，春秋時的小國曹國也有「司城」一職，而且應為卿爵。考《左傳·哀公七年》：「及曹伯陽即位，好田弋。曹鄙人公孫強好弋，獲白雁，獻之。且言田弋之說，說之，因訪政事。大說之，有寵，使為司城，以聽政」。曹國的一個農民公孫強因為善於「田弋」而被曹伯任用為「司城」，以掌國政。曹國的「司城」應該就是「司空」，與宋國相同。

〔註32〕秦設丞相一職在秦武王時代，屬於戰國中前期。考《史記·秦本紀》：秦「武王二年，初置丞相」。

〔註33〕在秦國官職中，中央政府沒有「司空」一職，只有地方才有「縣司空、邦司空、國司空」這樣的職官。參看孫楷著、楊善群校補《秦會要》（上海古籍出版社，2004年版）；孫楷著、徐復訂補《秦會要訂補》（中華書局，1998年版）；楊寬等《戰國會要》（上海古籍出版社，2005年）。王輝《古文字通假字典》（中華書局，2008年）462頁稱：「『司工』本主管工程之官，秦稱司空。睡虎地秦簡有《司空》律」。王輝還指出戰國璽印中的「司工」就是「司空」。不過，秦律中的「司空」與春秋以前作為三卿的「司空」僅僅是名稱相同，其地位和職權完全不同，不可相混。

〔註34〕參看楊寬等《戰國會要》（上海古籍出版社，2005年）卷五十七《職官六》。

〔註35〕參看楊寬等《戰國會要》（上海古籍出版社，2005年）卷六十《職官九》。

顯關係。韓國有「工師」〔註36〕。可見韓國的司空與工師分為二職。

「司空」一詞產生於春秋時期，這個詞之所以出現就是因為「司空」已經專門主管水土，而不是同時主管百工。而「共工、司工」這兩個詞表明西周及以前既要管理水土，也要管理百工。春秋以來，「司空」專主水土，「共工」管理百工之事。「共工」是遠古之名，在春秋時代一般稱工師、工正、工尹，多見於《左傳》，今不詳舉〔註37〕。春秋時的人已知「司空」不直接主管百工之事〔註38〕。現博徵古籍中關於「司空」的記載，以為論考之資，古書似乎都是強調「司空」主管土地，包括各種土木工程、修路、修城、修宮殿、修水利設施、治理洪水、疏通河流等等。

《尚書‧洪範》：「四曰司空。」孔傳：「主空土以居民。」《尚書‧周官》：「司空掌邦土，居四民，時地利。」《禮記‧王制》：「司空執度度地。居民山川沮澤，時四時，量地遠近，興事任力。」鄭玄注：「司空，冬官，卿。掌邦事者，度丈尺也。」司空主地，掌興事任力。故作役之事亦屬司空執掌。《周禮‧鄉師》：「大役，則率民徒而至，治其政令。既役，則受州里之役要。以考司空之辟，以逆其役事。」賈公彥疏謂：「辟謂功程，司空主役作。」鄭司農注辟為法，甚是，《正義》訓「辟」為「功程」，不確。「考司空之辟」猶言依據司空之法，量刑作役。《周禮‧司救》謂：「凡民之有邪惡者，……恥諸嘉石。役諸司空。」賈公彥疏：「使事官作之也者，以其司空主事故也。」《周禮‧大司寇》：「凡萬民之有罪過，而未麗於法而害於州者，桎梏而坐諸嘉石，役諸司空」。因司空為主土木工程之官，故有罪之民當罰到司空處作苦力。《太平御覽》卷643引《風俗通義》言及《周禮》此文，而「役諸司空」之後有「令平易道路也」一句，則更可看出「司空」是管理土地和土木建設之官。《史記‧儒林列傳》《集解》引徐廣曰：「司空，主刑之官也。」《漢書‧百官公卿表上》稱：宗伯「屬官有都司空令丞。」如淳注：「律，司空主水及罪人。賈誼曰『輸之司空，編之徒官』。」〔註39〕因為司空主管土木工程的建設，需要勞動力，所

〔註36〕參看楊寬等《戰國會要》（上海古籍出版社，2005年）卷六十一《職官十》。

〔註37〕《漢書‧百官公卿表》稱王莽改少府曰共工。共工又為少府的別稱。

〔註38〕由於《尚書‧舜典》已經將「司空」與「共工」分離對舉，這是春秋以後的現象，商代以前的「司工」就是「共工」的別名，是同一職官的不同稱呼。當然有時代先後的不同，「共工」早於「司工」。因此《尚書‧舜典》必然產生於春秋戰國之間，不會早於春秋。它已經不明白商代以前的「司空」就是「共工」。

〔註39〕另參見宋翔鳳《過庭錄》卷十二《輸之司空》條。

以犯了罪的人便被送到司空處下苦力服刑，所以徐廣說：「司空，主刑之官也」
〔註40〕。

　　《國語·晉語七》曰：「使為元司空。」韋注：「司空掌邦事，謂建都邑，
起宮室，經封洫之屬。」元司空即大司空。《漢書·溝洫志》：「大司空掾王橫。」
師古曰：「善治水。」《太平御覽》卷208引《續漢志》曰：「司空為冬官，掌
幫事。凡營城起邑，復溝洫，修墳防之事，則議其利，建其功，四方水土功課。
歲盡則奏其殿最而行賞罰。」〔註41〕《史記·五帝本紀》：「舜舉八愷，使主后
土。」《集解》引王肅曰：「君治九土之宜。」又引杜預曰：「后土地官。」《索
隱》曰：后土「主土。禹為司空，司空主土，則禹在八愷之中。」《正義》引
《春秋正義》云：「后，君也。天曰皇天，地曰后土。」

　　《左傳·桓公六年》：「宋以武公廢司空。」杜注：「武公名司空廢為司城。」
知「空」與「城」必定在意思上有相通之處〔註42〕。在春秋時代已經與百工無
直接關係〔註43〕。《韓詩外傳》卷八：「司空主土。」《北堂書鈔》五十引「主
土」作「主地」。《呂氏春秋·季春紀》：「命司空曰『時雨將降，下水上騰。循
行國邑，周視原野。修利堤防，導達溝瀆，開通道路，無有障塞』。」〔註44〕

〔註40〕從此可見郭沫若《金文叢考·周官質疑》和《兩周金文辭大系考釋》說在西周
　　　　時的「司工」兼有「司寇」之職的觀點是有根據的。春秋戰國都是司寇主管刑
　　　　罰，而徐廣、如淳都說司空主刑。這是說司寇主持判刑的罪犯很多要到司空處
　　　　接受強制勞動以服刑（當然，死刑犯、肉刑犯除外）。司空負責監管那些被強
　　　　制勞動的囚徒。戰國秦漢有一些「司空」的屬官也叫「司空」，前面往往加一
　　　　些定語加以限制。這與戰國以前作為三卿的司空不同。「司空」的職權在秦漢
　　　　以降頗多變遷。如西漢成帝於公元前8年改御史大夫為大司空，顯然這時的
　　　　「大司空」是御史大夫的異稱，應是監察官吏的職官，雖然也位居三卿，但與
　　　　戰國以前主管土木工程的公卿「司空」職權不同。公元51年，光武帝劉秀將
　　　　「大司空」改名「司空」，與太尉、司徒並為三卿。東漢末的曹操就曾任「司
　　　　空」，職能明顯與戰國以前不同。參看《通典》卷二十《職官二》（中華書局標
　　　　點本，2007年版）517頁；呂宗力主編《中國歷代官制大辭典》（北京出版社，
　　　　1995年版）317～318頁的「司空」條。
〔註41〕《墨子·號令》：「吏率民死者，輒召其人與次司空葬之。」《墨子·雜守》：「城
　　　　守司馬以上，⋯⋯署都司空。⋯⋯大城四人⋯⋯次司空」。《墨子》中的都司
　　　　空、次司空皆為守城之官。
〔註42〕古代的「城」為土城，司空主土，所以宋武公改「司空」為「司城」。
〔註43〕《呂氏春秋·召類》：「司城子罕觴之」。高注：「司城，司空，卿官。宋武公名
　　　　司空，故改為司城」。《藝文類聚》卷47引《齊職儀》：「宋以武公之諱，改司
　　　　空為司城」。
〔註44〕此文又見於《禮記·月令》。

高注：「司空，主土官也。」亦見《禮記‧月令》、《淮南子‧時則》，小有異同。
此文最能見出「司空」乃主管水土之官。更觀《淮南子‧天文》：「北方為司空。」
高誘注亦謂：「司空，主土。」《淮南子‧時則》：「正月官司空。」高注：「司
空，主土」。又曰：「司空，主土之官也。」《尚書‧舜典》以禹為司空，就是
因為禹能治水。治水為司空之職。《淮南子‧齊俗》：「禹為司空。」《潛夫論‧
五德志》：「（禹）為堯司空，主平水土，命山川，畫九州島，制九貢。」魚豢
《魏略》：「禹為司空，披九山，通九澤，定九州島。使各以其職來貢，地方五
千里，至荒服。」《左傳‧文公十八年》：「使主后土。」杜注：「禹作司空平水
土，即主地之官。」馬承源主編《上海博物館藏戰國楚竹書》（二）〔註45〕中
的《容成氏》第23簡稱：「乃立禹以為司工。」則戰國楚簡仍然保留春秋以前
金文的用字慣例作「司工」，而不作「司空」〔註46〕。如果「司空」是管理手
工業的主管，那麼歷史為什麼沒有說大禹發明製造了器物，而只說其治理水
土。足見「司空」與百工無直接關聯，乃是主管水土之職，主管宮殿、城邑、
道路、水利、邊疆等各種土木工程的建設。

　　《白虎通‧封公侯‧三公九卿》章：「司空主土。」《白虎通‧封公侯‧
三公九卿》章引《別名記》曰：「司空主地。」《初學記》卷十一引崔駰《司
空箴》：「空臣司土。」《太平御覽》卷208引《尚書大傳》：「溝瀆壅遏，水為
民害，田廣不墾，則責之司空。」《漢書‧百官公卿表上》有水司空一職。《大
戴禮記‧千乘》：「司空司冬，以制度制地事。」《水經注》卷7《濟水注》：
「漢明帝之世，司空伏恭薦樂浪眾王景，字仲通，好學多藝，善能治水。」
〔註47〕明言司空善於治水，所以大禹為司空，就是這個職務是專門治理水土
的。《藝文類聚》卷四十七引《尚書刑德考》：「禹長於地理、水泉、九州島，
得括象圖，故堯以為司空。」《尚書中候》：「司空於周為冬卿，掌制國之五溝，
行導水之事。」《左傳‧襄公二十五年》：「司徒致民，司馬致節，司空致地，
乃還。」《左傳‧襄公三十一年》：「司空以時平易道路。」《左傳‧昭公十七
年》：「鴡鳩氏，司空也。」杜注：「鴡鳩平均，故為司空平水土。」《藝文類
聚》卷四十七引《續漢書》曰：「大司空，水土之官也。」金文中的《揚殷》：

〔註45〕上海古籍出版社，2002年。
〔註46〕戰國時代的楚系文字在用字上有存古的現象，下文討論「於乎」時有詳說。
〔註47〕本書所引《水經注》皆據陳橋驛《水經注校釋》，杭州大學出版社，1999年
　　　　版。

「王若曰：揚作司工，官司量田甸……。」亦以「司工」掌田甸，與古文獻合〔註48〕。

《春秋元命苞》：「危東六星，兩兩為比，曰司空，主水。」《漢官解詁》：「下理地道，上和乾光，謂之司空。」〔註49〕《韓詩外傳》卷八：「山林崩陁，川谷不通，五穀不殖〔註50〕，草木不茂，則責之司空。」《孔子家語·相魯》：「孔子初仕為中都宰。……於是二年，定公以為司空。乃別五土之性，而物各得其所生之宜〔註51〕，咸得厥所。」《禮記·祭法》孔疏引《世本》：「根國生冥。」宋衷曰：「冥為司空，勤其官事，死於水中，殷人郊之。」冥為司空治水，終於以身殉職，殷人用郊祭的大禮隆重祭奠冥。另見《國語·魯語上》：「冥勤其官而水死」。《魯語上》又曰：「以死勤事則祀之。」故殷人郊祀冥〔註52〕。《漢書·百官公卿表上》：「禹作司空，平水土。」同書《百官公卿表上》又曰：「司空主土。」《呂氏春秋·行論》：「禹不敢怨，而反事之，官為司空，以通水潦。」高注：「禹，……治水土者也。」陳奇猷《呂氏春秋校釋》〔註53〕謂：「『治』上當脫『司空』二字」。《國語·晉語七》韋注：「司空掌邦事，謂建都邑，起宮室、經封洫之屬。」司空主管水土和國家的基建。《戰國策·東周策》：「宋君奪民時以為臺，而民非之。子罕釋相為司空，民非子罕而善其君。」子罕不當丞相，而為司空以司築臺之事，代君蒙非，頗似管仲為「三歸」之家，以掩齊桓公之非。《毛詩·大雅·綿》：「乃召司空。」鄭箋：「司空掌營國邑。」《開元占經》卷68引《春秋合誠圖》：「司空主土城。」

〔註48〕《揚殷》的年代是西周末年，或以為懿王，或以為厲王。其考釋參看郭沫若《兩周金文辭大系考釋》（《郭沫若全集·考古編》第八卷，科學出版社，2002年）新頁253～254頁；陳夢家《西周銅器斷代》（中華書局，2011年版）192～193頁；《金文今譯類檢》（殷商西周卷，廣西教育出版社，2003年）205～207頁；《殷周金文集成》第4295器。日本學者白川靜《金文通釋》（日文本，白鶴美術館，昭和四十六年。光華按，即1971年）卷三上第131器（81～86頁）。光華按，白川靜此文主要轉述了郭沫若和陳夢家的考釋，加上自己的一些批評意見（例如不同意郭沫若關於「司約、司盟」的考釋意見），並列舉了一些銅器銘文作為參考比較。

〔註49〕其中的「地」，《太平御覽》卷208引作「坤」。

〔註50〕殖一作豐。作「豐」顯然是為了與前面的「通」押韻，但此數句本應無韻，當以作「殖」為古本。

〔註51〕一本無「各得」二字，當以無此二字為長。「物」訓物色，義為觀察。

〔註52〕《通典》卷二十《職官二》（中華書局標點本，2007年版。517頁）：「冥，亦為夏司空」。

〔註53〕學林出版社，1995年版。

同書卷 70 引同。另見《通典》卷二十《職官二》的《司空》條〔註54〕，討論「司空」的沿革較詳。足見司空一職主水土和土木工程建設，絕無可疑〔註55〕。

　　從以上各證知：「司空」古為主水土之官，凡水旱災異之事、土木工程之役皆由「司空」掌管。以訓詁學言之，「空」確實可訓為土地。《說文解字》中有一重要的信息常常被學者忽略。今考《說文》「窞」字下曰：「北方謂地空，因以為土穴，為窞戶」〔註56〕。故知「空」可訓「地」乃遠古時代的北方方言，這個訓詁的來源是因為「空」有「土穴」之義。《說文》：「空，竅也」。《玉篇》同。正是「土穴」之義。段玉裁注稱：「今俗語所謂『孔』也。天地之間亦一孔耳。古者司空主土。……治水者必通其瀆，故曰司空，猶司孔也。」段注釋「空」為「孔」，正是孔穴之義，空與孔同源。段注極為精闢〔註57〕。周法高《金文詁林》第九冊 1020 條（4815 頁）引高田忠周《古籀篇》也以「空」與「孔」同源〔註58〕。《漢書・百官公卿表》顏師古注：「空，穴也。」《通典》卷二十《職官二》的《司空》條：「空，穴也。古者穿土為穴以居人。」〔註59〕仰韶文化半坡類型等等很多地方的新石器時代的建築已經由考古學證明有淺穴式和半地穴式建築〔註60〕。足見古書所言遠古人穿穴而居的記載

〔註54〕中華書局標點本，2007 年版。516～518 頁。

〔註55〕唯須注意的是治水土的司空為三卿之一，乃上卿之位。當別於作為屬官的司空。《漢書・百官公卿表上》稱宗伯（即秦官宗正）的屬官有「都司空令丞」。少府有屬官「左右司空」。此種司空與作為三卿的司空無關。

〔註56〕段注稱：「因地之孔為土屋也」。「空」與「孔」同源，訓「穴」，即土穴、地穴。新石器時代的西安半坡文化已經考古發現有地穴式的房屋。因此，「空」為地穴之義很可能在新石器時代就已經存在，雖然當時還沒有文字。

〔註57〕只是段玉裁稱「天地之間亦一孔耳」，此說大誤。乃實不知遠古人類穴居之俗。

〔註58〕《金文詁林》對「空」的解釋只引有高田忠周之說，《金文詁林補編》沒有「空」字條。可見古文字學家對「空」沒有更多的研究，其原因就是金文本來就只有一個「空」字的用例。並非古文字學家有意忽略。

〔註59〕中華書局標點本，2007 年版。516 頁。

〔註60〕參看西安半坡博物館編《西安半坡》（文物出版社，1988 年）；嚴文明《仰韶房屋和聚落形態研究》（收入嚴文明《仰韶文化研究》增訂本，文物出版社，2009 年）；《中國大百科全書・考古學卷》的《半坡遺址》條。中國社會科學院考古研究所《中國考古學・新石器時代卷》（中國社會科學出版社，2010 年）214～215 頁《半坡文化》。還有甘肅秦安的大地灣遺址、甘肅的大何莊遺址、河南鄭州北的大河村遺址、四川巫山縣的大溪遺址、山西夏縣的東下馮遺址、陝西西安西南的豐鎬遺址、以及二里頭文化都考古發現有半地穴式房屋，或圓形，或方形。並參看《中國大百科全書・考古學卷》的以上各條。還參看傅熹年《中國科學技術史・建築卷》（科學出版社，2008 年）第一章《原始社會》

極為精確〔註61〕。

「空」為「地」或「土穴」之義，所以古書恒稱：司空主土或司空主地〔註62〕。金文中已多有「疆」字，為什麼不用司疆而用司空呢？我以為那是因為在金文中疆字是嘏辭「萬壽無疆」、「眉壽無疆」的用語。古人為與之區分，故不用司疆。而且金文中的「疆」訓「邊界」，與「土地」之義有所分別，不能相互替代。「疆」本義是田地的邊界，引申為疆土，意思是有邊界劃分的土地，重在邊界，與可以穿穴而居的土地不同。

為什麼「司空」又稱「共工」呢？以訓詁學言之，「共」當訓為「執」，即執掌、主管，正與「司」義近。考《詩經・大雅・抑》：「克共明刑。」毛傳：「共，執也。」《詩經・大雅・韓奕》：「虔共爾位。」毛傳：「共，執也。」《詩・商頌・長發》：「受小共大共。」鄭箋：「共，執也」。《尚書・舜典》：「帝曰：俞，諮！垂，汝共工。」孔傳：「共，謂供其職事。」《資治通鑒・周紀一》胡三省注引《諡法》：「執事堅固曰共。」這個意思的「共」在《爾雅》中作「拱」。《爾雅・釋詁》：「拱，執也。」郭注：「兩手持為拱。」「拱、共」訓「執」，也就是「執掌」之義〔註63〕，與「司」義近。《說文》釋「共」為「同」，然以古文字之形考之，「共」當以訓「執」為本義，「同」應為引申義。「共」本從兩隻手，後來偏旁重疊再加一個「手」從而作「拱」，是為了與作為「恭」的古字「共」相區別。「拱」顯然是訓「執」的「共」的後起繁化字。

訓「執」的「共」與「御」同源，音義皆通。「御」的古音為疑母魚部，魚部的陽聲為陽部，與東部可通。且疑母與群母（「共」古音為群母）旁紐為雙聲，例可通借〔註64〕。《尚書》中多言「御事」。更考《國語・周語》：「王即

第二節《建築概況》三《各類型建築逐步出現》11～22頁。劉敘傑主編《中國古代建築史》（中國建築工業出版社，2003年）第一卷第一章第三節三 55～66頁。

〔註61〕 或者是因為古代北方有「地空」的觀念，所以用「空」表示「地」。這就猶如《論語》稱：「三十而立，四十而不惑」，於是後來人們就用「而立」表示三十歲，用「不惑」表示四十歲。這樣的語言現象在古漢語中很普遍。

〔註62〕 但春秋時，共工已為管理百工之管，是工師、工正、工尹的同義詞，與治水的司空已無關。

〔註63〕 古訓甚多，參看朱祖延主編《爾雅詁林》682～684頁。湖北教育出版社，1998年。

〔註64〕 俞樾《古書疑義舉例》七十七《兩字一義而誤解例》稱「共」與「御」同義。實則二者是同源詞。

齊宮，百官御事。」「御事」義即「司事」。「御」與「司」義近〔註65〕。《尚書》中的「御事」就是後來的「執事」，因為是官員，所以後來演變為對他人的尊稱。

　　甲骨文中沒有「空」字，只有「工」。更考金文，知在春秋以前的金文中沒有「空」字，只有戰國晚期的《十一年庫嗇夫鼎》才有「空」。此前的「空」在金文中只作「工」。則春秋以前的甲骨文和金文的「工」包含有「工」和「空」兩種讀音和意思。經典為何用「空」不用「工」呢？我以為那是因為春秋時代以來各國已明確以「司工」為主土之官，故在工字上加穴以表示「土」義，結果就成為「空」字。作為偏旁的「穴」與「土」在古文字中相通，可以互換通作。例如（1）《玉篇》：「窐，與垝同」。（2）《廣韻》：「窼，《說文》作坩」。（3）「寴」又作「填」。《說文》寴字段注：「寴、填同義，填行而寴廢矣」。（4）「窟」又作「堀」。慧琳《一切經音義》卷37（1468頁）：「窟，或從土作堀，亦通俗字」。（5）《說文》：「穴，土室也」。知「穴」含「土」義。故遠古的「共工」、金文的「司工」，到春秋戰國時的文獻中就成了「司空」。「共工、司工」的「工」都應讀為「空」，上聲韻，音同「孔」，非平聲的「虛空」音〔註66〕。「工」加上「穴」是為突出其「土」義。在古文字中確實有加「穴」旁而不變其義之例，只是突出其與「土」有關。例如（1）《詩‧大雅‧綿》：「陶復陶穴。」《說文‧穴部》引復作從「穴」從「復」（上下結構）。（2）《康熙字典》：「窙，《韻海》與向同」。（3）「窗」在古文字沒有「穴」旁。類似的旁證有「女工」，由於「女工」的主要工作是紡織之類以針線布帛為主，所以「女工」後來就被寫成了「女紅」，但讀音還是「女工」。

　　共工（商代西周為司工，春秋以降為司空）本是治水主土之官，後在神話中傳為水神。考《左傳‧昭公十七年》和《漢書‧律曆志下》：「共工氏水紀，故為水師而水名。」

　　《淮南子‧本經》：「舜時，共工振滔洪水，以薄空桑。」〔註67〕注：「共工，水官名也。」

　　《左傳‧昭公二十九年》：「共工氏有子曰句龍，為后土。」句龍嗣父職，為掌水土之官，故稱「后土」。

〔註65〕參看《故訓匯纂》「御」字95～97條。訓「治、理」，明顯與「司」義近。
〔註66〕參看《故訓匯纂》「空」字第74～91條。
〔註67〕所以《尚書‧舜典》稱：「流共工於幽州」。

《尚書·舜典》稱舜流共工，因其不能治洪水，故改用禹為司空。

《文子·上義》：「共工為水害，故顓頊誅之。」

《史記·律書》：「顓頊有共工之陳，以平水害」。《集解》引文穎曰：「共工，主水官也。少昊氏衰，秉政作虐，故顓頊伐之。本主水官，因為水行也。」

《潛夫論·五德志》：「顓頊身號高陽，世號共工。其德水行，以水紀，故為水師而水名。……共工氏有子曰勾龍，能平九土，故號后土，死而為社，天下祀之。」則《潛夫論》以「顓頊」為「共工」，與《史記》、《文子》明顯不同，當是傳聞異辭。

《韓非子·外儲說右上》：「堯不聽，又舉兵而誅共工於幽州之都。」古時水旱之災變皆歸罪於共工（司空）失職。上古典籍常言堯誅共工，舜流共工，皆是聖王誅討共工。因此《史記》和《文子》說顓頊誅共工當為合理，《潛夫論》以顓頊為共工當是傳聞之誤。

《山海經·大荒北經》：「祝融降處於江水，生共工。共工生術器，術器首方顛，是復土穰，以處江水。」

蔡邕《獨斷》卷上：「社神蓋共工氏之勾龍也，能平水土。」

「共工」這樣的人格現象在我國文化史上是很容易演變為水神的。只不過，作為水神的共工是由遠古時代治理水土的世襲職官演變而來，與春秋戰國時代的民間水神「河伯」是不同系統和不同來源的水神。另外，為什麼只有「共工」演變為水神，而「司空」沒有被後世傳為水神呢？我認為那僅僅是因為「共工」是遠古之名（五帝時已有），時代很久遠，容易被神怪化，而「司空」一名產生於春秋，對於先秦人來說時代很近，春秋戰國時期的周王室和有些諸侯國就有「司空」一職，當時民族文化的理性已經非常發達，顯然不可能將其神化為水神。因此，從「共工」演變為水神這一事實來看，鄭玄所說「共工」一名在唐虞時代就已經存在的觀點是完全正確的。

以時代序列言之，可作如下歸納：商代之前作「共工」→商代西周作「司工」→春秋戰國作「司空」。

二、本文與沈長雲《談古官司空之職》的不同之處

沈長雲先生《上古史探研》〔註68〕中的《談古官司空之職》一文相當博

〔註68〕中華書局，2002年。

雅，與本文都主張「司空主土」。但本文的論證、材料和某些觀點仍與沈氏有較大不同，可匡補其缺陷。讀者可以比觀。我自己大致歸納如下：

1. 沈長雲先生此文注意到司空的主要職責是主土，而不是管理百工。我則以為百工、工師在西周及以前應該是是司空的屬官。沈先生過分強調司空與百工無關，這似乎沒有注意到「司空」這一職官的時代變遷。我以為「司空」與工師完全分離是在春秋時代才開始有的。

2. 沈先生說管理百工的是「宰」，我認為這個「宰」也是「司空」的屬官。鄭玄注《考工記》說得很清楚，司空要監管百工。沈先生不相信鄭玄注，我認為沒有理由否定鄭玄注。

3. 本文中有關「司空」訓詁學和文字學的研究是沈長雲文章中沒有的。

4. 本文排出的時代序列：夏代及以前作「共工」→商代西周作「司工」→春秋戰國作「司空」。這是沈文所未強調的。

5. 沈文不知金文中的各種「工師」與春秋時代的工師、工正或工尹的職權可能有所不同。在西周時代，各種「工師」應該是「司工」的屬官，因為西周中期的《盠方尊》〔註69〕明確將「司工」與「司徒、司馬」並列，應該同為三公；西周中期的《五衛祀鼎》〔註70〕也以「司徒、司馬、司工」連舉〔註71〕。且鄭玄注《考古記》明稱司空監管百工。因此西周及以前的「司工」與「百工、工師」並非毫無關係。

6. 沈文沒有辨析「共工」的問題，不知道「共工」與「司工」為什麼鄭玄說是同一職官，只有時代先後的不同？我則從訓詁學予以了解釋。

7. 沈長雲根據于省吾《甲骨文字釋林》的觀點，認為西周金文中的「司工」要讀為「司貢」。我不同意此說。因為西周金文的「司工」在西周中期的《盠方尊》、《五衛祀鼎》中清楚地與「司徒、司馬」並列為三公，郭沫若《周官質疑》的考釋為李學勤、張亞初等學者完全認可，已是泰山難移。古文獻中絕無主管貢納的所謂「司貢」位列三公之說，絕無與「司馬、司徒」相併列的根據。

〔註69〕見《殷周金文集成》6013 器《盠方尊》的銘文。《盠方尊》屬於西周中期，參看劉雨等《商周金文總著錄表》（中華書局，2008 年）908 頁。

〔註70〕見《殷周金文集成》第 2832 器。劉雨等《商周金文總著錄表》（中華書局，2008 年）427 頁，此器屬於西周中期。

〔註71〕關於「三卿」為「司徒、司馬、司空」可參看《中國大百科全書》的《中國歷史》卷《三有事》條（吳榮曾撰）。

8. 本文完成於在沈長雲書後，有好些參考文獻非沈文所知。奇怪的是沈文雖然提到金文《揚殷》〔註72〕，但卻忽視了很重要的西周中期青銅器《盠方尊》和《五祀衛鼎》。這就忽視了在金文中的「司工」是與「司徒、司馬」並列的三公，當然要監管百工，而不是與一般工師平列的職官。

三、《尚書‧洪範》的產生年代考及其他

本文對於「司空」的考辨還關係到學術史上的一個重大問題，那就是《尚書‧洪範》的時代性問題。一些學者認為《洪範》作成於西周〔註73〕，有的認

〔註72〕實則郭沫若的《金文叢考》早已討論到《揚殷》。

〔註73〕劉起釪《〈洪範〉這篇統治大法的形成過程》（見劉起釪《古史續辨》，中國社會科學出版社，1997 年版）經過詳細考辨和論證，認為《洪範》「可推知《洪範》的原本最初當是商代的」（見《古史續辨》314 頁）。還稱：「可以說《洪範》的中心思想只能是商代的」（見《古史續辨》315 頁）。劉先生此文對劉節《洪範疏證》主張的《洪範》成書於戰國的四點證據逐一反駁，極為有力，不可不信。劉先生此文還說：「現在所見的《洪範》，正是經過層累地加工，經過周代史官粉飾過的，所以其中有他們加工潤飾時順手帶進去的東西。不過大都是西周或東周初期所加，至遲不晚於春秋前期」（見《古史續辨》315～316頁頁）。劉先生從六個方面舉證說明在商代以後有西周和東周初期混入的成分，都很有參考價值。劉先生此文梳理文獻非常詳細，至今無出其右。而且劉先生此文已經提到了西周金文的《叔多父盤》與《洪範》在文例上的比對，遠遠先於李學勤先生而發。劉先生此文寫成於 1979 年，發表於 1980 年第 3 期的《中國社會科學》，1987 年再次修訂，遠遠早於後來李學勤和裘錫圭對《洪範》成書年代的研究，而李學勤先生的兩篇相關論文對劉先生極有分量的這篇論文都一字不提；裘錫圭先生的相關論文只是輕描淡寫地提及劉先生此文，似不應該。李學勤先生《帛書〈五行〉與〈尚書‧洪範〉》（收入李學勤《簡帛佚籍與學術史》，江西教育出版社，2001 年）稱：《洪範》「其成文年代，也有學者懷疑，如劉節先生的《洪範疏證》。近年有新的研究，指出該篇是較早的作品。惟屈萬里氏《尚書釋義》仍以《洪範》為晚，提出篇內有『王省惟歲，卿士惟月，師尹惟日』句，師尹在卿士之下，與《詩》、《書》及早期金文不合。按金文有卿士、師尹並列的，有叔多父盤，係西周晚期器，銘云：『利於辟王、卿事、師尹』，恰與《洪範》相合。這證明《洪範》肯定是西周時期的文字。」見李學勤《簡帛佚籍與學術史》284 頁。李先生利用的《叔多父盤》一向被視作偽器，《殷周金文集成》不予著錄。但嚴一萍《金文總集》承認其真實性。李學勤先生後來在《叔多父盤與〈洪範〉》（收入李學勤《中國古代文明研究》，華東師範大學出版社，2005 年）進一步確認《叔多父盤》是西周晚期的重要青銅器，並對銘文進行了考釋。李先生指出此銘文中的「利於辟王、卿士、師尹」可以比對《洪範》的「王省唯歲，卿士唯月，師尹唯日」，並說：「這樣看來，《洪範》為西周作品是完全可能的。」李學勤先生的推論很可能是正確的，只是其說法早已被劉起釪《〈洪範〉這篇統治大法的形成過程》所道破了。更

為作成於戰國時代〔註74〕。各有其理由和根據，本文經過考證不贊成戰國說，

考《國語‧魯語下》：「是故天子大採朝日，與三卿九卿，祖識地德；日中考政，與百官之政事，師尹維旅、牧、相，宣序民事。」（光華按，此數句斷句甚難，且依上海古籍出版社本《國語》205 頁斷句，1988 年版。中華書局點校本徐元誥《國語集解》【2002 年】195 頁的斷句與此不同，恐不可靠）。也是「天子（即「王」）、公卿、師尹」並舉。《國語》除《越語》外，大都成書於春秋，與《洪範》和西周金文相合。這樣的文例在戰國時代的典籍幾乎找不到，是春秋以前的文獻特徵。這點至少可以否定《洪範》成書於戰國之說。裘錫圭《𤼥公盨銘文考釋》（收入《裘錫圭學術文集》3《金文及其他古文字卷》，復旦大學出版社，2012 年）通過對西周中期後段的《𤼥公盨銘文》和《洪範》文本和思想的比對，認為在這件青銅器的製作時期，人們已經熟悉了《洪範》，因此《洪範》應該是產生於西周初期（見《裘錫圭學術文集》3 的 164 頁）。劉起釪、李學勤、裘錫圭先生的觀點與傳統說法一致，應該是正確的。比以上三位都要早的還有徐復觀《陰陽五行及其有關文獻的研究》（此文寫成於 20 世紀六十年代。收入徐復觀《中國思想史論集續篇》，上海書店出版社，2005 年版；又見徐復觀《中國人性論史‧先秦篇》451～516 頁，上海三聯書店，2001 年）一文中的《洪範的成立時代及其中的五行問題》對劉節的《洪範疏證》予以了全面而詳盡的尖銳批駁，同時批評了同樣主張《洪範》戰國說的屈萬里的觀點。徐復觀的論證很充分，頗有說服力。丁四新《近九十年〈尚書‧洪範〉作者及著作時代考證與新證》（見《中原文化研究》，2013 年第 5 期）對各家觀點所作的綜述最為詳細，並有所辨析，對西方漢學家中所流行的戰國成書說予以回擊。李若暉《〈尚書‧洪範〉時代補證》（《中原文化研究》，2014 年第 1 期）對丁四新的文章的某些細節作了進一步的駁論，並且依據夏含夷的論文《略論今文尚書周書各篇的著作年代》（收入夏含夷《古史異觀》，上海古籍出版社，2005 年）認為今本《洪範》寫定於春秋前期。李若暉的這個觀點與劉起釪完全相同，其文雖與丁四新立異，但論證並無若何獨創。要注意的是由於夏含夷的論文並沒有詳細地排比金文用例的原始材料，只是給出了最終的統計數字，其精確性和可信性還有待於驗證。我不知道李若暉兄是否核查過這些數據？對《洪範》最新的綜合研究是張華《洪範與先秦思想研究》（中國社會科學出版社，2014 年版），其書第一章《洪範的作者與成篇時代》綜述了各家的觀點，並最終認為《洪範》成篇於箕子和周武王時代，由箕子陳述，周史官記錄而成（見其書 49 頁），這也是傳統的觀點。

〔註74〕 劉節《洪範疏證》（初見於《古史辨》第五冊；後收入《劉節文集》，中山大學出版社，2004 年版）考證《洪範》成書於戰國。臺灣學者屈萬里《尚書集釋》（中西書局，2914 年版）115～117 頁詳細稱述了劉節的論證，基本贊成劉節之說，在論據的細節上有所補正，並稱：「由以上諸證觀之，本篇之著成，蓋約當戰國初葉至中葉時也。」陳夢家《尚書通論》和《西周銅器斷代》（中華書局，2011 年版）193 頁贊成《洪範》成書於戰國。郭沫若《中國古代社會研究》（見《郭沫若全集‧歷史編》1）第二篇第一章稱：「《洪範》這一篇，照它本文說來是箕子做的，真假我們現在不想斷定。不過這篇文章即使不是箕子所做，但也不會是東周以後的儒者所假造。」並列舉了《左傳》、《莊子‧天運》和《毛詩‧小閔》三方面的證據和一個思想上的內證（見《郭沫若全集‧歷史

支持商代說。西周初年說實際上就是商代末期說，二者沒有本質區別。站在箕子的立場就是商代說，站在周武王的立場就是周初說。不過，我認為《洪範》成書應該比西周初年還要早，在商代就已經成書了，只是經過商代末期的箕子傳到了周武王那裡。由於《尚書》和《史記》都未說《洪範》是箕子所創作，因此我們只有認為《洪範》在箕子以前就已經存在，斷斷不可能成書於戰國。在前任人的基礎上，本文補充考辨如下：

我們可以舉出文獻學和語言學上的證據，以證明《洪範》一定有春秋時代以前的古本，很可能真是成書於商代，絕非成書於戰國。

1.《洪範》已經在春秋末期或戰國初期成書的《左傳》中引述三次，《洪範》被《左傳》稱為《商書》，則其書必然成立《左傳》之前。至少是戰國前期成書的《周禮》引述過一次《洪範》。戰國末期成書的《荀子》引述過兩次《洪範》。考（1）《左傳·襄公三年》：「《商書》曰：『無偏無黨，王道蕩蕩。』其祁奚之謂矣！」《商書》之文出於《洪範》，襄公三年是公元前 570 年；（2）《左傳·成公六年》引《商書》曰：「三人占，從二人。」《商書》文出於《洪範》，成公六年是公元前 588 年；（3）《左傳·文公五年》寧嬴對其妻曰；「以剛。《商書》曰：『沈漸剛克，高明柔克。』夫子壹之，其不沒乎。」《商書》文出於《洪範》，文公五年是公元前 622 年，在春秋中前期〔註75〕。（4）《周禮·匡人》：「無敢反側，以聽王命。」鄭玄注：「《書》曰『無反無側，王道正直』。」可見東漢大儒鄭玄也認為《周禮》此處的「無敢反側」是取典於《尚

編》1：130～132 頁）。郭沫若的這個觀點本來很有見地。但後來郭沫若轉變了觀點，認為《洪範》「事實上是戰國時代的儒家所假託，我推想是出自子思或其門下。它和《堯典》、《象陶謨》、《禹貢》是一套。」（見《郭沫若全集·歷史編》1：131 頁作者自己加的批註）。郭沫若《青銅時代》的《先秦天道觀之進展》（收入《郭沫若全集·歷史編》1，人民出版社，1982 年）323～324 頁也說《洪範》是子思氏之儒所作，其出世的時期在《墨子》之後和《呂氏春秋》之前。其書 366～368 頁對此有進一步的闡釋（他甚至說《堯典》、《象陶謨》、《禹貢》都是子思子所作，這簡直毫無根據）。這就疑古太過，難以讓人信服了。後來劉起釪《〈洪範〉這篇統治大法的形成過程》（見劉起釪《古史續辨》，中國社會科學出版社，1997 年版）對戰國說綜述甚詳，參看《古史續辨》311～312 頁。丁四新《近九十年〈尚書·洪範〉作者及著作時代考證與新證》（見《中原文化研究》，2013 年第 5 期）對戰國成書說的觀點也有綜述。

〔註75〕 以上三處《左傳》引述《洪範》之文前人已經注意到，參看阮元《詩書古訓》卷五下、陳夢家《尚書通論》第一部《尚書通論》第一章《先秦引書篇》的《左傳節》、《郭沫若全集·歷史編》1：131 頁。

書‧洪範》的「無反無側」。（5）《荀子‧修身》和《荀子‧天論》稱：「《書》曰『無有作好，遵王之道；無有作惡，尊王之路』。」《書》文出於《洪範》。（6）另外《尚書大傳》至少兩次取典於《洪範》之文，因《尚書大傳》成書在以上諸書之後，故此不錄。《左傳》成書於春秋之末或戰國初年，其書取材於春秋時代保存於魯國的原始史料。據《左傳》引述《洪範》，可知公元前622年的寧嬴已經熟悉《洪範》。因此《洪範》在春秋初年或以前已經成書。《左傳》三次稱《洪範》為《商書》，可見春秋時代的文人官僚確信《洪範》是在箕子和周武王時代已經存在。孔子站在周武王的立場，就把《洪範》編入《周書》。實際上，孔子以前的文人社會的一般立場都是將《洪範》看做《商書》，因為是商朝人箕子將《洪範》傳授給周武王。而且在《洪範》內部有直接的證據。考今本《洪範》稱：「惟十有三祀，王訪于箕子。」其中用「祀」，而不用「年」，這正是商朝的紀年用字。考《爾雅‧釋天》：「夏曰歲，商曰祀，周曰年，唐虞曰載」。可見《洪範》創作的時代，周武王雖然克殷，但還是沿用商朝的紀年用字「祀」，並沒有改用「年」字。這說明《洪範》成書於周朝用「年」來紀年以前。以上兩點證據，即《左傳》稱《洪範》為《商書》以及《洪範》用商朝紀年用字「祀」表明《洪範》確實是至少在商朝末年已經成書了，由商朝王族箕子傳授給周武王。又，《周禮》至少成立於戰國中前期以前，已經將《洪範》作為經典來引述，因此《洪範》絕不可能成書於戰國，肯定在春秋以前。上古文獻的這些證據不可置疑。李學勤先生《周易溯源》〔註76〕第一章第二節《〈洪範〉卜筮考》有類似的考證，且稱：「從這些例子來看，春秋戰國時人已把《洪範》一篇奉為經典，援引其中帶有原理性質的文句，加以推闡引申，儒、墨、法等家均不例外。足見《洪範》絕不是晚出的作品，其年代應早到西周。」

2. 至於《洪範》中有明顯的「五行」思想（金木水火土）。這絕不能作為《洪範》產生於戰國時代的證據。因為這樣的「五行」思想產生得很早，在春秋以前就有了，不能晚至戰國時代才出現。考《左傳‧文公七年》：「六府三事謂之九功。水、火、金、木、土、穀，謂之六府」。文公七年為公元前620年。《左傳‧昭公元年》：「天有六氣（杜注：謂陰陽風雨晦明也），降生五味（杜注：謂金味辛、木味酸、水味鹹、火味苦、土味甘，皆由陰陽風雨而生），發為五色（杜注：辛色白、酸色青、鹹色黑、苦色赤、甘色黃），徵為五聲（杜注：白聲商、青聲角、黑聲羽、赤聲徵、黃聲宮），淫生六疾（杜注：淫，過

〔註76〕巴蜀書社，2006年。

也。滋味聲色所以養人，然過則生害）」。沒有理由否定杜注的正確性。此節比
對《洪範》：「五行：一曰水，二曰火，三曰木，四曰金，五曰土。水曰潤下，
火曰炎上，木曰曲直，金曰從革，土爰稼穡。潤下作鹹，炎上作苦，曲直作酸，
從革作辛，稼穡作甘。」可知《洪範》的思想正是「水作鹹，火作苦，木作酸，
金作辛，土作甘」，與《左傳》完全一致，《左傳》的五行和五味觀念應當是從
《洪範》來的。

　　《左傳・昭公二十五年》子大叔對趙簡子說：「天地之經，而民實則之。
則天之明，因地之性，生其六氣，用其五行。氣為五味，發為五色，章為五聲。」
《左傳・昭公二十九年》：「故有五行之官，是謂五官。實列受氏姓，封為上公，
祀為貴神。社稷五祀，是尊是奉。木正曰句芒，火正曰祝融，金正曰蓐收，水
正曰玄冥，土正曰后土。」《左傳・昭公三十二年》：「（史墨）對曰：物生有兩，
有三，有五，有陪貳。故天有三辰，地有五行。」《左傳》說的「五行」顯然
是指「水火木金土」。《左傳》中也常常提到五行的水、火、木、金、土相生相
剋的觀念，此不詳錄。在《左傳》中「五行」又稱作「五材」。如《左傳・襄
公二十七年》：「天生五材。」杜注：「金木水火土也。」《左傳・昭公十一年》：
「且譬之如天，其有五材，而將用之。」杜注也以「五材」為金木水火土。《國
語・晉語二》：「虢公夢在廟，有神人面白毛虎爪，執鉞立於西阿，公懼而走……
覺，召史囂占之，對曰：『如君之言，則蓐收也，天之刑神也，天事官成』。」
這裡分明以「白毛虎爪」之神與西方相配，是典型的五行思想，因為在五行說
中，西方在色是白，在獸是虎。可見「五行」思想早在春秋以前就已經存在，
至少在公元前620年以前就廣為人知，其起源於商代末年不可能有什麼困難，
斷不可能晚至戰國。

　　齊思和《五行說之起源》〔註77〕有曰：「然黃帝制五行之說，雖不足據，
要遲至春秋之時，五行之說，已甚普遍，此則可以以《左傳》、《國語》證之。
《左傳》、《國語》記載當時之言論，涉及五行者甚多。」這是完全正確的。

　　楊向奎《五行說的起源及其演變》〔註78〕也主張「五行」遠在戰國之前就
已經成立，在商代已經萌芽：「據舊說，《洪範》為周初箕子所傳，《尚書序》
說『武王勝殷，殺受立武庚，以箕子歸，作《洪範》』。這不是沒有根據的說法，
五行說的萌芽在殷代產生，所以箕子能夠掌握這種學說，到亡國後，他還在傳

〔註77〕收入齊思和《中國史探研》，河北教育出版社，2001年版。
〔註78〕見《文史哲》1955年第11期。後收入《甲骨文獻集成》第30冊。

佈著。」楊向奎同時表示不同意劉節《洪範疏證》中《洪範》作於戰國末年的觀點。

沈建華《從甲骨文圭字看殷代儀禮中的五行觀念起源》〔註79〕稱：「《周禮》的祭祀制度，基本上是繼承和保留了殷代的禮儀，我們通過對圭字的考證，從而認識到中國五行起源與天地四方象徵的瑞玉的內在關係。過去認為五行思想起於戰國時期，而實際上從甲骨文中看到的殷人在執圭祭天活動中，已構成五行觀念的雛形，它有待於後來五行的相配發展。」

另外《尚書》的《甘誓》也言及「五行」，絕是西周以前的說法。劉起釪《釋〈尚書‧甘誓〉的「五行」與「三王」》、《〈洪範〉這篇統治大法的形成過程》〔註80〕、《五行原始意義及其分歧蛻變大要》〔註81〕對原始「五行」起源的討論很詳盡和科學，他指出遠古時代金木水火土的「五行」觀念是來源於「五星」的觀念。而「五星」觀念的起源應該早於「二十八宿」的觀念，這真是石破天驚的發現。

「二十八宿」在我國遠古時代起源極早。我依據陳遵嬀《中國天文學史》〔註82〕上第三遍第五章《二十八宿》一《二十八宿的起源》簡述學術界的有關研究如下（並稍作其他引證）：1840 年，俾俄主張二十八宿起源於中國，成立於大約公元前 2400 年，印度的二十八宿是從中國傳過去的。天文學家瑪得那贊成其說。什雷該爾《星辰考源》極力主張中國起源說，其結論有四點：（1）西方從埃及、希臘傳授的星座，除少數外，大多不是西方所創造的；（2）中國星宿完全是自己創造的；（3）西方星座和中國星座相同的很多，都是從中國傳過去的；（4）中國星宿歷史的悠久，可以從天文地質各方面來證明。德‧索諸爾在 20 世紀初發表《中國天文學》一書，主張二十八宿起源於中國。中國科學家竺可楨的《二十八宿起源之時代和地點》〔註83〕和夏鼐《從宣化遼墓的星圖論二十八宿和黃道十二宮》〔註84〕提供有力證據論證二十八宿起源於中國。日本天文學史權威學者新城新藏《東洋天文學史研究》〔註85〕第四編《二十八

〔註79〕見《文物》1993 年第 5 期。後收入《甲骨文獻集成》第 30 冊。
〔註80〕都收入劉起釪《古史續辨》，中國社會科學出版社，1997 年版。
〔註81〕收入劉起釪《尚書研究要論》，齊魯書社，2007 年。
〔註82〕上海人民出版社，2006 年版。
〔註83〕收入《竺可楨全集》第二卷，上海科技教育出版社，2004 年。590～613 頁。
〔註84〕收入夏鼐《考古學論文集》下冊，河北教育出版社，2001 年。
〔註85〕沈璿翻譯，臺灣翔大圖書有限公司，1993 年版。

宿之起源說》268 頁稱：「即二十八宿中就有十五宿得明晰其命名之意義者，是殊可注意之事。蓋由是對於二十八宿為中國所固有之說，益可信矣」。同書 284 頁有十條重要結論，因其書不易得，所以直錄如下：「（1）對於中國存在之二十八宿得追其跡至周初。（2）由「朔」之研究，或可得其證據，亦未可知。（3）對於巴比倫二十八宿之存在，迄今尚未得其確實之證據。（4）十二宮與二十八宿者，是全為相異之目的所設定者焉。（5）印度之二十八宿係相當於中國二十八宿起源時之狀態。（6）二十八宿之發源地當為如次之地方，即於古代，主以北斗為觀測之標準星象之地方。（7）二十八宿之發源地恐為古代有牽牛織女之傳說之地方。（8）二十八宿傳入印度以前，有停頓於北緯四十三度內之地方之形跡。（9）二十八宿之分配於四陸者，中國與印度不同。（10）總括以上所述，則可察知：二十八宿係於中國在周初時代或其前所設定，而於春秋中葉以後，自中國傳出，經由中亞細亞傳於印度，更傳入波斯、亞拉伯方面者焉。」〔註86〕新城新藏的結論是二十八宿的起源是在周初以前，這是十分正確的〔註87〕。陳遵嬀贊同新城新藏之說（見其書 214 頁）。竺可楨先生早年也把其起源推到公元前二三千年，比新城新藏還要推得早（當然竺可楨先生的意見後來有變化，但後來的改變未必正確）。陳遵嬀在 211 頁作結論說：「近代對

〔註86〕 陳遵嬀《中國天文學史》（上海人民出版社，2006 年版）211 頁引述新城新藏之結論甚簡略，只相當於本文所引述的第 10 條結論。其書 214 頁引述了新城新藏的 5 條結論。

〔註87〕 日本學者飯島忠夫與新城新藏論爭，主張二十八宿制定於公元前 396 年～公元前 382 年，是從西方傳入中國。但曾侯乙墓出土了寫有二十八宿名稱的漆箱蓋，墓主人下葬年代在公元前 433 年或稍晚，但無論如何總在公元前 400 年以前（參看李學勤《曾國之謎》，其文的第一部分發表於 1978 年 10 月 4 日的《光明日報》，後收入《當代學者自選文庫·李學勤卷》，安徽教育出版社，1999 年；王人聰《關於曾侯乙墓的年代》，見《江漢考古》，1985 年 2 期；《中國大百科全書·考古學卷》的《曾侯乙墓》條；譚維四《曾侯乙墓》43 頁，文物出版社，2001 年）。因此曾侯乙墓的這個漆箱蓋的出土完全否定了飯島忠夫之說。我國考古學家夏鼐於 1976 年第 2 期的《考古學報》發表重要論文《從宣化遼墓的星圖論二十八宿和黃道十二宮》由於沒有看到曾侯乙墓的漆箱蓋，也把二十八宿起源的時代推得太晚，以為在公元前四世紀，最多在公元前七世紀。但夏先生也說：「真正的起源可能稍早，但現下沒有可靠的證據」（參看夏鼐《考古學論文集》406 頁，河北教育出版社，2001 年）。後來的陳美東《中國科學技術史·天文學卷》（科學出版社，2003 年）第二章 68 頁基本上贊同夏鼐的觀點。但此書討論「二十八宿」的起源問題比較簡單，遠不如陳遵嬀之書詳盡深入，雖然陳美東之書晚出。

於二十八宿的中國起源說，幾乎可以說已成定論。」陳遵媯本人還對二十八宿不起源於中國的各種說法和證據都予以了反駁，甚為有力，應當可信。

李約瑟《中國科學技術史》第四卷《天學》〔註88〕第二十章《天文學》161頁：「但是，現在我們已可確定，二十八宿體系是從殷代中期開始逐漸發展起來的，因為它的核心部分在公元前十四世紀已經出現了。」

劉操南《二十八宿釋名》〔註89〕考證了二十八宿的名稱在古漢語中皆有意義可說，其訓詁符合於星象與古文字學，必是起源於遠古中國，非外來觀念〔註90〕。

《日本大百科全書》〔註91〕第十七卷733頁《二十八宿》條（渡邊敏夫撰）採用新城新藏的觀念，稱二十八宿形成於中國，其年代是周初，約公元前1100前左右〔註92〕。

《中國大百科全書‧天文學卷》「二十八宿」條敘述二十八宿創立的年代，將其上限定在距今五千年前。其文還提到學術界的一種觀點認為其起源應在商末周初。

我們可以提供給一個考古學證據支持「二十八宿」的遠古起源。1987年在河南濮陽西水坡45號墓考古發現了公元前4500年的蚌殼塑的左龍右虎的圖像，二者中間是墓主人。有的學者（如馮時）認為這是我國最早的天文圖〔註93〕，尚待進一步的考證〔註94〕。但這個仰韶文化時期的墓葬確實顯示出

〔註88〕科學出版社，1975年。

〔註89〕收入劉操南《古代天文曆法釋證》，浙江大學出版社，2009年。

〔註90〕唯劉操南先生認為二十八宿形成於春秋末戰國初年，這已由曾侯乙墓的漆箱蓋的發現而證明是錯誤的。

〔註91〕日本小學館，1987年。

〔註92〕劉操南《二十八宿釋名》引述《日本大百科全書‧二十八宿》條（鈴木所撰）稱二十八宿起源於四千年前。光華按，此可備一說，未必無據。劉先生此文發表於1979年1月的《社會科學戰線》，他所根據的《日本大百科全書》是舊版。我手中無此版可核查日文原文。《世界百科大事典》第23卷（日本平凡社，1983年）《二十八宿》（268頁。青木信仰撰）條對其起源問題不表示意見。

〔註93〕參看馮時《中國天文考古學》（社會科學文獻出版社，2001年）第六章《星象考源》第四節；李學勤《西水坡「龍虎墓」與四象的起源》（見李學勤《走出疑古時代》修訂本，遼寧大學出版社，1997年）。饒宗頤《濮陽龍虎蚌塑圖像涵義蠡測》（收入《饒宗頤二十世紀學術文集》卷一《史溯》。中國人民大學出版社，2009年）。

〔註94〕我認為也可能是為了辟邪，相當於後來的鎮墓獸。因為漢代的銅鏡銘文上經

公元前 4500 年漢民族人已經有左龍右虎相配的觀念，這難道與天文學上的四象無關嗎？與二十八宿密切關聯的四象遠在新石器時代的原始社會已經有存在的跡象，那時距今 6500 年。更何況現代學者根據對商代金文和甲骨文中的星宿和祭星的研究，也基本上確認在甲骨文中已有二十八宿及相關祭祀的存在，其論證相當科學〔註95〕，反駁者必須做出正面的論證，不能毫無根據地亂說「也不可信」。我們因此可以說二十八宿的觀念在公元前一千年以前已經存

常說左龍右虎能辟邪。李學勤《西水坡「龍虎墓」與四象的起源》（收入《當代學者自選文庫‧李學勤卷》，安徽教育出版社，1999 年）一文認為：「我們不妨大膽猜想，西水坡 45 號墓室內的龍、虎圖形是象徵死者魂昇天上，而墓室外人騎龍圖形則表示其昇天的過程。」李先生引用了一件漢代銅鏡銘文作例證：「駕蛟龍，乘浮雲，白虎引兮直上天。」李先生的觀點也很有道理，可備一說。饒宗頤先生《濮陽龍虎蚌塑圖像涵義蠡測》（見《饒宗頤二十世紀學術文集》卷一《史溯》，中國人民大學出版社，2009 年）一文主張不從天文學上解讀濮陽龍虎圖的含義，而是從風水的角度予以解釋，且對馮時的觀點有所批評。饒先生一代大儒，其說值得注意。饒先生還提到：此龍虎圖像「必具有以龍虎表示拱衛區穴的意念，故用蠙珠來砌成龍虎之象。」尤其是引用了郭璞《藏書》之言：「龍虎抱衛，主客相迎。四勢朝明，五害不親」。這分明是說龍虎能辟邪。這與我的觀點一致。達爾文《人類的由來》（潘光旦等翻譯，商務印書館，2005 年版）第一篇第三章 140 頁：「在野蠻人中間，對邪惡的精靈的信仰比對善良的精靈的信仰要普遍得多。」由於對邪惡的精靈的恐懼，就產生了辟邪文化。我國青銅時代的饕餮形象就是為了辟邪，所以形象兇惡；後來的門神和門前石獅子都是為了辟邪；把住宅的大門漆成紅顏色也是為了辟邪；佛寺和道觀中的形象凶怒的護法神手執兵器也是為了辟邪。在我國遠古文化觀念中，龍虎都是能夠辟邪的動物，在東漢以後慢慢發展出了獅子辟邪的文化，六朝時的用為鎮墓獸的辟邪實際上就是石獅子（光華按，在東晉的鎮墓獸稱為辟邪而不叫獅子，是因為在晉代要避晉景帝司馬師的名諱）。

〔註95〕 陳邦壞《商代金文中所見的星宿》（見《古文字研究》第八輯，中華書局，1983 年）稱：「我今年整理商代金文拓本，曾留意所謂『族徽』銘文。發現商之族徽有多種，有些取於地名，有些取於職名，有些則取於星宿之名。取於星宿名的族徽，最初只發現一、二個，當時未嘗不欣然以喜，然而又恐是單文孤證，未敢信其必然。此後又陸續發現了十來個，這些星宿都是後來二十八宿中的。我將這些星宿排列起來，已經初具二十八宿體系的雛形，頗為驚奇，疑慮遂釋。這些星宿族徽，或作全名，或作簡稱，亦或稱別名」。陳邦壞先生對每一宿有逐一簡要的考證。甲骨文中的二十八宿問題參看饒宗頤《殷卜辭所見星象與二十八宿諸問題》，收入《饒宗頤二十世紀學術文集》（中國人民大學出版社，2009 年）卷二《甲骨》下 865～884 頁。沈建華《甲骨文中所見二十八宿星明初探》，見《中國文化》第 10 期，1995 年（後收入《甲骨文獻集成》第 32 冊）。馮時《百年來甲骨文天文曆法研究》（中國社會科學出版社，2011 年）第二章《星象觀測》第二節《二十八宿》。

在是完全合理的〔註96〕。

因此，「五星」觀念既然早於「二十八宿」的起源，而金木水火土的「五行」觀必在公元前 620 年（春秋中前期）以前就廣泛流行，決不能簡單地認為五行觀就是在公元前 620 年前後才成立。那麼「五行」觀起源於西周初年以前是完全可能的〔註97〕。

3. 今本《洪範》稱：「王乃言曰：嗚呼，箕子！……」。「嗚呼」，《漢書・五行志》引作「烏嘑」（另參看梅軍校疏《漢書五行志校疏》3 頁注釋五，中華書局，2022 年），《史記・宋微子世家》作「於乎」。這種異文有很大的研究價值。

從漢語史論之，連綿詞容易發生偏旁同化的現象，如（1）「展轉」，由於這個連綿詞的同化作用，後演變作「輾轉」；（2）「息婦」由於連綿詞的同化作用，後演變為「媳婦」；（3）「女胥」由於連綿詞的同化作用，後演變為「女婿」。（4）「鬹篥」有異形詞作「悲栗」，由於連綿詞的同化作用，後演變為「悲栗」〔註98〕。（5）「峨眉」由於連綿詞的同化作用，後演變為「峨嵋」。（6）「空峒」由於連綿詞的同化作用，後演變為「崆峒」。（7）「悲戚」由於連綿詞的同化作用，後演變為「悲慽」。（8）賈誼《弔屈原》文有「鶹翔」一詞，由於連綿詞偏旁的同化作用，後演變為「翱翔」。（9）「烏呼」由於連綿詞偏旁的同化作用，後演變為「嗚呼」。（10）「昏姻」由於連綿詞偏旁的同化作用，後演變為「婚姻」。類例極多，不能詳舉。我們可以說凡是發生連綿詞偏旁同化之前的字形一般要早於偏旁同化之後的字形。因此，《漢書・五行志》作「烏嘑」，其字形和用詞一定要早於今本《洪範》的「嗚呼」。更考金文，完全沒有「嗚呼」這個連綿詞，金文皆作「烏虖」，無一例外。除了加「口」旁為晚出字形外，用作語氣詞的「虖」比「乎、呼」都要古老，在西周已經存在。在金文中的「乎」都是用作「呼喚」義，都是作動詞，沒有作語氣詞用的。金文中完全沒有「呼」字〔註99〕。更考《左傳・襄公三十年》：「烏乎，必有此夫」。作「烏乎」。《左

〔註96〕譚維四《曾侯乙墓》和陳美東《中國科學技術史・天文學卷》都提到了西水坡的龍虎之形陪葬這個材料。

〔註97〕陳夢家《五行之起源》（收入《陳夢家學術論文集》，中華書局，2016 年）認為：「五行之成立約當孟子、鄒衍之時，其學興於齊。」這是毫無道理的亂推測。

〔註98〕參看高文達《新編聯綿詞典》（河南人民出版社，2001 年）13 頁。

〔註99〕考《十三經》中只有古文經的《周禮》有一個「虖」字，今本其餘各經各篇都沒有。《周禮》的「虖」正好與金文的字形相合，也多見於戰國時代的楚系簡

傳》為古文經，此保留了古字形。尤其是作「烏」不作「嗚」，與金文吻合。
如西周晚期的《禹鼎》〔註100〕，還有《殷周金文集成》第2824器〔註101〕，
又西周早期的《效尊》〔註102〕。《殷周金文集成》第6014器也屬於西周早期
〔註103〕，都是作「烏」。羅振玉編纂《鳴沙石室佚書正續編》〔註104〕所收《唐
寫本隸古定尚書殘卷》皆作「烏呼」，無一例作「嗚呼」，正保留了古本。遺憾
的是《唐寫本隸古定尚書殘卷》的「烏呼」都沒有作更古老的「烏虖」或「烏
嘑」。

　　作為語氣詞的「烏」，在今本儒家《十三經》中只見《左傳》，其餘各經都
作「嗚」。考《左傳‧宣公二年》：「烏呼！我之懷矣」。阮元《校勘記》批評各
本作「嗚」不正確〔註105〕。足見阮元等清儒知道「烏呼」要早於「嗚呼」。《左
傳‧昭公二十七年》：「嗚呼，為無望也夫」。阮元《校勘記》稱：「石經、淳熙
本，嗚作烏，是也。古『烏呼』字不作『嗚』」。《左傳‧哀公十六年》：「嗚呼
哀哉」。阮元《校勘記》稱當以作「烏」為是〔註106〕。真是專門學者明通之論
〔註107〕。則《左傳》都是作「烏」，沒有作「嗚」的，與金文完全吻合〔註108〕。

　　　　牘文字中，必為先秦廣泛流行的古字。《說文》釋「虖」為「哮虖」。則為動詞，
　　　　與西周春秋金文不合。段玉裁《說文解字注》：「疑此『哮虖』當作『哮唬』。
　　　　《漢書》多借『虖』為『乎』字。」段玉裁此注斷定今本《說文》的「哮虖」
　　　　當作「哮唬」，當為可信。他指出《漢書》多借『虖』為『乎』字，則是《漢
　　　　書》保留古字較多，正與金文相合。此例可證《周禮》作為古文經的寶貴價值，
　　　　斷不可能是劉歆偽造。今本《十三經》的「乎」字都是在東漢時代從「虖」簡
　　　　化而來（其中的幾部今文經可能在西漢晚期就將「虖」簡化為「乎」了）。《周
　　　　禮》保存了一個「虖」字，與金文吻合，極為珍貴。康有為《新學偽經考》污
　　　　蔑劉歆偽造《周禮》，是十足的冤假錯案。
　〔註100〕見《殷周金文集成》第2833器。
　〔註101〕劉雨等《商周金文總著錄表》（中華書局，2008年）425頁歸此器為西周中
　　　　　　期。
　〔註102〕見《殷周金文集成》第6009器。
　〔註103〕參看劉雨等《商周金文總著錄表》（中華書局，2008年）908頁。
　〔註104〕北京圖書館出版社，2004年版。
　〔註105〕參看《十三經注疏》1871頁。中華書局本。
　〔註106〕參看《十三經注疏》2184頁。中華書局本。
　〔註107〕《禮記‧檀弓上》作「嗚呼哀哉」。二者的微妙差別正是春秋時代和戰國中後
　　　　　　期的用字慣例的不同。
　〔註108〕從前有人如康有為之流居然說《左傳》是劉歆偽造的。劉逢祿《左氏春秋
　　　　　　考證》（見《續修四庫全書》第125冊）力證《左氏春秋》為劉歆偽造，乃
　　　　　　分解《國語》而成。後來康有為《新學偽經考》（朱維錚主編，三聯書店，
　　　　　　1998年版）《漢書藝文志辨偽第三上》稱：「至《周官經》六篇，則至西漢

《金文詁林》2439 頁的案語稱：「烏，俗別作嗚，非」。如以時代先後排出序列，可以排比如下：

　　烏虖→烏嘑→烏呼→嗚呼

　　「嗚呼」必是秦漢時代才有的字形，不存在於春秋戰國及以前。我甚至懷疑「呼」字形是在秦系文字的小篆中都沒有的字形，必是由「嘑」簡化而來。在古文字中只能看到「虖、嘑」，完全沒有「呼」。甚至在秦統一後的秦系文字中還只能發現「嘑」〔註109〕。陳松長編《馬王堆簡帛文字編》〔註110〕有一處「嘑」，沒有「呼」字；駢宇騫編《銀雀山漢簡文字編》〔註111〕也沒有「呼」字。張守中編《張家山漢簡文字編》有兩處「嘑」字，沒有「呼」字。季旭昇《說文新證》〔註112〕乾脆不收「呼」字，未為無見。因此，我們雖然可以確定「呼」字是「嘑」簡化而來。但是直到西漢中後期以前都只有「嘑」，沒有「呼」。直到某些漢印才出現「呼」字〔註113〕。據臧克和《漢魏六朝隋唐五代

前未之見。《史記》、《儒林傳》、《河間獻王世家》無之。其說與《公》、《穀》、《孟子》、《王制》、今文博士，皆相反。《莽傳》所謂『發得《周禮》以明因監』，故與莽所更法立制略同，蓋劉歆所偽撰也」（見此書78頁）。郭沫若曾經還相信過康有為的謬論。臺灣當代學者陳槃《左氏春秋義例辨》（重訂本，上海古籍出版社，2009年）還堅持《左傳》是從《國語》離析出來。徐仁甫《左傳疏證》（《徐仁甫著作集》，中華書局，2014年版）更是煞費苦心將《左傳》與西漢以前的群書相對照，一概指為《左傳》抄襲群書。徐仁甫《乾惕居論學文集》（中華書局，2014年）收有三篇文章論劉歆造《左傳》。真是妖妄之言。在《十三經》中「嗚呼」字作「烏」的只有《左傳》，恰好與金文一致，其餘各書皆作「嗚」。尤其是今本《尚書》各篇都作「嗚」。《論語‧八佾》也作「嗚呼」。《毛詩》、《周禮》、《孟子》、《爾雅》中的「烏」都是指「烏鴉」，不是語氣詞。《左傳》如何能偽造得與金文完全一致？而與傳世經典的《尚書》、《論語》、《禮記》都不同。又，在《十三經》中只有《左傳》才有「烏乎（虖）哀哉」一語（《禮記‧檀弓上》明顯是襲用《左傳》而又帶有戰國以後的字形特徵），《毛詩‧大雅‧召旻》作「於乎哀哉」。而西周晚期的《禹鼎》正好有「烏虖哀哉」一語。劉歆如何偽造得與西周金文完全一致？如果要偽造，那麼劉歆也是根據《毛詩》作「於乎哀哉」。事實是《左傳》與《毛詩》不合，而是與西周金文相合。這個鐵證表明《左傳》絕為春秋時代的文獻，斷非任何人所能偽造。《左傳》的「烏呼」古本應作「烏嘑」，這正是戰國時代的字形，在西漢後期以降才被省形為「烏呼」。

〔註109〕參看方勇《秦簡牘文字編》（福建人民出版社，2012年）31頁。袁仲一等編著《秦文字通假集釋》（陝西人民教育出版社，1999年）277～278頁。

〔註110〕文物出版社，2001年。

〔註111〕文物出版社，2001年。

〔註112〕福建人民出版社，2010年。

〔註113〕見《漢印文字徵》卷二5頁。

字形表》〔註114〕289頁,「呼」有兩處出現於《居延新簡》。這是目前能夠找
到最早的「呼」字形〔註115〕。我們因此認為《說文》的「呼」是許慎自己加
進小篆的,也就是所謂「漢篆」。在西漢中後期以前根本無「呼」。可知今本
《十三經》和西漢中期以前典籍中凡是「呼」字皆是在西漢中後期以降才由
「嘑」簡化而來。東漢時代流行不少簡化字,說不定「呼」字是在東漢才廣
泛流行〔註116〕。我推測可能是由東漢注經的經學大家根據東漢簡化的俗字所
改。今本《洪範》作「嗚呼」不合於金文和《左傳》,肯定是抄寫於戰國以降。
其「呼」字的原本應是作「嘑」,這是戰國和西漢中期以前的字形,保存在《漢
書・五行志》中。其「嗚」原本是「烏」,秦以後由於「烏嘑」作為連綿詞聯
用從而偏旁同化而造成「嗚」。「嗚」在先秦古文字中不存在。《說文》沒有「嗚」
字。迄今為止的先秦古文字材料中沒有發現「嗚」字。我們的結論是:先秦典
籍中所有的「嗚嘑」字,原本在西周春秋都是作「烏虖」,在戰國的北方文字
作「烏嘑」(戰國金文保留西周春秋的傳統也用「烏虖」),在戰國的楚系文字
作「於虖」;在《楚辭》中作為虛辭只有「乎、虖」(以「虖」為古),沒有「呼
(嘑)」,與出土楚文字數據完全吻合。

　　作「烏嘑」屬於戰國時代北方文字系統,而《漢書・五行志》引《洪範》
正作「烏嘑」,是保留了戰國時代北方文字系統的字形〔註117〕。秦系文字中也

〔註114〕南方日報出版社,2011年。

〔註115〕臧克和《漢魏六朝隋唐五代字形表》此書289頁還同時列舉了秦代和西漢的
三個「呼」字,其實其字形皆為「嘑」,明顯與「呼」不同。二者應該分立字
頭,不當合併。

〔註116〕陳初生《金文常用字典》(陝西人民出版社,2004年版)97頁收入金文的
「呼」,並解釋到:「呼字金文不從口」。這樣處理似是而非,容易引起混亂。
事實上,金文中根本沒有「呼」字形。只能說西漢以後作動詞的「呼」在
金文作「乎」。董蓮池《新金文編》(作家出版社,2011年)105頁收入西
周中期的《虎簋蓋》的一個所謂「呼」字,審其字形,並無「口」旁。當
為誤收。

〔註117〕在《十三經》中只有《周禮》和《孟子》有「嘑」字。考《周禮・春官宗伯・
巾車》:「嘑啟開陳車」。《周禮・春官宗伯・雞人》:「夜嘑旦以嘂百官」。《釋
文》:「嘑,火吳反。本又作呼」(見《十三經注疏》本773頁,中華書局)。
從古文字和《釋文》來看,「嘑」是「呼」的古字,「呼」是「嘑」的後起簡
化字。《孟子・告子上》:「嘑爾而與之」(見《十三經注疏》本2752頁)。《周
禮》、《孟子》都是戰國時代北方系統的文獻,所以「嘑」是戰國時代北方文
字系統的用字。段玉裁《說文注》「嘑」字注:」《衛枚氏》『啙呼歡鳴』、《大
雅》『式號式呼』以及諸書云『叫呼』者,其字皆當作『嘑』,不當用外息之
字」。

有這個字形，因為「嘑」字形出現在《關沮秦漢墓簡牘》中〔註118〕。前人言《漢書》多古字，此為一嘉例。更考徐無聞主編《甲金篆隸大字典》〔註119〕80～81 頁收有《侯馬盟書》和秦漢時代的「嘑」字。何琳儀《戰國古文字典》〔註120〕456 頁也收入《侯馬盟書》的兩個「嘑」字。黃德寬《古文字譜系疏證》〔註121〕1282 頁收《侯馬盟書》和《余義鐘》的「嘑」字。《侯馬盟書》的年代學界有異說〔註122〕，當以戰國時代為確〔註123〕。《余義鐘》〔註124〕的銘文和時代疑問甚多，學術界沒有定說，不能作為討論的根據。「嘑」不見於西

〔註118〕 第 330 簡和第 376 簡。參看方勇《秦簡牘文字編》（福建人民出版社，2012年）31 頁。

〔註119〕 四川辭書出版社，2005 年。

〔註120〕 中華書局，2007 年版。

〔註121〕 商務印書館，2007 年。

〔註122〕 參看《中國大百科全書・考古學卷》的《侯馬盟書》條；郭沫若《侯馬盟書試探》和《新出侯馬盟書釋文》（收入《郭沫若全集考古編》第十卷，中國科學出版社，2002 年）；《張頷學術文集》（中華書局，1995 年）收入張頷四篇關於《侯馬盟書》的論文。

〔註123〕 郭沫若《侯馬盟書試探》（收入《郭沫若全集・考古編》第十卷，中國科學出版社，2002 年）稱：」我認為這些玉片上的朱書文，是戰國初期，周安王十六年，趙敬侯章時的盟書，訂於公元前三八六年」。參看此書 131 頁。高明等《古文字類編》（增訂本，上海古籍出版社，2008 年）「嘑」字條也引《侯馬盟書》，歸入戰國時代。湯志彪《三晉文字編》（作家出版社，2013 年）148 頁收入《侯馬盟書》的三個「嘑」字，文句皆為「嘑明（盟）者」，其中的「嘑」明顯與作為語氣詞的「烏嘑」不同。湯志彪採用春秋晚期說，不確。《中國考古學大辭典》（上海辭書出版社，2014 年）的《侯馬盟書》條只說為周代，迴避到底是春秋還是戰國的問題。更詳細的資料參看《侯馬盟書》（增訂本，山西古籍出版社，2006 年）。

〔註124〕 見山東省博物館編《山東金文集成》（齊魯書社，2007 年）77 頁。全名《楚之良臣余義鐘》。此器銘文有可疑之處。其中關鍵的「嘑」字磨損嚴重，字形模糊，難以清晰辨認。中國社科院考古所編《殷周金文集成釋文》（香港中文大學中國文化研究所出版，2001 年）144 頁就只是暫定為「乎」字。後來《殷周金文集成》（修訂增補本，中華書局，2007 年）193 頁採用張亞初的釋文考定為「虖」字。根據《山東金文集成》的摹本，則該字明顯從「口」，當隸定為「嘑」。但這個摹本未必可信。因此，此器的銘文和時代存疑，不能據此作出任何推斷。有學者認為是春秋晚期，未必可信，可能是戰國時的銅器。如果該字真的從「口」作「嘑」，那麼其用字與《孟子》、《周禮》這樣的戰國北方文獻相同，正可以說明《余義鐘》為戰國時器。沒有堅強的證據表明《余義鐘》為春秋晚期的銅器。《金文詁林》2435 頁應是根據摹本寫作「嘑」字，遂為黃德寬等《古文字譜系疏證》所本。參考利用《余義鐘》的前輩學者還有商承祚等人，似遜謹慎。

周春秋的金文，甚至不見於戰國時代的金文〔註125〕。我們確定凡是出現可靠的「嘑」（西漢中後期開始簡化為「呼」）字的文獻都屬於戰國以後，不能早至春秋，春秋時代沒有「嘑」字形。這個標尺極為重要，有助於考察判定很多典籍的成書年代或抄寫年代。

我們可以斷定「烏嘑」不是南方楚文字系統的字形。根據現在出土的大量的戰國楚系文字顯示，在戰國的楚系文字中，「烏嘑」都是作「於虖」。戰國楚文字中沒有發現虛辭的「嘑」字。是否有「口」作偏旁雖不影響其字的含義，但卻可以看出時代的先後序列或使用區域系統的不同。戰國楚系文字作「虖」是保留了春秋以前的字形，戰國北方文字作「嘑」是戰國時代的字形，而作為虛辭的「烏」是從西周到戰國北方文字的字形。作「於」是春秋初期以來就有的簡體俗字形，但「於乎（虖）」在十三經中只保留在《毛詩》的《周頌》和《大雅》，大量保存於戰國時代的南方楚文字中。雖然現在發現的楚文字資料都是戰國時代，但其文字系統應該與春秋時期的楚文字一脈相承。在沒有明顯反證的情況下，我們有理由相信春秋時代的楚文字也是作「於虖」。《詩經》雖然是春秋時代北方系統的文獻，但由於《毛詩》中的「於虖」與南方楚文字的用字慣例完全吻合，反而與春秋戰國時代北方文獻系統的用字慣例不合。我們因此推斷：今本《毛詩》應該是用春秋時代末期或戰國時代初期的楚系文字寫成的。《史記》引《洪範》作「於乎」的字形和用詞可追溯到春秋末期到戰國時代的楚系文字，與《毛詩》的《周頌》和《大雅》相合，已經得到大量戰國楚文字的證明。因此，司馬遷從孔安國學到的古文《尚書》也應該屬於春秋戰國時代的楚文字系統。

在金文中除了「烏虖」外，似乎還有一些「於虖」的用例，在此不可不辨析，如《殷周金文集成》第 2840 器（即戰國中後期的《中山王鼎》）、《殷周金文集成》第 183 器、第 185 器〔註126〕、第 9734 器〔註127〕等等。張亞初先生《殷周金文集成引得》〔註128〕將金文中的「烏」隸定為兩類，一類為「烏」，

〔註125〕戰國時代的金文承襲春秋金文的某些字寫特點，金文的「虖」沒有演變為「嘑」。

〔註126〕此二器，劉雨等《商周金文總著錄表》（中華書局，2008 年）40 頁以為是春秋後期。

〔註127〕一般認為是戰國後期的壺。參看劉雨等《商周金文總著錄表》（中華書局，2008 年）1378 頁。

〔註128〕中華書局，2001 年。張亞初先生此書出版後影響很大，以致新版的《殷周金文集成》（修訂本增補，共八冊，中華書局，2007 年版）的釋文完全採用了張亞初先生的釋文。

一類為「於」。在古文字學上，「烏」與「於」確實是同源字，二者的區別僅僅是「烏」的形體較繁，筆劃較多（戰國時代金文的「烏」也有筆劃較簡省的），多少保留有「烏」的形狀；「於」形體簡化，筆劃較少，完全看不出「烏」形。如果從這個角度來分析，我們可以說張亞初先生將金文的「烏」分為「烏、於」兩類是不恰當的。金文中實際上只有「烏」，沒有「於」。戰國文字中的大量的「於」字的寫法與張亞初先生在金文中從「烏」分出的「於」在字形上有明顯的不同。雖然容庚《金文編》、季旭昇《說文新證》對金文中的「烏、於」不加區分，歸為同源字〔註129〕。但戴家祥《金文大字典》〔註130〕、董蓮池《新金文編》〔註131〕、湯志彪《三晉文字編》〔註132〕都只收「烏」，不收「於」，也就是他們都認為金文中沒有「於」，只有「烏」。這樣處理顯然更加合理。「於」是「烏」的簡化俗字，當出現於春秋。但這個分別一旦出現，就形成了各自獨立的傳統，不再相混了。

另外，由於金文中的作為動詞的「乎」與作為語氣詞和介詞的「虖」紋絲不亂，絕不相混。因此，我們強烈認為在傳世經典中作為語氣詞和介詞的「乎」是從西周以來的金文「虖」簡化而來，而不是直接承襲了金文中作為動詞的「乎」〔註133〕。前人對此也有類似的考察。朱駿聲《說文通訓定聲》「乎」字條稱：「乎，《史記》多以『虖』為之」。段玉裁《說文解字注》「虖」字注：「《漢書》多借『虖』為『乎』字。」李富孫《春秋左傳異文釋》〔註134〕卷一：「《漢

〔註129〕 《金文詁林》2436頁引方濬益之說：戰國時的金文「烏」字「並為漢人隸書『於』字之所本」。

〔註130〕 學林出版社，1995年。5418～5421頁。

〔註131〕 作家出版社，2011年。453～455頁。

〔註132〕 作家出版社，2013年。

〔註133〕 李學勤主編《字源》（天津古籍出版社、遼寧人民出版社，2012年）80頁「呼」字條（陳英傑撰）將漢代以來的「呼」字在字形上直接承襲商代和西周的「乎」。似無根據。我以為漢代以來的「呼」是由戰國時代的「嘑」簡化而來，時代在西漢中後期。小篆中的「呼」是許慎自己所加，秦代的小篆似無「呼」字。李學勤《字源》不收「嘑」，實為重大遺漏。金文用作動詞的「乎」沒有傳承下來。相關的演變過程是：西周春秋金文用作虛詞的「虖」到了戰國時代，保留了金文中虛詞的用法，同時為與這個虛詞相區別，「虖」又演變為動詞的「嘑」（呼喊）。因為動詞的「嘑」在戰國北方文獻中流行，西周春秋金文中用作動詞的「乎」就失傳了。西周春秋金文中用作動詞的「乎」與先秦文獻用作虛詞的「乎」沒有任何關係。先秦古文獻用作虛詞的「乎」是從「虖」簡化而來，這種簡化的時代是秦系文字的小篆時代。

〔註134〕 見李富孫《春秋三傳異文釋》，收入《續修四庫全書》第144冊。

書》凡『乎』字皆作『虖』。」〔註135〕這都顯示出經典中的「乎」是來源於「虖」。
而且在傳世典籍中的「乎」幾乎都是作虛詞，從不與動詞的「呼」相混，即從
不用作動詞表示「呼喚」。因此，典籍中作為虛詞的「乎」不是繼承了金文中
作為動詞的「乎」的字形，而是從金文虛辭「虖」字簡化而來。在戰國文字中
只有「虖」，沒有「乎」。「乎」字開始出現應是在秦系文字的小篆中，當是李
斯將「虖」簡化為「乎」。所以《說文》中有此字。陳松長編《馬王堆簡帛文
字編》〔註136〕和駢宇騫編《銀雀山漢簡文字編》〔註137〕都有「乎」字。據臧
克和《漢魏六朝隋唐五代字形表》〔註138〕23 頁「乎」字條收有多個西漢文書
的「乎」字形。根據以上文字學的考察，我們可以判定《毛詩》的「於乎」和
《史記》引《洪範》中的「於乎」原本應是作「於虖」，只是西漢以來在傳抄
中被簡化為「於乎」。我們應當根據「於虖」這樣的字形來考辨相關典籍的年
代，不能根據典籍在傳抄中被簡化了的字形來作推論。

　　「烏虖」有兩條演變的軌跡：

　　從「烏虖」（自西周金文以來的慣例）→「於虖」（春秋戰國楚文字系統）
→「於乎」（秦系文字小篆以後）；

　　從「烏虖」（自西周金文以來的慣例）→「烏嘑」（戰國時代北方文字系統）
→「嗚嘑」（秦系文字小篆以後）→「嗚呼」（西漢中後期以降）；

　　以上兩條演變規律是一個形體簡化的過程，其演變的軌跡甚為清晰，因而
有助於我們考論相關古籍的成書或抄寫的年代和區域。例如《尚書·康誥》：
「嗚呼！敬明乃罰」。其中的「嗚呼」，內野本作「烏虖」，則內野本此處保留
了春秋以前金文的古老字形，彌足珍貴。

　　在戰國楚簡文字中，「烏」的形體明顯比「於」要繁化得多〔註139〕，這在

〔註 135〕 另參看《故訓匯纂》「乎」字第 29～32 條。

〔註 136〕 文物出版社，2001 年。

〔註 137〕 文物出版社，2001 年。

〔註 138〕 南方日報出版社，2011 年。

〔註 139〕 參看滕壬生《楚系簡帛文字編》增訂本（湖北教育出版社，2008 年）377～
　　　　　391 頁、李守奎《楚文字編》（華東師範大學出版社，2003 年）244～247 頁、
　　　　　李學勤主編《清華大學藏戰國竹簡【1～3】文字編》（中西書局，2014 年）
　　　　　107～109 頁的「烏」字條所排比的字形。要注意的是饒宗頤主編《上博藏戰
　　　　　國楚竹書字彙》（安徽大學出版社，2012 年）521～529 頁已經將上博簡中的
　　　　　「於」和「烏」分為兩個字頭，上博簡中數量眾多的「於」明顯字形簡化，
　　　　　而僅有的一個「烏」字則顯然比「於」形體繁複，且字形有較大差異。清華
　　　　　簡的《赤鵠》篇有「於」的鳥蟲書繁化字（即在「於」的左邊加「烏」形符），

《郭店楚墓竹簡》中有明顯的反映。郭店簡中形體複雜的「烏」和形體簡略的「於」同時存在，但二者的形體區別卻甚為明顯，沒有相混的可能。即使《說文》「烏」字指出的「烏」有兩個古文形體，一繁一簡，這兩個形體的古文也不可能字形相混。其中簡體的古文明顯是「於」的來源。尤其要注意的是在《上博簡一》的《孔子詩論》第六簡和《上博簡二》的《魯邦大旱》第五簡都出現「於虖」這樣的語氣詞，字形清楚，其中的「於」決不可能與「烏」相混。在秦系文字中的「烏」和「於」的分別跟楚簡近似，「烏」字形繁，「於」字形簡，二者區別明顯，不可能相混，詳細的例證參看方勇《秦簡牘文字編》〔註140〕108～109 頁。因此，從上博簡和郭店簡、清華簡等戰國楚簡和秦漢簡帛的字形數據來看，先秦西漢的古人沒有可能將「烏虖」偶而誤寫為「於虖」，二者的交替只能是時代變遷和區域用字差異的結果。

　　從「烏虖」簡體化來的「於虖」一詞應該至少是在春秋末期的楚文字地區已經產生。也就是說司馬遷見到的《洪範》應該是抄寫於春秋以降，不能早至西周。因為西周金文的用字慣例是用「烏虖」，而不是「於乎(虖)」。「於乎(虖)」常見於《毛詩》。考《毛詩·周頌·維天之命》：「於乎丕顯，文王之德之純」〔註141〕。《毛詩·大雅·負旻》：「於乎哀哉」〔註142〕。《毛詩·周頌·烈文》：「於乎前王不忘」。《毛詩·周頌·防落》：「於乎悠哉」。《毛詩·周頌·旻予小子》：「於乎皇考」。同篇：「於乎皇王」。《毛詩·大雅·抑》：「於乎小子」。《毛詩·大雅·桑柔》：「於乎有哀」。整部《毛詩》全作「於乎」，沒有一處用「烏乎」、「烏呼」或「嗚呼」。而且在《十三經》中只有《毛詩》的《周頌》和《大雅》才有「於乎」，其餘各經皆無此用法。這顯示出《毛詩》的用字特徵與一般北方系統的經典不同，恰恰吻合於春秋戰國時代的楚文字系統。有的戰國儒

這個繁化字才是楚簡中的「烏」字，同篇也有「於」字，二者絕不相混。清華簡的這個用字現象表明，在楚簡中「於」和「烏」斷無相混的可能，不能以為二者是同源字就可以隨意相通用。郭店簡和清華簡都堅強地證明了這點。

〔註140〕福建人民出版社，2012 年。

〔註141〕考《禮記·中庸》：「於乎不顯，文王之德之純」。顯然是引用《毛詩》。則戰國時代成書的《中庸》所根據的《毛詩》版本已經是作「於乎」，則屬於《毛詩》無疑。因此，《毛詩》作「於乎」一定是春秋末戰國初就有的版本。戰國時代的楚系文字廣泛用「於乎(虖)」。

〔註142〕考《荀子·樂論》：「於乎哀哉！不得成也」。同於《毛詩》，不同於《左傳》。則《荀子》根據的《毛詩》已經是作「於乎哀哉」。必是春秋末期或戰國初期的古本。

家文獻出現「於乎」往往是引述了春秋時代的典籍。如《禮記‧坊記》：「《君陳》曰：爾有嘉謀嘉猷，入告爾君于內。女乃順之于外。曰：此謀此猷，惟我君之德。於乎，是惟良顯哉！」戰國時代成書的《坊記》引用《尚書‧周書》的《君陳》有「於乎」，則《君陳》篇當是春秋末期或戰國初期以前用楚文字抄寫而成，其成書必在春秋以前，不可能成書於戰國。上博簡和郭店簡的《緇衣》都引述了《君陳》，可證原本《君陳》絕不可能成書於戰國，更不可能是後世偽造。且其書在楚地流行，因此《君陳》必有楚文字系統的抄本存在。今本《君陳》作「嗚呼」，則今本《君陳》是抄寫於戰國時代的北方地區〔註143〕。

《大戴禮記》卷十《文王官人》：「王曰：於乎敬哉！女何慎乎？」《文王官人》中的這段話也應該是根據春秋末戰國初用楚文字抄寫的古文《尚書》中引述來的，只是其篇名失考。而《逸周書》皆作「嗚呼敬哉」。《逸周書》中出現「嗚呼敬哉」的《酆保》篇、《寶典》篇、《皇門》篇應當皆是用戰國時代的北方文字抄寫（不一定是成書年代）〔註144〕，故而有此不同（其中的「呼」原本應是「嘑」，是戰國北方文字的特徵，故而我們有此判斷）。而且《逸周書》的「嗚呼敬哉」與《文王官人》所引的「於乎敬哉」雖然用字不同，但語彙明顯同源，二者只是抄寫的時代和地域不同，或許是出典於周初成立的《康誥》：「王曰：嗚呼！封，敬哉」。因此《逸周書》的《酆保》篇、《寶典》篇、《皇門》篇都應是成書於春秋以前，今本是抄寫於戰國時代的版本。《大戴禮記》卷一《主言》引孔子對曾子之言有「於乎」〔註145〕，當是出於春秋戰國時代的楚文字系統的文獻。「於乎」一詞不出現於戰國時代北方系統的傳世文獻和出土文獻，《禮記》和《大戴禮記》的「於乎」都是引述了春秋末期以來的楚

〔註143〕今本《君陳》參看王先謙《尚書孔傳參正》（中華書局點校本，2011 年）下冊，以及《十三經注疏》本。孫星衍《尚書今古文注疏》、皮錫瑞《今文尚書考證》、楊筠如《尚書覈詁》（陝西人民出版社，2005 年）、顧頡剛、劉起釪《尚書校釋譯論》（中華書局，2010 年版）不收《君陳》，大概是以之為偽書。閻若璩《古文尚書疏證》（上海古籍出版社，2010 年版）卷二第二十七條 118 ～121 頁、王鳴盛《尚書後案》（北京大學出版社，2012 年版）下冊 796～799 頁力證《君陳》為偽書。現在根據郭店簡和上博簡的《緇衣》都引述《君陳》這個事實，可知《君陳》絕非偽書。閻若璩《古文尚書疏證》之言尤為淺薄荒唐，盛名難副其實，信可知矣。

〔註144〕今本《尚書‧君陳》也有「敬哉」一詞。

〔註145〕《孔子家語》卷一《王言》篇略同，當是抄襲《大戴禮記》。孔子對曾子之言不見於今本《孝經》。但說不定是來自孔壁中書的古文《孝經》，所以才有楚系文字的「於乎（嘑）」。孔壁中書有春古文的《孝經》和《論語》。

文字系統的文獻，並非戰國時代的北方文獻自身的用字慣例，而是楚文字系統的用字特徵。

《荀子》中有三處「於乎」，其中一處是引用《毛詩》，其餘兩處用「於乎」是因為《荀子》的某些篇章是在楚國成立並傳抄的，所以保留了戰國楚系文字的特點。東漢時代成書的《吳越春秋》和《越絕書》多用「於乎」字形，則是繼承了《毛詩》和戰國時代楚文字的傳統〔註146〕，吳越之地在戰國中期以後就為楚國所佔據，併入了楚文化圈，楚方言用字在吳越之地流行很正常。

更考《穆天子傳》卷一：「天子曰：於乎！予一人不盈於德」。從「於乎」一詞來看，《穆天子傳》是產生於春秋戰國時代的楚文字系統。雖然《穆天子傳》出土於戰國時代的魏襄王墓，但完全可能是從楚文化圈傳自魏國的，未必一定是用魏國文字寫成〔註147〕。有證據表明楚文化圈在春秋時代就非常熟悉穆天子的故事。考《左傳・昭公十二年》楚國左史倚相回答楚靈王曰：「昔穆王欲肆其心周行，天下將皆必有車轍馬跡焉。祭公謀父作《祈招》之詩以止王心』。」昭公十二年是公元前530年，楚國左史倚相能夠背誦西周前期周穆王時代的大臣祭公謀父所作的《祈招》之詩。戰國時代的《楚辭・天問》：「穆王巧挴，夫何為周流？環理天下，夫何索求？」「挴」讀為「牧」，「理」訓為「履」。因此，埋藏於戰國魏襄王墓的《穆天子傳》是從楚文字區域傳出，是完全可能的。《穆天子傳》的原始古本當然是在西周或春秋的北方文字系統中產生，只是這個原始版本沒有流傳下來。

抄寫於戰國時代的今本《尚書》各篇都沒有「於乎」一詞，只有「嗚呼」。《論語》也沒有「於乎」，只有「嗚呼」。則今本《尚書》各篇和《論語》都抄寫於戰國的北方地區，故而有用作虛詞的「呼（嘑）」字。

還有類例可考。如《毛詩・大雅・抑》：「於乎小子」。考王逸《楚辭章句》敘：「詩人怨主刺上曰：『嗚呼小子』。」則東漢學者王逸看到的是三家詩的今文經作「嗚呼」，其古本屬於戰國北方文字系統。《毛詩》作為古文經作「於乎（虖）」是保留了春秋末以來楚文字的文字慣例〔註148〕。因此「於乎」一詞作

<hr>

〔註146〕吳越之地在戰國併入楚國，此後開始流行楚文化和楚文字。

〔註147〕不能因為《穆天子傳》最初可能是北方系統的文獻，就一定不能用春秋戰國時期的楚系文字寫成。後來《列子・周穆王》引述《穆天子傳》也作「於乎」，足見原本的《穆天子傳》就是作「於乎」，不存在傳寫之誤的問題。

〔註148〕只是「乎」原作「虖」。《尚書・康誥》：「王曰：嗚呼小子」。《尚書・蔡仲之命》：「王曰：嗚呼小子，胡汝往哉？無荒棄朕命」。都作「嗚呼小子」，則此

為區別性特徵十分重要。

就「於乎（虖）」這個詞而言，其中的「虖」，我根據時代的先後順序將有關字形的演變排列如下：

1. 虖（西周春秋金文及戰國楚系文字）→嘑（戰國北方文字）→呼（西漢中後期俗字）；

2. 虖→嘑→謼〔註149〕。

我們在此基礎上來考辨《洪範》的成書年代到底是不是戰國？今本《尚書》各篇作「嗚（烏）呼（嘑）」是戰國時代北方系統的文字特徵，可知今本《尚書》是抄寫於戰國時代的北方文字系統。《史記·宋微子世家》所引作「於乎（虖）」，這是屬於春秋戰國時代的南方楚文字系統。《洪範》的「於虖」與戰國時代南方楚系文字的用字慣例完全吻合。但作為儒家經典的《洪範》明顯不可能成書於春秋戰國時代的楚國，這點不可置疑。因此，戰國時代北方系統的「烏嘑」，春秋戰國時代楚文字系統的「於虖」，根據西周春秋的金文，可知二者都是來源於一個共同的古本作「烏虖」。也就是西周春秋的北方文字「烏虖」，到戰國時期的北方文字演變為「烏嘑」（到西漢再變為「嗚呼（嘑）」）；到春秋戰國時期的南方楚系文字演變為「於虖」。因此，春秋時代古本《洪範》應是作「烏虖」，這才與西周春秋的金文吻合。司馬遷看到的古文《尚書》是孔壁中書，是用春秋戰國的楚文字寫成。因此，假設原本《洪範》成書於商末周初的北方文字，則沒有任何矛盾，與各方面都符合。今本《毛詩》的《周頌》和《大雅》雖然是「於乎」，但以上我們對古文字學的研究表明其「乎」是小篆以來的簡化字，原本《毛詩》應作「於虖」。而《史記》引《洪範》正作「於乎」（其原本也應是「於虖」）。總之，《史記》引《洪範》文字與《毛詩》的文字相同，要麼如今本都是「於乎」，要麼根據古文字學的推論都是「於虖」（顯然應當以後者為確）。而「於虖」正是春秋後期以來就有的南方楚文字系統的寫法。因此，《洪範》有兩個文字系統的版本，一個是抄寫於戰國時代北方文

二篇必是抄寫於戰國時代，雖然其成立可能在春秋以前。其中的「嗚」古本應作「烏」，「呼」原本應作「嘑」（「嘑」為戰國用字，春秋以前作「虖」，無「口」旁）。作「嗚呼」是東漢才有的簡化形體。我們不能根據東漢以後才有的簡體俗字來判斷經典的成立年代，必須根據各本推定古本的原字形。這類似於西方歷史語言學的「重建」或「重構」（即 reconstruction）。

〔註149〕 「謼」在《十三經》中只見於《爾雅》的解釋用字，不用作字頭。顯然是戰國後期以來的通行用字。《說文》以「謼」與「嘑」為二字，段注「謼」字注稱「與嘑異義而通用」。

字系統，作「烏嘑」；一個是春秋後期以來的楚文字系統作「於虖」，二者應是共同來源於春秋時代以前的北方文字系統的古本《尚書》的「烏虖」。因此《洪範》肯定是成書於春秋時代以前的北方文字系統，不可能晚至戰國〔註150〕。斷不能根據今本《洪範》在戰國時期傳抄過程中混入了戰國文字的特徵就把《洪範》成立的時間後移。這是本文明確的結論。

我們依據對古文獻學和古文字學材料的研究，可以判定司馬遷看到的《洪範》應該是抄寫於春秋末期戰國初期的楚文字系統。李學勤先生主編的《清華大學藏戰國竹簡》就收有用戰國楚系文字寫成的《尚書·金縢》和《說命》。這說明在戰國時代確實有用楚文字寫的《尚書》。今本《洪範》則是從抄寫於戰國時代北方系統文字的版本發展而來。古本《洪範》必是成書於春秋以前，不可能晚至戰國。

4. 我們還必須辨析《洪範》中的一處記載與西周金文不合的問題。考《洪範》中有曰：「八政：一曰食，二曰貨，三曰祀，四曰司空，五曰司徒，六曰司寇」。已經作「司空」，而不是「司工」，與西周金文作「司工」不同，因此從文字上看，今本《洪範》應該抄寫於春秋或戰國時代，所以混有春秋戰國時代的文字特徵，這完全不足以否定其書成立於商末周初。所以「司工」被後來抄寫成「司空」，這一現象與《洪範》原本的成立時代無關。

重要的是《洪範》此處以「四曰司空，五曰司徒，六曰司寇」三者相併列，而西周金文《盠方尊》、《五衛祀鼎》是「司工、司徒、司馬」相併列，前揭郭沫若《金文叢考》也指出：「以司空而兼司寇，足見司寇之職本不重要。古者三事大夫僅司徒、司馬、司空，而不及司寇也。」可見《洪範》將「司空、司徒、司寇」列為三卿，與西周金文不合。更考《尚書·立政》也是以「司徒、司馬、司空」三者並舉，不及「司寇」，《尚書·牧誓》：「王曰：嗟！我友邦冢君御事，司徒、司馬、司空……」，沒有「司寇」；《尚書·梓材》：「我有師師、司徒、司馬、司空、尹、旅。」也沒有「司寇」，與金文《盠方尊》、《五衛祀鼎》合，因此《立政》、《牧誓》、《梓材》當成立於西周〔註151〕，是可信的西

〔註150〕 上文引述的《尚書》的《君陳》的話已經引用進戰國時代在北方成書的《禮記·坊記》，則《君陳》篇當是成書於春秋，不可能晚至戰國（作為《尚書》中的文獻《君陳》絕不可能是最早用戰國時代的楚系文字寫成）。古本《洪範》與《君陳》都用「於乎（虖）」，不用「嗚呼（嘑）」，則其時代應相同。

〔註151〕 王國維《古史新證》（收入《王國維全集》第十一卷，浙江人民出版社、廣東教育出版社，2010 年）第一章《總論》認為《立政》、《牧誓》、《梓材》為當

周文獻，不會晚至春秋。

　　「司寇」地位的提高實在春秋，在王室為卿官。但在諸侯國一般是大夫，沒有位列三卿。如春秋時代魯國的孔子做過司寇，但卻不是卿官，甚至連亞卿也不如，魯國的三卿是司徒、司馬、司空，保存了西周的官制。晉國的屠岸賈為司寇，也不是卿官〔註152〕。司寇到了春秋是否升為卿爵還有待於考證。即使在春秋時代成為卿爵，這種變化不會是發生於魯國、晉國、楚國、宋國、秦國、齊國〔註153〕，只能產生於周王室。考其原因，大概是因為周平王東遷洛陽之後，周王室的武力衰微，王室兵力太弱。在國家的政治中，王室軍隊的地位和作用降低，因此在西周掌管兵馬的卿官「司馬」（在商末周初其名為「大

時所作（除了明顯的偽古文外，王國維對今文《尚書》相當信任，甚至認為《堯典》、《皋陶謨》、《禹貢》、《甘誓》都是周初所作，沒有晚於春秋的。見其書242頁）。郭沫若《青銅時代》的《先秦天道觀之進展》（收入《郭沫若全集·歷史編》1，人民出版社，1982年）也說：「《周書》上的周初的幾篇文章，如《多士》，如《多方》，如《立政》，都以夏、殷相提並論」（見其書317頁）。也認為《立政》為周初文獻。陳夢家《西周銅器斷代》（中華書局，2011年版）193頁也承認《立政》成書於西周。

〔註152〕　《通典》（中華書局標點本，2007年版）中的《職官》各卷都沒有說「司寇」在歷史上為卿爵。《通典》卷二十三《職官五》的《刑部尚書》條643頁稱：「《周禮·秋官》，大司寇掌邦之三典，以佐王刑邦國，蓋其任也」。知《通典》以「大司寇」比於「刑部尚書」，而未列於三卿之數。

〔註153〕　更不可能產生於楚國，楚國的「司寇」名為「司敗」，根本不叫「司寇」。在春秋時的宋國有六卿，「司寇」列六卿之末。考《左傳·哀公二十六年》：「宋景公無子，取公孫周之子得與啟畜諸公宮（杜注：周元公孫子高也。得，昭公也；啟，得弟。畜，養也）。未有立焉。於是皇緩為右師，皇非我為大司馬，皇懷為司徒（杜注：皇懷，非我從昆弟），靈不緩為左師（杜注：不緩，子靈圍龜之後），樂茷為司城（杜注：茷，樂潤之子），樂朱鉏為大司寇（杜注：朱鉏，樂挽之子）。六卿三族降聽政」。楊伯峻《春秋左傳注》（中華書局，1990年版）1729頁注稱：「宋之官序，為右師、左師、司馬、司徒、司城、司寇」。「司寇」雖在宋國為卿爵，但宋國因為避宋武公之諱而不叫「司空」，改為「司城」。因此《洪範》不會成書於宋國。齊國沒有發現明顯的「司寇」一職，考《史記·滑稽列傳》稱齊國有「執法」一職，與「御史」對舉，也許相當於列國的「司寇」。但齊國畢竟沒有「司空、司寇」這樣的職官，因此《洪範》不能成書於齊國。至於春秋時的秦國中央政府根本沒有「司空、司寇」這樣的職官名稱（戰國時的秦國地方官中有加定語的「司空」，乃微末小吏，非中央大員，斷與三卿無涉），秦國的職官體系與中原諸國有明顯的不同（另如秦國的二十爵位也是秦國特有的，如左更、右更、中更、左庶長、右庶長、少良造、大良造、大庶長之類爵名只有秦國才有）。《通典》卷二十《職官二》（中華書局標點本，2007年版。517頁）：「秦無司空，置御史大夫」。《洪範》完全不可能成書於秦國。

（太）師」，為軍隊長官，三公之一，姜子牙曾任此職。與之並列者為「太傅、太保」）地位降低，而主管司法的「司寇」地位上升，最終「司寇」代替「司馬」成為三卿之一。這個推測尚待證實。但依據《周禮》來觀察，周王室應有六卿。夏官司馬與秋官司寇並為六卿。春秋時代的晉國六卿雖然來源於晉國有六軍，但六軍本也是周王室的體制。因此，晉國的六軍、六卿都是來源於周王室的制度。

由於《洪範》的以上這點事實與西周金文不合，似乎可以因此而表明《洪範》成書於春秋或戰國時代，不會早到西周。因此，我們必須對這個事實予以正面闡釋。

我們認為在春秋戰國時代的抄書過程中將「司馬」誤抄為「司寇」不大可能。西周金文的「司工、司徒、司馬」並舉和《洪範》「司空、司徒、司寇」並舉只能是時代文化不同的反映。細考《洪範》原文作：「八政：一曰食（孔傳：勸農業）；二曰貨（孔傳：寶用物）；三曰祀（孔傳注：敬鬼神以成教）；四曰司空（孔傳注：主空土以居民）；五曰司徒（孔傳注：主徒眾教以禮義）；六曰司寇（孔傳：主奸盜，使無縱）；七曰賓（孔傳：禮賓客無不敬）；八曰師（孔傳：簡師所任必良士，卒必練士）。孫星衍《尚書今古文注疏》〔註 154〕注引鄭玄曰：「司寇，掌詰盜賊之官。賓，掌諸侯朝覲之官，《周禮》大行人是也。師，掌軍旅之官，若司馬也。」〔註 155〕可見鄭玄注《尚書》是以「師」為「司馬」，並沒有將「司馬」漏掉。鄭玄注比孔傳精確。《洪範》這裡排比八政，並非刻意將「司空、司徒、司寇」作為三卿並舉，也就是說《洪範》原文排比八政，並沒有將「司空、司徒、司寇」當作三卿來看待。因此與西周金文的性質不同，不具有可比性，況且《洪範》並沒有遺漏「師（即司馬）」。而且《盠方尊》、《五衛祀鼎》屬於西周中期金文，《洪範》在《左傳》中就被當做是《商書》，其中的「八政」應是商代已經成文的提法，屬於商代文獻，自然與西周中期的金文不合，這是非常正常的現象。王國維《觀堂集林》卷十《殷周制度論》〔註 156〕早已指出：「中國政治與文化之變革，莫劇於殷周之際。……故夏、殷間政治與文物之變革，不似殷、周間之劇烈矣。」所以不能因為《洪範》與

〔註 154〕中華書局點校本，2004 年版。300 頁。

〔註 155〕另參看王先謙《尚書孔傳參正》（中華書局點校本，2011 年）559〜561 頁。

〔註 156〕參看《王國維全集》（浙江教育出版社、廣東教育出版社，2010 年）第八卷 302 頁。

西周中期金文《盠方尊》、《五衛祀鼎》的文例不合而認為《洪範》是戰國時代所作〔註 157〕。顧頡剛、劉起釪《尚書校釋譯論》〔註 158〕第三冊 1159 頁註 5 未能明白這點，稱：「這裡沒有司馬而列了司寇，說明它不是西周原制，但又比《周禮》整整齊齊的體系要早，可知它是《周禮》成書以前西周官制在演變改易過程中所形成的一些說法。」這些議論完全是無的放矢，未能中肯。

5. 如果《洪範》是在春秋戰國時期的諸侯國中產生，應該不可能成為儒家崇奉的《尚書》中的經典。《尚書》中的各篇都應該作如是觀〔註 159〕。哪怕是《堯典》、《舜典》、《皋陶謨》這樣公認為戰國時代才寫定的文獻，也是已經式微的周王室的官員根據遠古傳承下來的資料校訂而成。如果是戰國時代的民間託古偽造，那麼先秦的儒家絕不會將其編入《尚書》。事實上，戰國時代託古偽造的書很多，都只是作為子書流傳，如託名鬻熊的《鬻子》〔註 160〕、託名姜太公的《陰符》、託名風后《握奇經》、託名姜太公的《六韜》，《漢書·藝文志》有《風后》十三篇，有《力牧》二十二篇，有《伊尹》五十一篇，有《伊尹說》二十七篇〔註 161〕，以及託名黃帝的《黃帝內經》。這些書在儒家眼中都是子書。

考《漢書·藝文志》：「《黃帝四經》四篇。《黃帝銘》六篇。《黃帝君臣》十篇（注：起六國也，與《老子》相似也）。《雜黃帝》五十八篇（注六國時賢者所作）。《力牧》二十二篇（注：六國時所作，託之力牧。力牧，黃帝相）。《黃帝泰素》二十篇（注：六國時韓諸公子所作）。孔甲《盤盂》二十六篇（注：黃帝之史，或曰夏帝孔甲，似皆非）。《大禹》三十七篇（注：傳言禹所作，其文似後世語）。《黃帝說》四十篇（注：迂誕依託）。《天一兵法》三十五篇。《神農兵法》一篇。《黃帝》十六篇。圖三卷。《封胡》五篇（注：黃帝臣，依託也）。《風后》十三篇，圖二卷（注黃帝臣，依託也）。《力牧》十五篇（注：黃帝臣，依託也）。《鵊冶子》一篇，圖一卷。《鬼容區》三篇，圖一卷（注：黃帝臣，依託）。《黃帝雜子氣》三十三篇。《黃帝五家曆》三十三卷。《黃帝陰陽》二十

〔註 157〕參看本書《今本〈古文尚書·說命〉非偽書新證》。
〔註 158〕中華書局，2010 年版。
〔註 159〕他例如《周禮》（本名《周官》）也必是春秋戰國時代的周王室的官書，非成書於列國或諸子。
〔註 160〕《文心雕龍·諸子》：「至鬻熊知道，而文王諮詢，餘文遺事，錄為《鬻子》。子目肇始，莫先於茲」。
〔註 161〕《文心雕龍·諸子》：「昔風后、力牧、伊尹，咸其流也。篇述者，蓋上古遺語，而戰代所記者也」。

五卷。《黃帝諸子論陰陽》二十五卷。《黃帝長柳占夢》十一卷」等等，類例甚
多。班固自注《漢書》已經很清楚有相當多的古文獻是戰國時代的民間依託遠
古聖賢之名而作。而這些戰國時代產生的文獻沒有一部被當做儒家經典，都是
作為諸子書流傳，在戰國秦漢都是如此。因此，被《尚書》收入的今本《洪範》、
《堯典》、《舜典》、《皋陶謨》即使寫定於戰國，也一定是周王室官員根據上代
文獻整理校勘而成。其中縱然混入了戰國時代的語言和觀念，並不影響其有古
老的來源，正似《文心雕龍・諸子》所言：「篇述者，蓋上古遺語，而戰代所
記者也。」這就猶如司馬遷《史記》敘述先秦文化時將《尚書》、《左傳》、《國
語》的語言改編成西漢前期的語言〔註162〕，我們能夠因此而說《史記》中記
載的上古史是偽造的麼〔註163〕？

　　由於學術界常常稱道《堯典》是戰國時代所作，我們可舉一個常常為人們
忽略的證據。李約瑟《中國科學技術史》第四卷《天學》〔註164〕第二十章《天
文學》166 頁的注二是關於《堯典》年代的見解：「有少數人（指顧頡剛）認
為，應把這一篇的年代推遲到孔孟之間，甚至推遲到漢代。但這樣會使天文學
方面的任何解釋更加困難。此外，他們似乎沒有注意到，其中『三百有六旬有
六日』的說法非常古老。不同位的數字中間嵌入連接詞，是公元前十四世紀卜
辭中的典型數字寫法【董作賓 1】。不僅如此，董作賓還發現，較晚的卜辭已
略去數字中的連接詞了。參閱《數學》一章第二節。這一段文字似乎是年代很
早的周代遺聞，不管它的上下文是否可作其他解釋。」李約瑟參考的是董作賓
的《殷曆譜》。根據其書 808 頁《參考文獻》所示，還有董作賓的《積三百有
六旬有六日新考》一文。則《堯典》的表數法與甲骨文相合，與春秋戰國時代
的表數法不合，戰國人怎麼偽造得來？

　　西漢末年的劉向校勘群書，又編撰《說苑》、《新序》，是依據了西漢皇家
檔案館中收藏的先秦文獻，但經劉向用西漢語言作過一部分的改編（應該不是
全部翻譯），我們能因此說《說苑》、《新序》和劉向校勘的群書是偽造的麼？
劉向校勘過的先秦古書被劉向自己命名為「新書」，這就是因為其校勘過的書

〔註162〕司馬遷《史記》是怎樣用自己的語言改編《左傳》語言的？可參看一代大儒
　　　　劉申叔先生的傑出論著《司馬遷〈左傳〉義序例》，見《左盦外集》卷三，收
　　　　入《劉申叔遺書》，江蘇古籍出版社，1997 年。又見《儀徵劉申叔遺書》第
　　　　十冊 4150～4177 頁，萬仕國點校，廣陵書社，2014 年。
〔註163〕因為《史記》有很多不是西周春秋的語言。
〔註164〕科學出版社，1975 年。

與先秦古本在形式上有諸多不同，但絕不是劉向偽造了古書〔註165〕。例如，劉向根據他當時所見的六種《戰國策》的古本，綜合校勘，去其重複，勘定編成為今本《戰國策》。今本33卷的《戰國策》這個形態的書事實上在先秦是不存的，是劉向綜合了先秦的六種版本的縱橫家書而成〔註166〕。我們卻不能因此說今本《戰國策》完全是西漢時代的文獻。極端的例子如同我們現在用簡體字排印了《十三經注疏》，後世的人們卻不都能因此而說簡體字版的《十三經注疏》是二十世紀的人們偽造的，其內容反映的是二十世紀的社會思想，理由是《十三經》時代的文字沒有今天的簡體字。我舉這個極端的例子是想喚起「專門疑古」的學者的反思。

綜上所述，今本《尚書》收入的今本《洪範》是用戰國時代的北方文字抄寫，孔壁中書的《洪範》是春秋戰國時代用楚系文字抄寫成，其原本應當相信傳統的說法就是成書於商末周初甚至更早，我強烈傾向於在商代已經完成，是正宗的商代文獻。其後在傳抄過程中混有戰國時代的文字特徵，發生若干流變，這是古籍傳承中非常正常的事情，不能因為後世的某些流變而將其書的產生年代拉晚，古本《洪範》不可能成書於戰國。我把本文所論《洪範》不是戰國時代成書的證據大致歸納如下：

（1）《左傳》三次引述《洪範》，稱為《商書》，可見《左傳》確實將《洪範》當作商代末年的書。其書除了開頭部分有關箕子和周武王的開場白外（那是交代《洪範》開始流傳的背景），確應是在商代已經成書了。另參看《全祖望集彙校彙注》〔註167〕之《經史答問》卷二。《說文解字》有六個字的解釋引述了《洪範》，其中四次稱為《商書》，兩次稱為《尚書》。以《說文》通例，凡是引用《尚書》各篇皆帶有時代名稱諸如《虞書》、《夏書》、《商書》、《周書》，還有《逸周書》，沒有稱為《尚書》的，因此那兩次的《尚書》還是要讀為《商書》。參看劉起釪《古史續辨》313頁。劉先生此書313頁還說：《漢書·儒林

〔註165〕關於劉向校書的詳細情況，參看鄧駿捷《劉向校書考論》，人民出版社，2012年。
〔註166〕劉向編撰《戰國策》時參考的版本沒能參考馬王堆帛書本的《戰國縱橫家書》，因為此本已經埋入墳墓中了。而《戰國縱橫家書》正是一部分《戰國策》的抄本。如果劉向當年看到，就是第七種版本。可見當初劉向列舉的六種版本，都分別只是一部分抄本，劉向將各種抄本綜合而成今本的《戰國策》，厥功甚偉。當代發現的郭店楚簡本的《老子》被公認為是一種摘抄本，並非古本《老子》全貌。現存的先秦古籍在當時往往是以摘抄本的形式流傳。余嘉錫先生《古書通例》已經論述過。
〔註167〕上海古籍出版社，2008年。1883頁。

傳》「把《洪範》列在《商書‧微子》之前，顯然也認為是《商書》。」這個觀察是承襲了皮錫瑞《今文尚書考證》的觀點，是有見地的。

（2）據《左傳》，最早在公元前 622 年北方的人們已經熟悉《洪範》，並在當時人物的語言中引用了《洪範》。因此，《洪範》斷不可能成書於戰國，只能成書於西周以前。

（3）《洪範》稱：「惟十有三祀，王訪于箕子。」其中用「祀」，而不用「年」，這正是商朝的紀年用字，與甲骨文文例相合，斷不可能出於春秋之後的偽造。可見在《洪範》傳到周武王的年代，周武王雖然克殷，但還是沿用商朝的紀年字「祀」，並沒有改用「年」字。直到周成王七年才改元用「年」不用「祀」。這說明《洪範》成書於周朝用「年」來紀年以前。據夏商周斷代工程的研究結果，周成王七年當是公元前 1036 年。怎麼可能晚至戰國？王夫之《尚書稗疏》〔註168〕129 頁「十有三祀」條、顧頡剛、劉起釪《尚書校釋譯論》〔註169〕第三冊 1143～1144 頁對此有詳細的討論。曾侯乙墓出土的楚惠王為曾侯乙所作的鎛有銘文稱：「隹王五十又六祀。」楚系金文也用「祀」不用「年」，則楚惠王以前的楚國應該用過殷曆〔註170〕。

〔註168〕 見王夫之《尚書稗疏、尚書引義》，嶽麓書社，2011 年版。

〔註169〕 中華書局，2010 年版。

〔註170〕 這條材料很重要，因為楚系青銅器銘文的一般格式是「隹」之後往往接某「月」（作「正月」居多），而不是「年」或「祀」。參看劉彬徽等《楚系金文匯編》（湖北教育出版社，2009 年）。但此書 392 頁著錄《曾姬無卹壺》的銘文稱：「隹王二十又六年」。又用「年」字。郭沫若《兩周金文辭大系考釋》（《郭沫若全集‧考古編》8：新 358 頁）以為是楚惠王 26 年。劉節《壽縣所出楚器考釋》（收入劉節《古史考存》，人民出版社，1958 年版）考定為楚宣王 26 年，此說為學術界認可（參看李家浩《從曾姬無卹壺銘文談楚滅曾的年代》，見《文史》第 33 輯，中華書局；劉彬徽《楚系青銅器研究》341～343 頁，湖北教育出版社，1996 年版）。楚宣王 26 年為公元前 344 年。楚惠王 56 年為公元前 433 年。二者相距 89 年。莫非這期間楚國紀年從殷曆改用周曆？楚國紀年比較複雜，還有很多用「歲」字，且用某大事發生之歲來紀年，這種紀年是楚國特有的曆法，稱「荊曆」，與殷曆、周曆都不同。學者相關研究很多，參看朱曉雪《包山楚簡綜述》（福建人民出版社，2013 年）第四章《相關問題研究》第一節《紀時》所綜述各家說；王勝利《試論楚國曆法的創新工作》（見《江漢論壇》，2007 年第 8 期）。但學者通過對《包山楚簡》的研究確認戰國中後期確實用過殷曆。關於《曾姬無卹壺銘文》的考釋，重要的文獻還有黃德寬《曾姬無卹壺銘文新釋（見《古文字研究》第 23 輯，中華書局）；房鄭《曾姬無卹壺的銘文集釋》（見《淮南師範學院學報》，2014 年第 1 期）對關於《曾姬無卹壺銘文》的各家考釋做了綜述。

（4）《周禮》至少成立於戰國中前期以前，已經將《洪範》作為經典來引述，因此《洪範》絕不可能成書於戰國。

（5）西周中期金文《盠方尊》、《五衛祀鼎》「司工（空）、司徒、司馬」並列為三卿，沒有「司寇」，與《洪範》「八政」文例不合，這是因為《洪範》是商代文獻，其文例自然與西周中期金文《盠方尊》、《五衛祀鼎》不合。這是很正常的現象。而且《洪範》的「八政」是八件大事並舉，並沒有刻意將「司工、司徒、司寇」作為三卿來對舉。所以西周金文《盠方尊》、《五衛祀鼎》與《洪範》的文例沒有可比性。因此，不能據此懷疑《洪範》成書於西周初年以前。

（6）戰國時代諸子依託遠古聖賢編撰的書在戰國時代都是作為諸子書流傳，絕不被先秦儒家奉為經典。戰國時代的儒家從不把這些書當作《尚書》中的經典來看。而編入《尚書》的經典都是周王室的官書〔註171〕，有正宗的來源，不會出於諸子之手。這是先秦文化的一大規律。

（7）今本《洪範》出現作為語氣詞的「嗚呼」，這樣的字形是西漢中後期以後才有的，相應的戰國時代北方文字系統作「烏嘑」。即作「烏嘑」的《洪範》是抄寫於戰國時代北方文字系統的版本；《史記·宋微子世家》作「於乎（虖）」是根據先秦楚文字抄本的古文《尚書》，與古文經《毛詩》吻合，為春秋末期以降的楚系文字的《洪範》抄本。但楚文字系統本《洪範》也不能早至西周，因為西周金文是作「烏虖」，與楚系文字的「於虖」在字形上大不相同。從「於」字產生之日起，「於」和「烏」就從不相混，雖然「於」是從「烏」簡化而來。「烏」在金文中的簡體字也多少帶有「鳥」的形體特徵，與「於」在字形上不混，也不容易發生傳抄之誤。再加上，原本《洪範》必是北方系統的文獻，不可能最初就誕生於楚文字系統，因此，戰國時代北方文字系統的「烏嘑」和春秋末期以來楚文字系統的「於虖」肯定是共同來源於西周以前的原本《洪範》「烏虖」，絕不可能成書於戰國。

（8）裘錫圭《癲公盨銘文考釋》〔註172〕注意到西周中期後段的《癲公盨》和《洪範》語詞和思想的關係密切。例如這件青銅器有「好德」一語，而在《尚書》各篇中只有《洪範》出現了三次「好德」一語〔註173〕，其餘各篇

〔註171〕周王室的官書還有很多沒有編入《尚書》，後來被彙編成《逸周書》，此書價值巨大。

〔註172〕收入《裘錫圭學術文集》3《金文及其他古文字卷》，復旦大學出版社，2012年。

〔註173〕不過，在上古文獻中，「好德」還見於《毛詩》和《論語》，但不見於《左傳》。

皆無。於此可見二者的關係。李學勤《論𣄴公盨及其重要意義》〔註174〕三《與傳世文獻的關係》指出此器銘文中的禹作民父母（銘文「成父母」）與《洪範》「天子作民父母」正好對應〔註175〕。因此，《洪範》應該是產生於商代，流傳於西周初期，這是完全可能的。今本《洪範》如果是戰國時代成書的，怎麼會與西周金文如此吻合？

（9）《洪範》中明顯的「五行」思想（金木水火土）絕不能作為《洪範》產生於戰國時代的證據。因為這樣的「五行」思想產生得很早，在春秋以前就廣泛流行，不可能晚至戰國時代才出現。「五行」觀念起源於商代以前是完全可能的。劉起釪《釋〈尚書‧甘誓〉的「五行」與「三王」》〔註176〕、《〈洪範〉這篇統治大法的形成過程》〔註177〕、《五行原始意義及其分歧蛻變大要》〔註178〕指出遠古時代金木水火土的「五行」觀念是來源於「五星」的觀念，

〔註174〕收入李學勤《中國古代文明研究》，華東師範大學出版社，2005年。

〔註175〕只是李學勤先生此文對此銘文與《洪範》的關係強調得沒有裘錫圭先生那麼充分。關於《𣄴公盨》銘文考釋的資料彙編參看周寶宏《近出西周金文集釋》，天津古籍出版社，2005年。

〔註176〕趙光賢《新五行說商榷》（收入趙光賢《古史考辨》，北京師範大學出版社，1987年。）反對劉起釪此文的觀點，列舉三證論證今文《尚書》的《甘誓》是春秋戰國之際的文獻，支持劉節之說，不可能產生於殷周之際。見其書32頁。我們認為趙光賢先生的三條證據不能成立。遠古文獻在流傳過程中發生一些細節上的流變是正常的，不能據此將古文獻的產生年代過於拉後。如果《甘誓》是春秋戰國之際產生，孔子就不可能見到，也不可能編入《尚書》。而且《甘誓》是今文《尚書》，是公認的真本《尚書》，絕不可能產生於春秋戰國之際。商代人將《甘誓》原本的「後」改稱「王」，這是很有可能的，只是依據商代最高統治者的稱號作為慣例而已。《甘誓》中的「六卿」未必起源很晚，在西周肯定有的，而西周也是承襲了商代的制度，商代以前有六卿之制未必不可能，只是名稱不一定叫「六卿」，但有相當於周代「六卿」的職官。《尚書‧甘誓》稱：「大戰於甘，乃召六卿。」考《墨子‧明鬼下》引《禹誓》：「大戰於甘，王乃命左右六人。」《甘誓》在《墨子》稱為《禹誓》，必是春秋以前的真本《甘誓》，稱「王乃命左右六人」，加上《甘誓》下文緊接著有王對「六事之人」發出指示，於是孔子在編校《尚書》時，將「左右六人」依據周制改為「六卿」。在夏代早期，「六卿」可能稱為「六事」。孔子這樣改動當然是有根據的，包含有孔子對《尚書》的詮釋，不能據此認為今本《甘誓》有「六卿」，就判定其為春秋以後的文獻，這就太主觀了。墨家所傳的《尚書》和儒家所傳的《尚書》確實有文本上的不同，儒家的《尚書》經過孔子編校，有一些流變，這無關宏旨，孔子只是想讓《尚書》更加清晰容易理解，所以做了一些訓改，猶如《左傳》、《國語》、《史記》訓改《尚書》一樣，與《尚書》的真偽無關。

〔註177〕都收入劉起釪《古史續辨》，中國社會科學出版社，1997年版。

〔註178〕收入劉起釪《尚書研究要論》，齊魯書社，2007年。

「五星」觀念起源應該早於「二十八宿」的觀念，這是驚人的發現，應該是正確的。而「二十八宿」觀念的起源至少在殷商周初以前〔註179〕。因此，不能依據《洪範》中有「五行」思想就斷定其成立於戰國。

（10）劉起釪《〈洪範〉這篇統治大法的形成過程》〔註180〕、李學勤《帛書〈五行〉與〈尚書‧洪範〉》〔註181〕和《叔多父盤與〈洪範〉》〔註182〕都指出西周晚期的《叔多父盤》的銘文中的「利于辟王、卿士、師尹」可以比對《洪範》的「王省唯歲，卿士唯月，師尹唯日」。並由此推斷《洪範》為西周以前的作品是完全可能的，其說不可不信。「師尹」的「師」訓「眾」，言「眾尹」。金文和《洪範》的「師尹」相當於甲骨文中的「多尹」〔註183〕。《洪範》可與西周金文相對應，因此不可能是戰國時代才產生的文獻。

（11）劉節《洪範疏證》、屈萬里《尚書集釋》和《尚書釋義》關於《洪範》成立於戰國時代的各種證據都被徐復觀《陰陽五行及其有關文獻的研究》〔註184〕和劉起釪《〈洪範〉這篇統治大法的形成過程》〔註185〕全面擊破，無一能站立得住。因此，《洪範》成立於戰國的觀點已經得不到任何證據的支撐。因此，《洪範》成書於戰國說不可信。

（12）《洪範》曰：「王乃言曰：嗚呼！箕子。惟天陰騭下民。」其中的「陰騭」一詞在先秦文獻中僅此一見，也不見於出土的任何先秦文獻。凡是後代偽造必有根據，且容易帶上語言文字的時代印跡。「陰騭」一詞頗為奇詭，訓詁學家至今沒有定論。因此必為商末周初特有語言的遺留，春秋以降是偽造不來的。可對應《史記‧宋微子世家》武王曰：「於乎！維天陰定下民。」則司馬遷釋「陰騭」為「陰定」。

（13）《洪範》：「鯀則殛死。」考《禮記‧祭法》：「鯀鄣鴻水而殛死。」《祭法》此文明顯是引述《洪範》。可知戰國時代的儒家文獻《祭法》已經非

〔註179〕參看劉起釪《古史續辨》200頁，中國社會科學出版社，1997年版。

〔註180〕收入劉起釪《古史續辨》，中國社會科學出版社，1997年版。

〔註181〕收入李學勤《簡帛佚籍與學術史》，江西教育出版社，2001年。

〔註182〕收入李學勤《中國古代文明研究》，華東師範大學出版社，2005年。

〔註183〕參看孟世凱《甲骨學辭典》263頁「多尹」條，上海人民出版社，2009年；姚孝遂等《殷墟甲骨刻辭類纂》353頁「多尹」條所引甲骨文各例，中華書局，1998年版。

〔註184〕收入徐復觀《中國思想史論集續篇》，上海書店出版社，2005年版；又見徐復觀《中國人性論史‧先秦篇》451～516頁，上海三聯書店，2001年。

〔註185〕都收入劉起釪《古史續辨》，中國社會科學出版社，1997年版。

常熟悉《洪範》,並且當做經典來引述。所以,《洪範》不可能是戰國時代的產生的文獻。

　　(14)《洪範》:「睿作聖。」考《國語‧楚語上》楚國左史倚相對申公子亹說:「謂之睿聖武公。」韋昭注引《書》:「睿作聖。」〔註186〕同篇又曰:「子實不睿聖。」可見東漢大學者韋昭認為《國語》此言是出自《洪範》,而《楚語》是春秋時代的文獻。春秋時代的楚國大臣倚相很熟悉《洪範》,可以自由引述,因此《洪範》肯定在春秋之前早已經成立。

　　(15)《左傳‧昭公十二年》:「王出,復語。左史倚相趨過。王曰『是良史也,子善視之。是能讀《三墳》、《五典》、《八索》、《九丘》(注:皆古書名。索,本又作素)』。對曰『臣嘗問焉。昔穆王欲肆其心周行,天下將皆必有車轍馬跡焉。祭公謀父作《祈招》之詩以止王心』。」昭公十二年是公元前530年,楚國左史倚相能夠背誦西周前期周穆王時代的大臣祭公謀父所作的《祈招》之詩。可見西周中前期的文獻到了春秋後期還是存在的,並且為文人官員所知悉。而且根據這段文獻,可知對春秋時代的人們來說已經是遠古文獻的《三墳》、《五典》〔註187〕、《八索》、《九丘》還存在。如果這些書當時都消失了,那麼楚靈王怎麼會用「能讀」二字呢?更考《周禮‧外史》:「掌書外令(鄭玄注:王令下畿外),掌四方之志(鄭玄注:志,記也。謂若魯之春秋、晉之乘、楚之檮杌),掌三皇五帝之書(鄭玄注:楚靈王所謂三墳五典)」《周禮》至少成立於戰國中期以前,當時還存有「三皇五帝之書」。可見商代以前的文獻到了戰國中期都還存在一些(當然也應該是經過了歷代的傳抄而發生流變)。《莊子‧天下》:「其明而在數度者,舊法世傳之史,尚多有之。」後來西漢的司馬遷撰《五帝本紀》一定是根據戰國時代還保留了的「五帝之書」,難道司馬遷會憑空杜撰《五帝本紀》的內容嗎?近代大儒劉申叔《國學發微》(一)〔註188〕稱六藝之學皆起源於唐堯虞舜時代,並非濫觴於周公,頗近情理。因此,我們從文化史的角度看,也絕不能懷疑《洪範》成書於商代。當然,其書在西周春秋的傳抄中也可能混入了稍後一些的東西,誠如劉起釪先生所言,這些流變不能否定《洪範》產生於商代。另外要注意的是,在整部《史記》中,引述《洪範》最多的是《宋微子

〔註186〕參看徐元誥《國語集解》(修訂本),中華書局點校本,2015年版。王樹民、沈長雲點校。502頁。

〔註187〕「五帝」之書稱「典」,所以《尚書》有《堯典》、《舜典》。《說文》:「典,五帝之書也。從冊在丌上,尊閣之也。莊都說:典,大冊也」。

〔註188〕收入《儀徵劉申叔遺書》4,廣陵書社,2014年。參看1385～1386頁。

世家》，大概率是因為西周春秋的宋國本來就是商朝的後代，宋國的歷代君臣都熟悉作為《商書》之一的《洪範》，所以稱道《洪範》的地方很多。

最後，我們把本文從「於乎」這個特徵詞的角度來考辨相關典籍年代的結論大致歸納如下：

（1）一向被認為是齊魯文獻的孔壁中書很多應是春秋戰國時代的楚文字版本（當然不是全部），如古文《孝經》等，尤其是其中的古文《尚書》〔註189〕。

（2）在西晉發掘於魏襄王墓的《穆天子傳》是用春秋戰國時代的楚文字寫成的。其書埋藏於戰國的魏襄王墓，不等於就成書於魏國（或三晉文字圈）。晉朝的《列子‧周穆王》引述剛出土的《穆天子傳》就作「於乎（虖）」，可見這是《穆天子傳》的原文如此，其「於乎（虖）」字樣不會是後來傳抄所改的流變。魏襄王墓雖然不屬於楚地，不入戰國時代的楚文化範圍，但其中的《穆天子傳》完全可能從楚地傳入。

（3）今本《荀子》某些篇最後寫定於戰國的楚地，因此用了戰國楚文字系統的「於乎（虖）」。《荀子》中凡是有「於乎（虖）」的各篇都是最後寫定於戰國楚地。這樣的篇目至少有《仲尼》和《王霸》兩篇。廖名春先生《〈荀子〉各篇寫作年代考》〔註190〕稱：「《王霸》篇又說『欲得調壹天下，制秦、楚，則莫若聰明君子矣。』由『制秦、楚』說，可知它不可能寫於秦，也不可能是

〔註189〕李學勤先生《郭店楚簡與儒家經籍》（見《中國哲學》第二十輯，遼寧教育出版社，1999年。見原書第21頁。後收入李學勤《重寫學術史》，河北教育出版社，2002年）提到：「孔壁在曲阜，曲阜原為魯都。魯國在公元前二五六年已被楚國吞併，因而曲阜屢有戰國晚年的楚國文物出土。孔家壁藏的竹簡書籍，很可能是用楚文字書寫的，從孔壁流傳的古文和郭店簡類似是自然的」。在2002年，李學勤先生又在《論孔子壁中書的文字類型》（收入《李學勤講中國文明》第六章第十一，東方出版社，2008年；原發表於《山東師範大學學報》，《齊魯文化研究》第1輯，2002年）指出孔壁書中的有些文字是楚系文字（尤其是晚期文獻），而不是齊魯文字（齊魯文字在孔壁書中是早期文獻）。李學勤先生舉的例子是：1. 郭店楚簡中「道」寫作「衙」，與《汗簡》等所引古《尚書》一致；2. 魏石經《尚書‧多士》中「逸」字所從的「兔」字形與上博楚簡《性情論》中的「逸」所從的「兔」字形相同。因此，李學勤先生認為在公元前256或257年楚國滅亡魯國後，楚系文字或楚文字寫成的經典開始流行於魯國。從而使得孔壁書中的某些晚期的文獻屬於春秋戰國的楚文字系統。我認為通過對區別特徵詞「於虖」的研究，可以進一步證實李學勤先生的意見是正確的。另外，李學勤關於「衙」字的研究還可參看李學勤《說郭店簡「道」字》（收入李學勤《重寫學術史》，河北教育出版社，2002年）。

〔註190〕收入廖名春《中國學術新證》，四川大學出版社，2001年。見536～537頁。

荀子任楚蘭陵令以後之作。整個《王霸》篇，言齊事居多，帶有很強的總結齊閔王敗亡的意味。因此，該篇當是荀子公元前 279 年以後重返稷下之作，其下限不得晚於公元前公元前 255 年。」廖名春先生說的是《王霸》篇的寫作年代，但是今本《王霸》篇由於有楚文字的特徵，所以應該是最終抄寫於楚地蘭陵，最終抄寫者可能是楚人。我們的觀點與廖名春先生並無矛盾。還有一旁證。《荀子·富國》稱：「刺屮殖穀。」又：「辟之若屮木。」其中的「屮」皆用作「草」字。而郭店楚簡《六德》12 號簡的「屮」字正是用作「草」，與《荀子·富國》的用字法正好相合。因此，《富國》篇寫成於楚地的可能性很大。

（4）由於戰國時代的《中庸》〔註 191〕和《荀子》引述的《毛詩》都是作「於乎（虖）」，因此可知最初的古本《毛詩》就已經是作「於乎（虖）」，不會是戰國時代人抄寫造成的流變。《毛詩》應該是誕生於春秋末期至戰國的楚文字系統。齊魯韓三家詩則屬於北方文字系統。

（5）今本《尚書》各篇和《論語》都作「嗚呼」，根據古本異文和古文字數據重構其原文應作「烏嘑」（《漢書·五行志》就作「烏嘑」），這是戰國時代的北方文字系統；《史記·宋微子世家》引述的古文《尚書》作「於乎（虖）」，則是屬於春秋戰國時代的楚文字系統。《漢書·孔光傳》朱博等陷害孔光，詔書有曰「於虖」。顏師古注：「於讀曰烏。」足見《漢書》原文就是作「於」，不是作「烏」，這是承襲了先秦楚文字的用法。今本的《尚書》和《論語》都抄寫於戰國時代的北方地區。

（6）戰國時代成書的《坊記》引述了古文《尚書·君陳》篇有「於乎（虖）」字樣，且戰國時代的楚簡本（包括郭店楚簡本和上博館藏楚竹書本）《緇衣》引述到了《君陳》，因此可以推斷《君陳》成書於春秋時代以前。古文《尚書·君陳》至少是抄寫於春秋末至戰國初的楚文字系統。今本《君陳》作「嗚呼」則表明今本是抄寫於戰國時代的北方文字系統。今文派經學家認定《君陳》是偽書，這是毫無根據的，因為當代出土的戰國楚系文獻上博簡和郭店簡的《緇衣》已經引述到了《君陳》，且與今本吻合〔註 192〕。

（7）《逸周書》中出現「嗚呼」的《酆保》篇、《寶典》篇、《皇門》篇、《小開》等等數十篇應當皆是戰國時代北方文字系統的抄寫本，其成書很可能

〔註 191〕 《中庸》為子思所作，遠在《孟子》之前。

〔註 192〕 參看林誌強《古本〈尚書〉文字研究》（中山大學出版社，2009 年）第六章《古本〈尚書〉的綜合研究》71 頁和 75 頁。虞萬里《上博館藏楚竹書〈緇衣〉綜合研究》（武漢大學出版社，2009 年）第八章 374～377 頁。

在春秋以前。戰國時代人所稱的「周書」都是指成書於西周和春秋的書，戰國時代成立的書在當時並不稱為「周書」。這還可以有進一步的證明。A. 考《戰國策・秦策一》〔註193〕第十一章《田莘之為陳軫說秦惠王》：「荀息曰：《周書》有言『美女破舌〔註194〕』。……荀息曰：《周書》有言『美男破老』。」此文所引《周書》之言見於《逸周書・武稱》篇，則《武稱》篇必成於西周，因為春秋時代晉國的荀息死於公元前 651 年，荀息生前早已熟悉《武稱》，因此《武稱》篇必定在荀息之前就早已廣泛流傳，其成文必在西周。B.《戰國策・魏策一》第一章《知伯索地於魏桓子》：「《周書》曰：將欲敗之，必姑輔之；將欲取之，必姑與之。」王應麟《困學紀聞》卷二：「任章引曰《周書》云云，此豈蘇秦所讀《周書》、《陰符》者歟？老氏之言出於此。朱子曰『老子為柱下史，故見此書』。」任章是春秋末期人，他已經熟悉《周書》，而《周書》此言又見於《老子》三十六章，馬王堆帛書甲乙本略同。是知《老子》此言也是根據《周書》，則此《周書》必出於春秋以前（不見於今本《逸周書》），很可能可能成立於西周。C.《戰國策・魏策一》第十章《蘇子為趙合從說魏王》蘇秦稱：「《周書》曰：綿綿不絕，縵縵奈何；毫毛不拔，將成斧柯』。」所引《周書》此文見於《逸周書・和寤》篇，則《和寤》篇必成立於春秋以前，很可能是西周文獻。D.《戰國策・魏策三》第三章魏國的須賈對秦國的穰侯說：「《周書》曰：維命不於常。」此《周書》當是《康誥》，已為魏國外交官須賈所熟知。則《康誥》必為春秋以前的文獻。更考《國語・晉語九》春秋晚期晉國的智伯國對智襄子說：「《周書》有之曰『怨不在大，亦不在小』。」《周書》此文在《康誥》。《左傳》多次引用《康誥》，稱為《周書》。如《左傳・僖公二十三年》：「卜偃稱疾不出，曰《周書》有之『乃大明服』。」杜注：「《周書・康誥》言君能大明，則民服。」此為公元前 637 年。《左傳・宣公六年》：「《周書》曰『殪戎殷』。」杜注：「《周書・康誥》也。義取周武王以兵伐殷，盡滅之。」此為公元前 603 年。則至少在公元前 637 年以前，《康誥》已經廣為人知。因此《康誥》完全可能成立於西周。類例頗多。事實上，春秋戰國時代的人眼中的《周書》基本上都是西周時代的王室官方文獻。《尚書》中只有《秦誓》是秦穆公時代的文獻，恐為孔子所編入。孔子編輯《尚書》有時不完全按照春秋時人的觀念，如春秋戰國時代普遍將《洪範》當作《商書》，而孔子將《洪範》編入

〔註193〕《戰國策》之文本皆依據何建章《戰國策注釋》（中華書局，1996 年版）。
〔註194〕依據王念孫《讀書雜志》之說，「舌」為「后」之誤。

《周書》。《秦誓》在春秋並不被人們視為《周書》，而孔子因為讚美秦穆公從而將《秦誓》編入《周書》〔註195〕。戰國時代的人們絕不將當時成立的文獻稱為《周書》。戰國時代的學者託古著述的風氣很盛，但似乎沒有託名《周書》來著書的。近人疑古太過，容易導致文化虛無主義。

（8）西周金文《夨方尊》、《五衛祀鼎》「司工（空）、司徒、司馬」並列為三卿，沒有「司寇」，而《尚書》的《立政》、《牧誓》、《梓材》是以「司徒、司馬、司空」三者並舉，不及「司寇」，與西周中期金文《夨方尊》、《五衛祀鼎》合，因此《尚書》中的《立政》、《牧誓》、《梓材》得到古文字學的證明，當是成立於西周。

王國維《觀堂集林》卷七《戰國時秦用籀文六國用古文說》主張將戰國文字分為東西兩系。學術界多從其說，故而不甚言及戰國文字也分南北兩系。本文的研究希望可以引起學術界對南北文字異同的重視。

以上所言也是本文的重要結論。我們最後特別強調的是司馬遷讀到的《尚書》有楚系文字的特徵。

〔註195〕 參看《春秋公羊傳·文公十二年》。考《禮記·大學》引用《秦誓》，與今本《秦誓》吻合，表明今本《秦誓》確實是春秋文獻。又，春秋戰國時代時代的儒家學派引用《尚書》多稱篇名或《書》，而不是用《虞書》、《夏書》、《商書》、《周書》這樣的形式。其餘各家如《左傳》、《國語》、《戰國策》、《呂氏春秋》等引用《尚書》多稱《虞書》、《夏書》、《商書》、《周書》。

《尚書・泰誓》「亂臣十人」新考

提要：

　　《尚書・泰誓》的「亂臣十人」的「十」是「七」的錯字。「亂」不當訓「治」，而應讀為「諫」。

關鍵詞：《尚書》　亂　十　七　諫

　　《尚書・泰誓》：「武王曰『予有亂臣十人』。」《論語・泰伯》：「舜有五人而天下治。武王曰『予有亂臣十人』。」《左傳・昭公二十四年》引《大誓》曰：「紂有億兆夷人，亦有離德，余有亂臣十人，同心同德。」《左傳・襄公二十八年》：「叔孫穆子曰：必得之。武王有亂臣十人，崔杼其有乎？不十人，不足以葬。」舊注均訓亂為治〔註1〕。今按：《泰誓》這句話有兩個問題需要考證。

一、「十人」當是「七人」之誤

　　亂臣十人當是亂臣七人之訛。『十』與『七』古文之形極似，在古書流傳中容易相訛。據劉釗主編《新甲骨文編》（增訂本）〔註2〕800頁，「七」字在甲骨文中作以下之形：

〔註1〕另參看《故訓匯纂》（商務印書館，2004年版）「亂」字條，證據眾多。甚至連《說文》都稱：「亂，治也。」只是段玉裁注改原文的「治」為「不治」。
〔註2〕劉釗主編《新甲骨文編》增訂本，福建人民出版社，2014年。

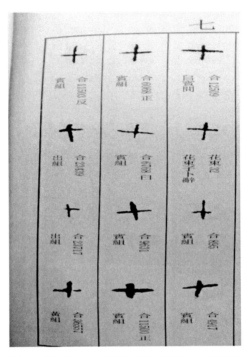

但甲骨文中的「七」與「十」字形區分明顯，不可能相混。

據董蓮池《新金文編》〔註3〕2038～2039頁，在金文中「七」字作以下之形〔註4〕：

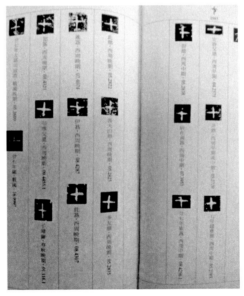

〔註 3〕董蓮池《新金文編》，作家出版社，2011年。

〔註 4〕另參看容庚《金文編》949頁。中華書局，1998版年。

　　西周金文的「十」字承襲甲骨文的寫法，沒有明顯變化，不會與「七」相混〔註5〕。但春秋中晚期以降的金文「十」的字形有的變得與「七」有容易相混的跡象。據董蓮池同書243頁「十」在金文中作以下諸形：

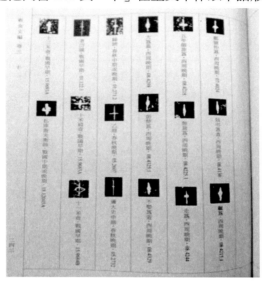

　　尤其是春秋晚期的《乙鼎》、戰國的《平宮鼎》、戰國晚期的《杜虎符》〔註6〕。其中的春秋中晚期以後金文中「十」和「七」的字形區別在於「十」字中間一豎長而橫畫短，「七」字的橫畫長而中間一豎斷。另可參考湯餘惠主編《戰國文字編》（修訂本）〔註7〕132頁的「十」字形和957頁的「七」字形；何琳儀《戰國古文字典》〔註8〕1375～1377頁「十」字條和1098頁「七」字條。李守奎《楚文字編》〔註9〕137頁「十」字條和834頁「七」字條；但在簡帛抄錄過程中，這樣的區別是很容易被搞混的。所以在戰國時代的傳抄文獻中，就可能出現「七」與「十」相訛的情況。這樣的訛誤應該發生在戰國或秦西漢時代。「七」和「十」在秦西漢文字中仍然很近似，容易相混。參看王輝《秦文字編》〔註10〕第一冊325頁～337頁；第四冊2023頁～2028頁；方勇《秦簡牘文字編》〔註11〕58～59頁的「十」字條和407～408頁的「七」字條，

〔註5〕金文中的「七」字與「甲」字在字形上倒是非常容易相混。
〔註6〕參看董蓮池《新金文編》，作家出版社，2011年，頁244。
〔註7〕湯餘惠《戰國文字編》（修訂本）福建人民出版社，2015年。
〔註8〕何琳儀《戰國古文字典》，中華書局，2007年版。
〔註9〕華東師範大學出版社，2003年。
〔註10〕中華書局，2015年。
〔註11〕方勇《秦簡牘文字編》，福建人民出版社，2012年。

以及陳松長《馬王堆簡帛文字編》〔註12〕的「七」字條和「十」字條。在《居延新簡》，「七」已經寫成「七」形了，那就與「十」不可能相混。因此，「七」與「十」相訛一定發生在西漢中期以前。由於《尚書‧泰誓》和《論語》、古文經的《左傳》都是作「十」，所以我們推斷「七」訛為「十」應該發生在戰國中期以前，而且可能是在齊魯文字中發生了這種訛誤。《論語‧泰伯》何晏《集解》引孔安國曰：「亂，理也。理官者，十人也，謂周公旦、召公奭、太公望、畢公、榮公、太顛、閎夭、散宜生、南宮適也。其餘一人謂文母也。」西漢中前期的孔安國的《論語》注已經是作「十人」〔註13〕。但他強解「十人」之名，則不可信〔註14〕。

在古文獻中也有很多證據可以表明「七」與「十」容易相混：（1）《漢書‧地理志下》：「新豐，驪山在南，故驪戎國。秦曰驪邑。高祖七年置。」《史記‧高祖本紀》作「十年」。王念孫《讀書雜志‧漢書第六》〔註15〕248頁據《史記》稱：「七年當為十年。」（2）《漢書‧五行志》：「宣帝地節四年十月，大司馬霍禹宗族謀反，誅，霍皇后廢。」王念孫《讀書雜志‧漢書第五》243頁：「十月當為七月。」（3）《漢書‧五行志》：「成帝建始三年十月丁未，京師相驚，言大水至。」王念孫《讀書雜志‧漢書第五》244～245頁：「念孫按，十月當為七月，字之誤也。」（4）《管子‧幼官》：「十官飾勝備威，將軍之守也。」王念孫《讀書雜志‧管子第二》420～421頁稱：「十官當為七官。」顏昌嶢《管子校釋》〔註16〕77頁：「按，朱本作七官。」〔註17〕郭沫若《管

〔註12〕陳松長《馬王堆簡帛文字編》，文物出版社，2001年。

〔註13〕要注意的是，三國時代的何晏《論語集解》所引的孔安國說，都是孔安國對《論語》的注釋，不是孔安國的《古文尚書傳》，在何晏時代，學術界還沒有見到過孔安國的《古文尚書傳》。孔傳一直在孔家世代相傳，沒有向學術界公開。三國時代可能只有曹魏的經學大師王肅私下見過其學生孔猛給他看過家傳的孔安國《古文尚書傳》。

〔註14〕例如，孔安國將武王之母也算為武王之臣，太不合理。後人看出這個破綻，於是用武王之妻「邑姜」代替「文母」，也未可信。

〔註15〕王念孫《讀書雜志‧漢書第六》，江蘇古籍出版社，2000年。本文所引《讀書雜志》的版本和頁碼都依據此本。

〔註16〕顏昌嶢《管子校釋》，嶽麓書社，1996年。

〔註17〕另參看黎翔鳳《管子校注》（中華書局，2004年）143～144頁引張佩綸之說。但黎翔鳳此處未提到朱長春本，花齋本、《纂詁》本作「七官」。黎翔鳳《管子校注》雖然自稱參考過郭沫若《管子集校》，但對《管子集校》未能充分利用，數據收集很多地方反而不如《管子集校》。

子集校》〔註18〕引證群書，最為賅博，各家皆作「七」。（5）《管子‧臣乘馬》：「耜鐵之重加七，三耜鐵，一人之籍也。」王念孫《讀書雜志‧管子第十》501～502 頁引王引之的觀點，稱：「七當為十。」（6）《荀子‧大略》：「修六禮，明十教。」楊注：「十或為七也。」《讀書雜志‧荀子第八》740 頁也認為「十教」當作「七教」，且稱：「凡經傳中『七』、『十』二字，互誤者多矣。」〔註19〕（7）《荀子‧正論》：「故天子棺槨十重。」《讀書雜志‧荀子補遺》754 頁王引之曰：「十疑當作七。」〔註20〕王念孫以小字自注：「凡經傳中『七』、『十』二字互訛，不可枚舉。」（8）《管子‧幼官圖》：「十舉時節。」黎翔鳳《管子校注》〔註21〕184 頁據《補注》以「十」為「七」之誤。（9）《國語‧越語上》：「十年不收於國。」〔註22〕而《吳越春秋‧句踐伐吳外傳》作「七年」。（10）王應麟《困學紀聞》〔註23〕卷六：「春秋日食三十六，有甲乙者三十四，歷家推驗精者不過二十六。唐一行得二十七，本朝衛樸得三十五，獨莊十八年三月，古今算不入食法。」清朝閻若璩《潛邱劄記》稱：「若璩按，《春秋》三十六日食，有誤五為三者，莊公十八年、僖公十二年是；有誤三為二者，文公元年是；有誤十為七者，宣公八年是。」（11）《史記‧齊太公世家》：（公子商人）「即與眾十月即墓上弒君舍。」而《左傳》作「七月」。瀧川資言《史記會注考證》稱：「則『十月』當作『七月』。」〔註24〕（12）《漢書‧文三王傳》：「梁共王買立十年薨。」王先謙《漢書補注》〔註25〕宋祁云：「越本十作七。」《補注》引齊召南曰：「按《諸侯王表》作『七年薨』，是也。七、十字相似，傳寫誤耳。買以孝景後元年嗣，以建元五年薨，是七年也。」王先謙按語也贊

〔註18〕郭沫若《管子集校》收入《郭沫若全集‧歷史編》（人民出版社，1984 年）5，頁 200。

〔註19〕另參看王先謙《荀子集解》，中華書局點校本，1988 年，頁 499。

〔註20〕筆者按，古書言天子棺槨七重。考《莊子‧天下》：「古之喪禮，貴賤有儀，上下有等，天子棺槨七重。」

〔註21〕黎翔鳳《管子校注》，中華書局，2004 年。

〔註22〕見徐元誥《國語集解》（修訂本），王樹民等點校本，中華書局，2015 年。571 頁。

〔註23〕見王應麟《困學紀聞》（全校本）中冊，清朝翁元圻等注，欒保群等點校，上海古籍出版社，2008 年。734 頁。

〔註24〕參看瀧川資言《史記會注考證》楊海崢點校整理，上海古籍出版社，2016 年。第四冊，1779 頁。

〔註25〕上海師範大學古籍整理研究所整理，上海古籍出版社，2008 年。第八冊，3622～3623 頁。

成當作「七年」。毛奇齡《古文尚書冤詞》卷四稱：太史公「《自序》又曰『又七年而遭李陵之禍，幽於縲絏，乃始喟然』云云，而班氏作《司馬遷傳》復改七年為十年。以為《史記》多訛十作七，如《律書》七寸為十寸，七分為十分。」〔註26〕（13）《詩經・豳風・七月》：「亟其乘屋。」鄭箋：「七月定星將中。」阮元《校勘記》稱：「閩本、明監本、毛本同。小字本、相臺本，十作七。《考文》古本同。案，十字是也。」〔註27〕何焯《義門讀書記》〔註28〕第七卷《詩經上》稱：「七章『亟其乘屋。』箋云：『七月定星將中』。七作十。按，定星中在小雪時。」日本學者山井鼎撰《七經孟子考文補遺》卷四十：「《七月》『定星將中』，七作十。宋板同。」〔註29〕（14）王懋竑《白田雜著》〔註30〕卷五《讀史漫記》：「王陵謝病不朝，七歲而卒。《漢書》七作十，誤也。七歲則卒於高后之世，若十歲則文帝之立久矣。不應漫不及陵也。七誤作十，與汲黯同。」（15）《史記・汲黯列傳》：「至黯七世。」《史記會注考證》引張文虎曰：「舊刻『七世』作『十世』，與《漢書》合。」〔註31〕另參看張勳燎的長篇論文《「七」「十」考》。〔註32〕以上各證表明在古文獻中，「七」與「十」很容易相訛。

更考（1）《韓詩外傳》卷十曰：「天子有爭臣七人，雖無道不至失天下。」（2）《孝經・諫諍》：「子曰『昔者天子有爭臣七人……』。」鄭玄注：「七人謂三公及左輔、右弼、前疑、後丞。」（3）《楚辭・七諫》王逸《序》：「或曰七諫者，法天子有爭臣七人」。（4）《前漢紀》卷十六：「王曰：天子有爭臣七人，雖無道不失其天下。」（5）《後漢書・劉瑜傳》：「惟陛下設置七臣，以廣諫道。」以上五種古文獻與「亂臣十人」正可比對。據《孝經》、《韓詩外傳》、《楚辭》王逸注，知天子有爭臣七人為古禮，這就證明《尚書・泰誓》、《論語》、《左傳》之『十人』均為『七人』傳寫之誤。

〔註26〕據《四庫全書》本引述。又見黃懷信等校點《古文尚書冤詞》805頁。收入黃懷信等校點《古文尚書疏證》所附，上海古籍出版社，2010年。

〔註27〕見《十三經注疏》394頁，浙江古籍出版社，1998年。

〔註28〕中華書局點校本，1991年版。143頁。

〔註29〕《四庫全書》本。

〔註30〕《四庫全書》本。

〔註31〕見瀧川資言《史記會注考證》4048頁，楊海崢整理，上海古籍出版社，2016年。

〔註32〕收入張勳燎《古文獻論叢》，巴蜀書社，1990年。張勳燎此文考證古文字和古書中「十」與「七」相訛的情形甚為詳博，舉證甚多，值得參考。

今更考古書，知古有「七輔」之說。《古微書》卷 26《論語摘輔象》列舉有黃帝的七輔之名為：風后（受金法。宋均曰：金法，言能決理是非也）、天老（受天籙。宋均曰：籙，天教命也）、五聖（受道級。宋均曰：級，次序也）、知命（受科俗。宋均曰：科，正也）、窺紀（受變復。宋均曰：有禍變能補復也）、地典（受州絡。宋均曰：絡，維絡也）、力墨（受準斥。宋均曰：準斥，凡事也。力墨或作力牧）〔註33〕。

《駢雅》卷三：「風后、天老、五聖、知命、窺紀、地典、力墨，黃帝七輔也。」〔註34〕

《梁書‧武帝紀上》：「二象貞觀，代之者人。是以七輔、四叔，致無為於軒、昊。」〔註35〕《路史》卷十四稱黃帝「命知命科俗、天老錄教、力牧準斥、鵁冶決法、五聖道級、窺紀補闕、地典州絡，七輔得而天地治、神明至」（此處唯獨『風后』作『鵁冶』）。

《太平御覽》卷七引《天文要集》曰：「七公，天之相也。三公，廷尉之象也。上星，上公也。次星，中公也。星明則七輔強」。〔註36〕這裡的七公就是七輔（相與輔同義）。《清容居士集》卷四十四《余孝友命名說》：「邃古命名六相七輔，莫得而詳也」。可見自古相傳黃帝有七輔之說，這與『亂臣七人』、『爭臣七人』完全是同樣的觀念。

「七輔」應該是天子重臣三公四輔的合稱。考《禮記‧文王世子》：「《記》曰虞夏商周，有師保，有疑丞，設四輔及三公。不必備，唯其人。」鄭玄注：「《記》所云，謂天子。」可見天子有四輔三公，合為「七輔」，就是「天子爭臣七人」。這是自虞夏以來就有的古制。《管子‧幼官》：「請四輔。」尹注：「四輔，即三公四輔也，所以助祭行禮。」三公加四輔正好是七人。

〔註33〕亦見《續博物志》卷四。

〔註34〕《說郛》卷 57 陶潛《群輔錄》：「風后受金法（宋均曰：「金法，言能決理是非也。」），天老受天籙（宋均曰：「籙，天教命也。」），五聖受道級（宋均曰：「級，次序也。」），知命受糾俗（宋均曰：「糾，正也。」），窺紀受變復（宋均曰：「有禍變能補復也。」），地典受州絡（宋均曰：「絡，維絡也。」），力墨受準斥（宋均曰：「準斥，凡事也。力墨或作力牧。」）右黃帝七輔……見《論語摘輔象》。」

〔註35〕亦見《冊府元龜》卷 185 所引。

〔註36〕畏友蕭旭兄告訴我：《開元占經》卷 65 引石氏曰：「七公，天之相也。三公，廷尉之象也。上星，上公也。次星，中公也，明則七輔強。」此當是《天文要集》所本。

還有旁證：（1）《論語‧憲問》：「子曰：作者七人矣。」孔子稱「作者七人」而不是八人、九人、十人，這種觀念就是來源於遠古時代的「天子有爭臣七人」。

（2）《左傳‧成公十六年》：「單子語諸大夫曰：溫季其亡乎！位於七人之下而求掩其上（杜注：稱己之伐，掩上功），怨之所聚，亂之本也。多怨而階亂，何以在位？」魯成公十六年是公元前575年，晉侯派郤至獻楚捷於周，郤至與單襄公談話，多次稱揚自己的功績，引起周朝卿士單襄公的反感。單襄公說郤至在晉國的地位在「七人之下」〔註37〕，單襄公說的「七人」雖有特指〔註38〕，但也是採用了「天子有爭臣七人」的故事，可見肯定在西周以前（包括西周）就有了「爭臣七人」或「七輔」的說法。《泰誓》說是周武王語錄，很可能是對的。

（3）《左傳‧襄公二十七年》：「鄭伯享趙孟於垂隴，子展、伯有、子西、子產、子大叔、二子石從。趙孟曰：七子從君，以寵武也。請皆賦以卒君貺，武亦以觀七子之志。」晉國正卿趙武說的「七子從君」當是來源於遠古時代「天子有爭臣七人。」鄭伯帶領這七位鄭國大臣作陪同，來宴請趙武，所以趙武感到榮寵〔註39〕。

（4）《左傳‧成公十八年》：「辛巳，朝於武宮，逐不臣者七人。」《左傳‧哀公十三年》：「且謂魯不共，而執其賤者七人，何損焉？」其中的「不臣者七人」、「賤者七人」都是反用了「爭臣七人」的典故。

（5）《後漢書‧左雄傳》：「褒豔用權，七子黨進，賢愚錯緒，深谷為陵。」李賢注：「七子皆褒姒之親黨，謂：皇甫為卿士，仲允為膳夫，家伯為宰，番為司徒，蹶為趣馬，聚子為內史，楀為師氏也。幽王淫於色，七子皆用。言妻黨盛也。」這也是反用典故，以「七子」為姦臣。

（6）《詩經‧邶風‧凱風》：「爰有寒泉，在浚之下。有子七人，母氏勞苦。睍睆黃鳥，載好其音。有子七人，莫慰母心。」《詩經》的「有子七人」也是出典於「爭臣七人」，母親以為生養七個孩子都能出人頭地，成為「天子

〔註37〕 此事又詳見於《國語‧周語中》。參看徐元誥《國語集解》，中華書局點校本修訂本，2015年版，頁74。

〔註38〕 這七人是誰，可參看楊伯峻《春秋左傳注》，修訂本，中華書局，1990年，頁895。

〔註39〕 參看楊伯峻《春秋左傳注》，修訂本，中華書局，1990年，第三冊，頁1134。

七輔」，結果都不成才〔註40〕。因此，《詩經》的「有子七人」表明「天子有爭臣七人」的故事一定在春秋以前就有了，且早已廣泛流傳。《詩經‧曹風‧鳲鳩》：「鳲鳩在桑，其子七兮。」也是同樣的典故。

（7）東漢末期有建安七子，西晉有竹林七賢，都是根源於「天子有爭臣七人」的典故。延及後代，明朝的文學家有前後七子。

「天子有爭臣七人」的文化傳統還影響了西漢以來的文學。東方朔的《七諫》收入了《楚辭》，《七諫》文前的王逸《序》稱：「或曰《七諫》者，法天子有爭臣七人也。」可見，《七諫》就是根據「天子有爭臣七人」的典故寫成的。西漢前期還有枚乘的《七發》這樣的名篇，其所以用「七」命名，就是出典於「天子有爭臣七人」的古禮。較詳細的歸納有《文心雕龍‧雜文》：「自《七發》以下，作者繼踵，觀枚氏首唱，信獨拔而偉麗矣。及傅毅《七激》，會清要之工；崔駰《七依》，入博雅之巧；張衡《七辨》，結采綿靡；崔瑗《七厲》，植義純正；陳思《七啟》，取美於宏壯；仲宣《七釋》，致辨於事理。自桓麟《七說》以下，左思《七諷》以上，枝附影從，十有餘家。」〔註41〕

《清華大學藏戰國竹書》〔註42〕第一冊中的《耆夜》提到周武王八年，周軍攻破黎國，得勝還朝，周武王在文大室〔註43〕擺宴慶功，慶功宴會上提到六位大臣，以通行字引述如下：畢公高、邵公奭、周公旦、辛公、作策逸、呂尚父（即姜子牙）〔註44〕。也許這六位大臣就是「亂臣七人」中的六位，與孔安國說的十個人有較大出入，如辛公、作策逸就不在孔安國說的「十人」之內〔註45〕。

〔註40〕此詩當以鄭玄箋為確切，毛傳的小序恐非是，與《詩》意不合。

〔註41〕另參看洪興祖《楚辭補注》235 頁的洪興祖注，中華書局點校本，2000 年。

〔註42〕中西書局，2010 年。

〔註43〕周文王的宗廟，裏面有周文王的牌位和畫像。周武王將打勝仗的消息在宗廟報告先君，然後在宗廟慶功。

〔註44〕在《耆夜》中，周武王向大臣敬酒，周公向武王和大臣敬酒。武王、周公、畢公等分別作歌或作祝誦以表明志向，這與《左傳‧襄公二十七年》鄭國的七位大臣在趙武面前賦詩明志十分雷同。有人說《清華簡》是偽造的，我相信《清華簡》是真的。

〔註45〕筆者按，《耆夜》的辛公，整理者引證《韓非子‧說林上》的「辛公甲」為注。我以為「辛公」很可能是就是孔安國說的「榮公」。《國語》中周厲王時代的「榮公」當為周武王時代榮公的後人，榮公如同周公、邵公一樣為世襲爵位。考《國語‧周語上》：「厲王說榮夷公（韋注：說好也榮國名夷謚也）。芮良夫曰（韋注：芮良夫，周大夫芮伯也）：王室其將卑乎？夫榮公好專利而不知大難。」周厲王時代的榮公是姦臣。

　　上古的政治文化以為天子有七位賢臣的觀念當是來源於日月加上五星（金木水火土）的天文觀念，也可能來源於北斗七星的天文觀念。

二、「亂臣」不可訓為「治臣」

　　舊注皆訓「亂」為「治」。《說文解字》「亂」字注稱「亂」所從的「乙」是「治之」的意思。段玉裁《說文解字注》稱「亂」訓「治」為反訓，改《說文》原文為：「亂，不治也。」

　　今按，「亂」訓「治」是本於《爾雅・釋詁》，為西漢學者所遵奉。孔安國釋《尚書》、司馬遷《史記》訓解《尚書》已經如此。《周易・繫辭下》：「亂者，有其治者也。」這裡的「亂」肯定是「治」的反義詞，而不是「治」的同義詞，這可從《繫辭》此處的上下文脈得到證明。《繫辭》稱：「子曰：危者，安其位者也；亡者，保其存者也；亂者，有其治者也。是故君子安而不忘危，存而不忘亡，治而不忘亂，是以身安而國家可保也。」這段的文脈是：危與安對舉，亡與存對舉，亂與治對舉。因此，《繫辭》的「亂」就是混亂，而不可訓「治」。《爾雅》、孔安國、司馬遷訓《尚書》的「亂」為「治」對後世的訓詁學家影響極大。到了宋朝的朱熹，在其《四書集注》中引或曰稱「亂」本作「乿」，而「乿」是「治」的古字，當是形近而誤。如果採取朱熹的注解，那就與反訓毫無關係。但《尚書》中「亂」訓為「治」的地方很多，不可能都發生這樣的訛誤，況且「亂」訓「治」本於《爾雅》，乃是傳自先秦，未可輕疑。朱熹所引之說也不可取。我們認為傳統對於「亂臣」的解釋有一個致命傷：「亂臣」只能分析為偏正結構，而至少在東漢以前的文獻中沒有偏正結構的「治臣」，魏晉以前古文獻中的「治臣」皆是動賓結構，而除此之外的古文獻中的「亂臣」都是作亂之臣，而不是治國之臣。因此，訓「亂臣」為「治臣」得不到古文獻的支持，當不可信。當然我們承認《尚書》中確實有很多「亂」應該訓為「治」，但並不是全部「亂」都要訓「治」。《尚書》各篇本非一時一地一人所作，每篇的語言各具個性，也很正常。

三、「亂」訓為「諫」

　　本文提供一個新的訓詁學解釋：以音韻學言之，「亂」可讀為「諫」。「亂」的上古音是來母元部，「諫」的上古音是見母元部，完全相通。來母與見母相通相諧的材料大致有：1. 果／裸；2. 各／路、洛、略、賂；3. 劍、檢／臉、

斂、襝；4. 柬／闌、瀾；5. 兼／廉；6. 降／隆；7. 京／涼、諒；8. 隔／鬲〔註46〕；9. 履、窶／婁；10. 禁／林；11. 莒／呂〔註47〕；12. 革／勒；13.「轇、膠／蓼、翏」。14. 龔／龍；15. 監／藍、濫；16.「谷」又音「鹿」〔註48〕。17.「羹」又音「郎」〔註49〕。18.「監／覽」。19.「激／敫」。20.「咎／繇」。21.「矜／廩」〔註50〕。22.「綸／侖」。

在民族語言中還發現了 l 可與 k／g 相通轉的現象。如據朝克《滿──通古斯諸語比較研究》〔註51〕頁 134 的論述，在通古斯諸語言中：「毫無疑問，鄂溫克語同其他四種語言的 l 相對應的 g、k 是由 l 演化而來的。」原書舉證甚多，不錄。

因此，在上古漢語中，見母與來母相通是很正常的〔註52〕。因此，「亂」

〔註46〕從通假字系聯的角度來看，「鬲」只能是來母字，例如上古文獻中的「歷山」在《郭店楚墓竹簡‧窮達以時》作「鬲山」，這只能是通假關係。而「歷」字上古音只能是來母，不會是 kl 複聲母。這反過來證明「鬲」的上古音只能是見母，不可能是複聲母。

〔註47〕另外還有「宮／呂」這組諧聲材料。從古文字學來看，「呂」有兩個不同的讀音。張政烺《何尊銘文解釋補遺》（見《張政烺文史論集》頁 456，中華書局，2004 年）說過：「呂字在甲骨文、金文中出現，有兩種方式：一是專名詞，作人名、氏族名、國名、地名，大約音鋁，無本義可尋。一是作為宮、雛等字的聲符，不獨立存在，大約音邑，其義也不詳。」因此，「呂」本身就有來母和見母兩個讀音，這兩個讀音是同源的。

〔註48〕如《史記‧匈奴列傳》《集解》服虔曰：「谷音鹿。」《漢書‧宣帝紀》注引服虔曰：「谷音鹿。」師古曰：「谷，服音是也。」另見《漢書‧霍去病傳》和《常惠傳》的師古注。是用作「谷蠡王」的名號時的專用讀音。

〔註49〕關於「羹」讀「郎」音的問題，宋代學者王觀國《學林》卷六《羹》條已經有比較詳細的討論，且曰：「羹音郎者，自古所呼如此。……凡地名有他音者，字書亦多不載，羹音郎之類是也。」《左傳‧昭公十一年》：「楚子城陳蔡不羹。」《釋文》：「羹舊音郎。」《漢書‧地理志》：「定陵，有東不羹。」師古曰：「羹音郎。其後亦同。」正是根據這些材料，所以《集韻》『羹』字收有「盧當切」。我們可以用通假字系聯法證明『羹』的上古音聲母決不是複輔音 kl。如在古書中『羹』有『更』的異文。《左傳‧昭公十一年》：「楚子城陳蔡不羹。」《釋文》：「羹，《漢書‧地理志》作『更』字。」《爾雅‧釋草》的『盜庚』，《經典釋文》稱：「庚，本又作羹。」「更、庚」二字皆不與來母字發生通假關係和諧聲關係，其上古音聲母必不是複輔音 kl，這就反過來證明與「更、庚」相通假（應是雙聲）的『羹』的上古音聲母不可能是複輔音 kl。

〔註50〕《釋名‧釋宮室》：「廩，矜也。」這顯然是聲訓。

〔註51〕朝克《滿──通古斯諸語比較研究》，民族出版社，1997 年。

〔註52〕詳盡的論述參看龐光華《上古音及相關問題綜合研究》（暨南大學出版社，2015 年）第三章第一節。

讀為「諫」沒有任何音理上的問題。《尚書》的「亂臣」意思是「諫臣」。而上引《韓詩外傳》卷十曰:「天子有爭臣七人,雖無道不至失天下。」《孝經·諫諍》:「子曰『昔者天子有爭臣七人……』。」《楚辭·七諫》王逸《序》:「或曰『七諫者,法天子有爭臣七人』。《孝經》、《韓詩外傳》、《楚辭》王逸注都說「天子有爭臣七人」。東漢緯書《論語摘輔象》更是逐一列舉了黃帝的七輔之名。黃帝的七輔就是天子的爭臣七人。《孔子家語·三恕》:「昔者明王,萬乘之國,有爭臣七人,則主無過舉。」注:「天子有三公四輔,主諫爭,以救其過失也。四輔前曰疑,後曰丞,左曰輔,右曰弼也。」可知古傳天子「爭臣」七人為古禮。這個「爭臣」就是《尚書》、《論語》、《左傳》的「亂臣」,即「諫臣」。「爭」又作「諍」(去聲)〔註53〕,正訓「諫」。《呂氏春秋·功名》:「爭七上之過。」高注:「爭,諫也。」《玉篇》:「爭,諫也。」《孝經·諫諍》唐玄宗注曰:「爭,謂諫也。」邢昺疏:「極諫為爭也。」

更考《廣雅·釋詁》:「諍,諫也。」《說文》:「諍,止也。」正是「諫止」之義〔註54〕。《希麟音義》卷二「達諍」條注引《說文》:「諍,諫止也。」《玉篇》:「諍,諫諍也。」〔註55〕《韻會》:「諍,謂止其時也」。〔註56〕古書還有「諫諍」連言之例。《漢書·王襃傳》:「諫諍即見聽。」

所以,「亂臣」當訓為「諫臣」,是諍臣之義,是能阻止君王錯失之臣。古書多有「諫臣」一語。考《國語》〔註57〕卷七《晉語一》:「有縱君而無諫臣。」《國語》〔註58〕卷十二《晉語六》:「故興王賞諫臣,逸王罰之。」《管子》〔註59〕卷五《八觀》:「敵國強而與國弱,諫臣死而諛臣尊。」《韓非子·十過》〔註60〕:「小學無禮,不用諫臣,則絕世之勢也。」《韓非子·外儲說左下》〔註61〕:

〔註53〕 參看《故訓匯纂》,商務印書館,2004年版,頁1384「爭」第40～47條。

〔註54〕 又見《玉篇》、《廣韻》的「諍」字條。

〔註55〕 又見《廣韻》「諍」字條。

〔註56〕 《說文》:「正,是也。人一,一以止」。乃知正與止同義。《說文》:「諫,證也。」《周禮·司諫》鄭注:「諫,正也。」《玉篇》:「諫,正也。」《廣雅》:「證,諫也。」正與證同。從以上各證知:諍、諫、正、止四字同義,可為互訓,義為「阻止」。

〔註57〕 《國語》,上海古籍出版社,1998年。頁266。

〔註58〕 《國語》,上海古籍出版社,1998年。頁410。

〔註59〕 參看顏昌嶢《管子校釋》,嶽麓書社,1996年,頁128。

〔註60〕 參看陳奇猷《韓非子新校注》,上海古籍出版社,2000年,頁199。

〔註61〕 參看陳奇猷《韓非子新校注》,上海古籍出版社,2000年頁743。又見《新序》卷四《雜事第四》。

「馬犯顏極諫，臣不如東郭牙，請立以為諫臣。」《春秋繁露》卷五《滅國七上》：「內無諫臣，外無諸侯之救。」《孔子家語‧子路初見第十九》：「孔子曰：夫人君而無諫臣則失正。」《前漢紀》卷二十五：「折直士之節，結諫臣之舌。」《越絕書》〔註62〕卷十二《越絕內經九術第十四》：「七曰彊其諫臣，使之自殺。」

「爭臣」一詞廣泛見於古文獻，這裡只舉《荀子‧子道》為例：「昔萬乘之國，有爭臣四人，則封疆不削；千乘之國，有爭臣三人，則社稷不危；百乘之家，有爭臣二人，則宗廟不毀；父有爭子，不行無禮；士有爭友，不為不義。」〔註63〕

本文讀「亂」為「諫」，與「爭、諍」同義。可以解釋《尚書》中的同類語詞。如《尚書‧皋陶謨》：「寬而栗，柔而立，愿而恭，亂而敬，擾而毅，直而溫，簡而廉，剛而塞，強而義。」孔傳：「亂，治也。」《史記》亦然。今按，孔傳與《史記》當非。《尚書》此節都是在描述人的品行德性，不可能單單出現一個與精神品行無關的「治」，因此孔傳不可信。我們認為此處的「亂」也當讀為「諫」，言能「諍諫」而又能「敬」，就是不能因為諍諫而倨傲剛強，也就是《韓非子‧有度》所言：「強諫，臣不謂忠。」

《尚書》中也有用「諫」字的地方，都出現於《尚書》的商代以前的文獻。如《說命》：「后從諫則聖。」又曰：「群臣咸諫于王。」《伊訓》：「從諫弗咈。」《泰誓》：「賊虐諫輔。」《胤征》：「工執藝事以諫。」《尚書》中有這五處用「諫」字。以上各篇都正好屬於《尚書》的《商書》和《夏書》。《泰誓》作於商朝末年，在時代上還屬於商朝，沿用了商朝文化的用詞。因此，「諫」字在商代以前就有了〔註64〕。

另外還有一個思路：《說文》：「𤔎，治也。麼子相亂。讀若亂同。一曰，理也。」段玉裁注「麼子相亂」曰「亂當作爭。」段玉裁接著闡述了一些理由。這真是一個石破天驚的觀點。如果段玉裁注是對的，那麼《尚書》這裡的「亂」

〔註62〕 參看李步嘉《越絕書校釋》，中華書局，2014年，頁321。

〔註63〕 又見《孔子家語‧三恕》。但東漢以後，「爭臣」產生了一個新的意思「相互爭鬥之臣」，如《吳越春秋‧吳越春秋句踐歸國外傳第八》：「今吳君驕、臣奢、民飽、軍勇，外有侵境之敵，內有爭臣之震，其可攻也。」這裡的「爭臣」顯然是貶義詞，不是直言敢諫、阻止君王犯錯的忠臣，這是東漢以後產生的一個後起義。

〔註64〕 本書的第一章和第二章詳細考證了《古文尚書》是先秦的真本文獻，不可能是魏晉人偽造的。

也很可能本來就是「爭」的錯字。其「亂臣」原本就是「爭臣」，這樣「亂臣十人」本來就是「爭臣七人」，意思也是「諫臣七人」。段玉裁說的「爭」形誤為「亂」，可備一說，尚待深考，目前證據不足。

　　總結本文的觀點，《泰誓》「予有亂臣十人」一句經過校勘和訓詁，其意思應該是：我有諫臣七人。但是本文的訓詁並不否認《尚書》中其他地方確有其他的「亂」訓為「治」的現象。

單數第一人稱代詞「吾」的產生時代及相關問題研究
——兼論《易經·中孚》的衍文

提要：

在甲骨文中沒有單數第一人稱代詞「吾」。很多學者依據金文認為人稱代詞的「吾」產生於西周時期。本文對相關的金文資料做了詳細的考辨，辯證了學術界的一些錯誤的觀點。本文經過考證認為第一人稱代詞的「吾」產生於春秋中前期，屬於東部地區的方言用字，並非產生於西周時代。本文還認為今本《尚書·微子》的寫定年代在春秋中前期以後，但其產生則遠在春秋以前，不能因為出現有春秋時代才產生的人稱代詞「吾」，就將其產生的時代拉後。本文強調了在利用語言學的方法考證古文獻的時代性時，要注意該文獻的產生年代和最後的抄寫年代的不同。西周文獻在傳抄的過程中，很有可能會混入春秋戰國時代的語言文字，這樣的現象只能表明該文獻的最後抄寫時代，不能據此判定該文獻的產生年代。本文還列舉七條證據詳細考證辨析了今本《易經·中孚》中的「吾」是後世衍文，不屬於《易經》古本所有，這是對《易經》研究的一大貢獻。

關鍵詞：尚書　吾　易經　西周　春秋

一

在漢語史上，作為第一人稱代詞的「吾」是什麼時代產生的？這個問題曾經引起學術界很大的興趣。我們從這個問題入手還可以考察論定有關經典寫定的年代。

在甲骨文中沒有證據顯示存在作為第一人稱代詞「吾」。據陳夢家《殷虛卜辭綜述》〔註1〕第三章《文法》第四節《代詞》的考察和論述，在甲骨文中的第一人稱代詞只有「余、朕、我」，其中「朕」為單數第一人稱，用作領格：「我」是多數第一人稱，領格，在別處可為主格、賓格，多數。「余」是單數第一人稱，主格，在別處可為賓格。張玉金在《甲骨文語法學》〔註2〕第一章第三節《代詞》中有更為詳密的闡述，與陳夢家的觀點基本相同，認為甲骨文中的第一人稱代詞只有「余、朕、我」，沒有「吾」。〔註3〕

有個別學者認為甲骨文中有讀為「吾」的「魚」，用作第一人稱代詞，明顯證據不足，已為學術界所擯棄。例如管燮初主張在甲骨文中有第一人稱代詞「吾」這個詞，其字從「魚」，讀為「吾」〔註4〕。陳煒湛《甲骨文所見第一人稱代詞辨析》〔註5〕較早批評管燮初之說，略謂：「此字多見於祭祀卜辭，與祭祀有關，或疑祭名，或謂乃用牲之法，但其非魚字，非第一人稱代詞，則可斷言。甲骨文中魚字均象魚形，多用為捕魚之漁。」〔註6〕張玉金《殷墟甲骨文代詞系統》〔註7〕稱：「甲骨文中有『魚』，管燮初（1953）看成代詞，認為即是後世文獻裏的『吾』，所舉的例子只有一個，即『戊寅卜貞：魚侑彡歲自母辛衣』（《前》1.30.4）。這種看法不可信。依據對原拓片的檢查，筆者發現此例中『貞』後的那個字，根本就不是『魚』，而是卜辭中常見的被于省吾（1979）釋為上從『幾』下從『血』的那個字，這個字所記錄的不可能是代詞，通常是祭祀動詞。對於這一點，陳煒湛（1984）早已指出來了，可是有些學者仍然因襲管說的錯誤。」〔註8〕徐中舒主編《甲骨文字典》〔註9〕「魚」字條歸納「魚」在卜辭中的三種含義：1. 水蟲；2. 讀為「漁」；3. 疑為祭名。孟世凱《甲骨學

〔註1〕中華書局，1992年版。96頁。
〔註2〕學林出版社，2001年。
〔註3〕另參看張玉金《20世紀甲骨語言學》第三章二《甲骨文語法的專題研究》2《代詞研究》。學林出版社，2003年。
〔註4〕管燮初之說見其所著《殷虛甲骨刻辭的語法研究》（中國科學院語言研究所語言學專刊），中國科學院出版社，1953年。
〔註5〕見《學術研究》1984年第3期。後收入陳煒湛《甲骨文論集》，上海古籍出版社，2003年。
〔註6〕陳煒湛《甲骨文論集》81頁。
〔註7〕收入張玉金《西周漢語代詞研究》的附錄，中華書局，2006年。
〔註8〕見張玉金《西周漢語代詞研究》369頁。
〔註9〕四川辭書出版社，2006年版。1253～1254頁。

辭典》〔註10〕「魚」字條列舉甲骨文中「魚」字的四種用法：人名、祭名、地名、水生動物。于省吾主編《甲骨文字詁林》〔註11〕「魚」字條所引各家說以及姚孝遂先生的按語都不認為甲骨文中的「魚」有讀為「吾」之例。郭旭東等主編《殷墟甲骨學大辭典》〔註12〕252～253頁「魚」字條認為「魚」在甲骨文中用作動詞「漁」和名詞「魚」，還用做祭祀名、人名、地名。可知以上各書都不認為在卜辭中「魚」可讀為「吾」，不能用作第一人稱代詞。管燮初之說斷不可信，現在的古文字學界已經無人相信甲骨文中有「魚」字讀為第一人稱代詞「吾」的現象〔註13〕。

我們現在可以肯定地說：在商代甲骨文中沒有第一人稱代詞「吾」〔註14〕。因此，在先秦經典中，凡是有「吾」字出現的文獻絕不可能產生於殷商時代，除非有證據表明這個「吾」是後代混入的。

在經典中，《尚書》中列入《商書》的《微子》和《周書》的《泰誓》，雖然前人早已認定《泰誓》是偽書，不是產生於商末周初〔註15〕。但我們現在可以從漢語史的角度進一步確證今本《微子》和《泰誓》不可能是抄寫於商末周初，因為這兩篇中都出現有第一人稱代詞的「吾」。例如：《微子》微子曰：「吾家耄遜于荒。」其中的「吾」顯然是第一人稱代詞的領格用法。這樣的用法與甲骨文不合，應該是後世混入的衍文，時代可能在春秋戰國。《泰誓上》：商紂王「乃曰：吾有民有命。」〔註16〕其中的「吾」也明顯是第一人稱代詞作主語，應該不是古本《泰誓》所有，可能是在春秋戰國時代的傳抄中增補上去的，但是不能據此將《微子》和《泰誓》的產生年代過於拉後。

〔註10〕 上海人民出版社，2009年。527頁。

〔註11〕 中華書局，1996年版。第三冊1745～1747頁。

〔註12〕 中國社會科學出版社，2020年。

〔註13〕 但楊伯峻、何樂士《古代漢語語法及其發展》（修訂本，語文出版社，2001年）100頁還堅持甲骨文中有「魚」作第一人稱代詞的現象，株守管燮初已經過時的觀點，這是不應該的錯誤，未能與時俱進。

〔註14〕 關於甲骨文的第一人稱代詞的最詳細的綜述可參看黃天樹《甲骨文第一人稱代詞綜述》，收入黃天樹《黃天樹甲骨學論集》，中華書局，2020年。此文提及的有關參考文獻甚為詳細。

〔註15〕 《泰誓》是不是偽書，這個問題需要慎重對待，我們已經證明《古文尚書》不是偽書，參看本書《今本〈古文尚書・說命〉非偽書新證》。龐光華《今本〈尚書・說命〉非偽書新證》，見上海社科院主辦《傳統中國研究集刊》第二十二輯，2020年6月。

〔註16〕 根據偽孔傳，此言出自商紂王，不是周武王。

二

　　現在主要討論今本《微子》的抄寫年代。依據屈萬里《尚書異文彙錄》
〔註17〕67頁，《微子》此文中的「吾」在敦煌本、岩崎本、雲窗一本都作「魚」，
必有所據。因為從校勘學上講，將第一人稱代詞的「魚」改為「吾」很正常，
而將「吾」改為「魚」不正常。因此，作「魚」必有先秦古本的根據。不過，
二者確實相通。考《國語·晉語二》：「暇豫之吾吾，不如鳥烏。」韋昭注：「吾
讀如魚。吾吾，不敢自親之貌。」〔註18〕《水經注·濟水》：「魚山，即吾山也。」
《列子·黃帝》：「姬，魚語汝。」張湛注：「魚，當作吾。」朱駿聲《說文通
訓定聲》：「魚，假借為吾。」〔註19〕《戰國策·燕策二》：「吾必不聽眾口與讒
言，吾信汝也，猶劖刈者也。」馬王堆帛書《戰國從橫家書》「吾」作「魚」。
〔註20〕盧文弨曰：「(《漢書·古今人表》)『羊魚』，即《左氏·成十七年傳》中
之『夷羊五』也，《晉語》但稱『羊五』(今本作『陽五』)。『五』或可為『吾』，
吾讀為魚，如《左傳》『西鉏吾』，《釋文》音魚。又如《晉語》『暇豫之吾吾』，
《漢·溝洫志》之『吾山』，皆同。故『羊五』亦聲轉而為魚也。」〔註21〕另
參看高亨《古字通假會典》〔註22〕855頁。由於《史記·宋世家》也是作「吾」，
則戰國時代的《微子》已經有版本是作「吾」了，《史記》根據的就是這個作
「吾」而不是作「魚」的版本。

　　那麼《微子》作「魚」的版本又是怎樣產生的呢？這要結合春秋戰國的金
文才能解釋。在春秋時代的金文中發現有比較可信的第一人稱代詞「吾」這個
詞，只是其字形不是寫作「吾」，而是寫作從「虍」從「魚」(上下結構)的字
(下文用A表示)。A從「魚」得聲，與「吾」古音相通，毫無可疑。考《殷
周金文集成》271器：「保A(吾)兄弟。」又同器：「保A(吾)子姓。」此

〔註17〕《屈萬里全集》3，臺灣聯經出版事業公司，2006年版。
〔註18〕《集韻》：「吾，吾吾，疏遠貌。」與韋昭注相合。畏友蕭旭對我說：《御覽》
　　　　卷469引「吾吾」作「俉俉」，注云：「俉俉，疏遠之貌。」本字當作「踽踽」，
　　　　《說文》：「踽，疏行貌。《詩》曰：『獨行踽踽』。」《詩·杕杜》毛傳：「踽踽，
　　　　無所親也。」
〔註19〕見朱駿聲《說文通訓定聲》424頁「魚」字條，中華書局，1998年版。另參看
　　　　《故訓匯纂》(商務印書館，2004年版)2578頁「魚」字條。
〔註20〕參看何建章師《戰國策注釋》(中華書局，1996年版)1152頁和1327頁。
〔註21〕盧文弨《與梁曜北(玉繩)書》(見盧文弨《抱經堂文集》卷21《書五》，中
　　　　華書局點校本303頁，2006年版)；又收入《續修四庫全書》(上海古籍出版
　　　　社，2002年版)第1432冊第728頁。
〔註22〕齊魯書社，1997年版。

器時代為春秋中晚期。《集成》2840 器：「Ａ（吾）先考成王早棄群臣。」此
器共有五處「Ａ」，都讀為「吾」。此器是《中山王鼎》，時代在戰國。《集成》
9715 器：「Ａ（吾）臺（以）為弄壺。」此器時代在春秋晚期。《集成》9735
器：「將與Ａ（吾）君並立於世。」此器時代在戰國，出土於中山王墓。《集
成》10008 器：「Ａ（吾）以旂（祈）眉壽。」此器即《欒書缶》，時代為春秋
中期以後〔註23〕。在金文中又作「虞」或「歔」字形，也讀「吾」，其例從略，
有關銅器的時代皆在春秋以後。易孟醇《先秦語法》〔註24〕161 頁、姚振武《上
古漢語語法史》〔註25〕177 頁都注意到春秋時代金文中有人稱代詞「吾」這個
詞的存在〔註26〕。根據以上的春秋戰國的金文資料，我們似乎可以推斷《尚
書·微子》中的「吾」有別本作「魚」是有古本作根據的，並不是後世產生的
俗本。以金文觀之，也許「魚」本當作Ａ。後世傳抄只是省掉了「虍」旁。而
省略作為偏旁的「虍」是漢代以來漢字簡化的一個現象，在先秦古文字中「虍」
旁有時就可有可無。例如（1）「嘑、虖」省形為「呼、乎」。（2）據《說文》
「處」或作「處」。（3）㹱、㹖或從「虍」從「甲」。（4）在戰國楚文字中，「且」
往往寫作「虘」。（5）在戰國楚簡中，「吾」或從「虍」（為聲符）從「壬」。（6）
「吳」在戰國文字中常寫作「虞」。（7）「皆」字在郭店楚簡《語叢一》從「虍」
從「皆」。（8）「然」在郭店楚簡《老子》作「肰」，不從「虍」；而在《語叢一》
中多從「虍」從「肰」，也有不從「虍」的。因此，今《微子》別本的「魚」
是從春秋戰國時代的Ａ省形而來。而金文中的Ａ也是春秋時代才有的字，
不見於西周銅器銘文，更不見於甲骨文。我們可以推斷今本《微子》的最後寫定
年代是在春秋中前期以後。屈萬里推定為戰國時代述古的創作〔註27〕，這就不
是嚴謹的觀點，與我們的看法不同。因為有第一人稱代詞「吾」只能說明今本
《微子》的寫定年代，而不是其最早的產生年代。春秋時代的周王室官員抄錄
前代的文獻是常有的事，雖然因此而混入了春秋時代的語言文字特徵，但不能
因此說該文獻是春秋時代人有意偽造〔註28〕。原始《微子》的產生還是在殷商

〔註23〕以上五例的金文釋文皆依據張亞初《殷周金文集成引得》（中華書局，2001 年）。
〔註24〕修訂本，湖南大學出版社，2005 年。
〔註25〕上海古籍出版社，2015 年。
〔註26〕雖然不是「吾」這個字。
〔註27〕屈萬里《尚書集釋》（中西書局，2014 年版）104 頁稱：《微子》「文辭淺易，蓋
　　　　亦戰國時人述古之作也。」戰國人述古也是有根據的，並非戰國人純粹偽造。
〔註28〕王國維《觀堂集林》卷二《說〈商頌〉》上篇稱：「考漢以前初無校書之說。」
　　　　且不管此說未為定論，即便如此，先秦時代有抄書和改寫原原始資料語言的

末年。王國維《古史新證》〔註29〕3 頁認為《微子》是商代文獻，但同時認為遠古經典有重編的現象。《古史新證》3 頁稱：「《商書》中如《湯誓》，文字稍平易簡潔，或係後世重編。然至少亦必為周初人所作。」我們贊同王國維之說，認為《微子》的原始文本應該真的產生於商末，但今傳本的整理寫定應在春秋中前期以後，所以出現有第一人稱代詞「吾」或「魚」字。

　　由於文獻歷代傳抄，其中難免出現用後代的字替換前代文獻用字的情況。在現存的先秦文獻中很可能存在在後世傳抄中用「吾」替換「我」的現象。如（1）《呂氏春秋·觀世》：「不如吾者。」畢沅注：「《大戴·曾子制言》盧注亦

現象，確為事實。考《史記·十二諸侯年表》：孔子「論史記舊聞，興於魯而次春秋，上記隱，下至哀之獲麟，約其辭文，去其煩重（《索隱》：『文去重。言約史記修春秋，去其重文也。』），以制義法，王道備，人事浹。七十子之徒口受其傳指，為有所刺譏褒諱挹損之文辭不可以書見也。魯君子左丘明懼弟子人人異端，各安其意，失其真，故因孔子史記具論其語，成《左氏春秋》。鐸椒為楚威王傳，為王不能盡觀春秋，採取成敗，卒四十章，為《鐸氏微》。趙孝成王時，其相虞卿上採春秋，下觀近勢，亦著八篇，為《虞氏春秋》。呂不韋者，秦莊襄王相，亦上觀尚古，刪拾春秋，集六國時事，以為八覽、六論、十二紀，為《呂氏春秋》。及如荀卿、孟子、公孫固、韓非之徒，各往往捃摭春秋之文以著書，不可勝紀。」從上可知，孔子的《春秋》對史記原文就有改變，已經「約其辭文，去其煩重」；左丘明撰《左氏春秋》也是「因孔子史記具論其語」，可見也不是字字照抄史記原文。鐸椒的《鐸氏微》也是從原始的春秋史料中「採取成敗，卒四十章」，可見只是取材於春秋史料，並非字字抄錄史料原文。《呂氏春秋》是「上觀尚古，刪拾春秋」，也不是照抄古書，而是有諸多改寫，《呂氏春秋》引述《左傳》的故事，從來沒有照抄《左傳》的語言。「荀卿、孟子、公孫固、韓非之徒，各往往捃摭春秋之文以著書」，今本《荀子》、《孟子》、《韓非子》都從原始的春秋史記或《左傳》中取材，但都用自己的語言有所改寫。因此，傳世文獻各本多有異文。我們研究一本經典的語言一定要考慮其抄寫的年代，而不是其成書的年代。其思想觀念可能是商代的，但其語言卻完全可能有春秋戰國時代的痕跡。我們不能據此否定原始文獻產生的古老性。辨偽學者往往根據經典有戰國時代的語言就判定其書產生於戰國，其實這只能判定今本寫定於戰國，而不能判定其創始於戰國。相反，我們應該根據文獻中保留的商代或西周才有的古老語言特徵（而戰國時代的其他文獻基本沒有），推斷其應該是產生商代西周，只是在流傳中寫定於戰國時代，從而被戰國時代學者所改寫，如同《孟子》、《荀子》、《韓非子》、《呂氏春秋》改寫《左傳》，《史記》改寫《尚書》、《左傳》、《國語》。至於戰國時代人託名上古（如伊尹、姜太公、黃帝、風后、力牧）而造古書，《漢書·藝文志》早能辨析，古人不會搞混的。

〔註29〕清華大學出版社，1996 年版。另參看《王國維全集》（浙江教育出版社、廣東教育出版社，2010 年）第十一卷 242 頁。

作『不如我者』。」很可能作「我」是古本。〔註30〕（2）《韓非子·解老》：「吾
有三寶。」王先慎《韓非子集解》：「吾，河上本、王弼本作『我』。」今考《老
子》六十七章：「我有三寶。」據朱謙之《老子校釋》〔註31〕271 頁，只有嚴
遵本、傅奕本也作「吾」，其餘各本都作「我」。更考馬王堆帛書本《老子》甲
乙兩本和北大漢簡本均作「我」，不是「吾」。〔註32〕郭店楚簡本《老子》沒有
此章。因此，很可能《老子》原本是作「我」，不是「吾」。（3）《楚辭·漁父》：
「滄浪之水清兮，可以濯吾纓。滄浪之水濁兮，可以濯吾足。」此漁父歌也見
於《孟子·離婁上》：「有孺子歌曰：『滄浪之水清兮，可以濯我纓；滄浪之水
濁兮，可以濯我足。」兩個「吾」在《孟子》都作「我」。《昭明文選》六臣本
《漁父》的兩個「吾」也是都作「我」。其他的許多文本都是作「我」，而不是
「吾」。〔註33〕因此，《漁父》此文的古本很可能是作「我」，不是「吾」。（4）
《尚書·堯典》：「我其試哉。」《史記·五帝本紀》「我」作「吾」，顯然是用
「吾」替換「我」。（5）《墨子·非攻中》：「趙氏朝亡，我夕從之，趙氏夕亡，
我朝從之。」孫詒讓《墨子閒詁》引畢沅注：「我，舊我作吾。（6）《韓非子·
外儲說左上》：「我與黃帝之兄同年。」王先慎《韓非子集解》〔註34〕：「《意
林》、《御覽》引我並作吾。」〔註35〕高亨《古字通假會典》〔註36〕完全沒有收
錄「吾」與「我」相通的材料，是為缺漏。

　　所以我們不能因為《微子》和《泰誓》各有一個「吾」字就將其產生的年
代拉晚，說不定古本的《微子》和《泰誓》原是作「我」，不是「吾」或「A」，
更何況今本《微子》還存在文本校勘的問題。

〔註30〕參看陳奇猷《呂氏春秋新校釋》（上海古籍出版社，2011 年版）下冊 971 頁注
　　　　13。王利器《呂氏春秋注疏》（巴蜀書社，2002 年）第三冊 1804～1805 頁（只
　　　　是《呂氏春秋注疏》1804 頁的「如」誤為「知」，當校正）。
〔註31〕中華書局，1991 年版。
〔註32〕參看高明《帛書老子校注》（中華書局，1996 年）160 頁。北京大學出土文獻研
　　　　究所《北京大學藏西漢竹書》（上海古籍出版社，2012 年）第二冊 186～187 頁。
〔註33〕參看黃靈庚《楚辭異文辯證》（中州古籍出版社，2000 年）576～577 頁。
〔註34〕中華書局，1998 年。270 頁。
〔註35〕《意林》見卷 1，《御覽》見卷 496。陳奇猷《韓非子新校注》（上海古籍出版
　　　　社，2000 年）677 頁雖然提及王先慎之說，但居然完全遺漏《意林》、《太平御
　　　　覽》所引的異文。張覺《韓非子校疏》（上海古籍出版社，2010 年）722 頁甚
　　　　至一字不提王先慎注。陳、張二氏此處實在不應該。日本學者太田方《韓非子
　　　　翼毳》（中西書局，2014 年）439 頁也未提及「我」有「吾」的異文。其引類
　　　　書只有清朝的《淵鑒類函》，未能詳引唐代的《意林》和宋初的《太平御覽》。
〔註36〕齊魯書社，1997 年版。

　　具體考《尚書・微子》：「我其發出狂？吾家耄遜于荒？」孔傳：「我念殷亡，發疾生狂，在家耄亂，故欲逐出於荒野，言愁悶。」孔傳與《古文尚書》在全書都是精密對應，而現在孔傳對「吾家耄遜於荒」的解釋中沒有出現與「吾」相對應的詞，與經文「吾家」對應的孔傳是「在家」，這在訓詁學上難以解釋。敦煌本、元亨本「吾」作「魚」〔註37〕，則在先秦古本應該是作 A。孔安國將 A（從「虍」從「魚」，上下結構）通假為「於」，所以訓為「在」。考《史記・宋微子世家》引《微子》此文作：「我其發出往？吾家保于喪？」「狂」作「往」，「耄」作「保」，「荒」作「喪」。這是《史記》所引的今文《尚書》與今傳本《古文尚書》的區別，〔註38〕伏生所傳今文《尚書》將 A 釋讀為「吾」（伏生的訓詁也是有根據的，因為得到春秋戰國時代金文的證明），為《史記》所採取。然而必須注意的是《史記》所引的「吾家保於喪」是作「于」而不是「於」，因此《史記》此文應該是直錄了今文《尚書・微子》的原文，並沒有加以訓改。《史記集解》引徐廣曰：「一云『於是家保』。」裴駰案：「馬融曰『卿大夫稱家』。」依據《史記集解》所引三國時代學者徐廣所見到的《史記》「吾家保于喪」有異文作「於是家保」，而不是「吾家保于喪」。既然《史記》此文是直錄今文經《微子》的原文，那麼徐廣看到的《史記》異文「於是家保」也應該是另一個版本的今文《尚書》的原文。從這個異文可以推測出徐廣所引的異文很可能是作「於家是保」（「是」和「家」在傳抄中位置顛倒了）。這個今文《尚書》本也是將古字的 A 訓詁為「於」，而不是訓為「吾」，與伏生的訓詁不同。今本孔傳《微子》很可能是後世學者依據今傳本《史記・宋微子世家》「吾家保於喪」而將古字 A 改成了「吾」，這有可能是西晉的范甯改的，也可能是在唐玄宗朝天寶三年衛包改的。《古文尚書》的原本《微子》應該不是「吾」字，而是 A 字，孔安國的訓詁通假 A 為「於」，訓為「在」，而不是訓為第一人稱代詞「吾」。孔傳的闡釋中沒有與經文「吾」相對應的字詞。「魚」的上古音為疑母魚部，「於」的上古音為影母魚部，完全可以相通，所以孔傳讀「魚」或「A」為「於」（訓「在」），在音理上是毫無問題的。

三

　　張玉金《西周漢語代詞研究》〔註39〕第一章二《西周漢語第一人稱代詞》

〔註37〕參看雒江生《尚書校詁》（中華書局，2018 年）183 頁。
〔註38〕另參看朱廷獻《尚書異文集證》（臺灣：中華書局，2017 年版）133～134 頁。
〔註39〕中華書局，2006 年。

討論了西周漢語中的「吾」是否是人稱代詞的問題。張玉金通過考察，否定了西周金文中《沈子也簋銘》中的「吾」字是第一人稱代詞的觀點〔註40〕。郭沫若在《兩周金文辭大系》〔註41〕對其中的「吾」字考釋為「寶」字〔註42〕，「吾」的上部是「缶」字變形。「吾考」與「文考、皇考」同義〔註43〕。唐蘭在《西周青銅器銘文分代史徵》〔註44〕卷五上322頁注解3採用郭沫若之說，稱：「吾考等於寶考。」張玉金先生贊同郭沫若、唐蘭的觀點，並補充說：「假如把《沈子也簋銘》中的『吾』看成是代詞，認為第一人稱代詞『吾』在西周中期也已出現，那麼就不能解釋下述問題，即為什麼在其他西周中晚期的銅器銘文中再也見不到第一人稱代詞『吾』。」〔註45〕張玉金教授從語言的社會性角度提出批評，這也是有道理的〔註46〕。

但我們還必須討論一個顯著的例子，即西周晚期的《毛公鼎》：「以乃族干吾王身。」這個「吾」實在不能解釋為「寶」。〔註47〕吳大澄讀「吾」為「敔」，

〔註40〕 主要是西周早期金文《沈子它簋蓋》（參看張亞初《殷周金文集成引得》89頁，第4330條。其銘文著錄參看劉雨《商周金文總著錄表》643頁，中華書局，2008年）。其銘文有「吾考」字樣。馬國權《兩周銅器銘文代詞初探》（見《中國語文研究》第3集，1981年）認為其中的「吾」是第一人稱代詞。張玉金引述郭沫若、唐蘭的觀點予以批駁。其實于省吾《雙劍誃吉金文選》（中華書局，1998年版）171～173頁也載錄此銘文，于省吾稱：「朕、吾複詞。」如同《少民劍》「朕余名之」中的「朕、余」為複詞（即同位語）。還認為「吾」字有重文。張玉金《西周漢語代詞研究》（中華書局，2006年）46頁稱：「從《沈子也簋銘》中的『告朕吾考』一語來看，『吾』也不應是第一人稱代詞。因為如果『吾』是第一人稱代詞，那麼它的前面就沒有必要再用第一人稱代『朕』了。正因為『吾』讀為『寶』，是形容詞定語，所以它的前面還需要出現表示領屬的第一人稱代詞『朕』。」

〔註41〕 《郭沫若全集考古編》8，科學出版社，2002年。新頁碼109～116頁。《大系》以此銅器名為《沈子殷》，且「它」作「也」。

〔註42〕 並非古音通假，「吾」與「寶」古音不可通。張玉金此書45頁稱：「『吾』是可以通假為『寶』的。」這個說法很容易讓人誤會為二者上古音相通轉，是不嚴謹的。

〔註43〕 這句話是張玉金自己說的，郭沫若原文沒有這個解釋。

〔註44〕 中華書局，1986年。唐蘭此書將此器歸屬於周穆王時代。

〔註45〕 見張玉金《西周漢語代詞研究》45頁。

〔註46〕 張玉金之說還參看張玉金《西周漢語語法研究》（商務印書館，2004年）86～87頁。

〔註47〕 《金文今譯類檢（殷商西周卷）》（廣西教育出版社，2003年）雖然在正文466頁注「吾」讀為「敔」，但在468頁的翻譯中還是將「吾」翻譯為「我的」。

徐同柏讀為「禦」。王國維《毛公鼎銘考釋》〔註48〕、于省吾《雙劍誃吉金文選》〔註49〕131 頁取吳大澄之說，讀為「敔」。于省吾說：「吳云以公族入衛也。」郭沫若《兩周金文辭大系》新頁 287 也讀「干吾」為「馭敔」，與吳大澄同。陳夢家《西周銅器斷代》〔註50〕300 頁贊同吳、徐二氏之說，訓「吾」為「止」。今按，眾說未諦。「吾」當讀為「御」，訓為「侍」，常見於先秦文獻〔註51〕。「干」訓「扞」，即「捍衛」。《爾雅》：「干，扞也。」〔註52〕「干吾王身」的意思是：保衛且侍從周王。「吾」是動詞，與「干」並列，是連動結構。金文《師詢簋》〔註53〕：「率以乃友干吾王身。」其中的「干吾王身」也是這個意思，可見在金文中並非孤例。李學勤《師詢簋與祭公》〔註54〕的釋文將該字不識讀為「吾」，識讀為從「屮」從「害」（上下結構），訓為「扞御」，這是非常精確的解釋，令人欽佩。《師克盨》〔註55〕曰：「則隹乃且考又昏於周邦，干害王身。」其中的「害」字明顯是動詞。因此，以「干害王身」和「干吾王身」相比對，其「吾」一定是動詞，不會是第一人稱代詞。《師克盨》此文的釋文是根據陳夢家《西周銅器斷代》〔註56〕300 頁。銘文中的「昏」字至為關鍵，中國社科院考古所編《殷周金文集成釋文》〔註57〕4467 器釋為「爵」，張亞初《殷周金文集成引得》95 頁的釋文將該字讀為「勳」。當以張亞初所釋為確切。如果採取陳夢家之說讀為「昏」，則原文上下文不可通解。文中的「干害」二字的隸定諸家無異辭，張亞初讀「害」為「禦」，取徐同柏之說。「害」的上古

〔註48〕見《王國維全集》（浙江教育出版社、廣東教育出版社，2010 年）第十一卷 298 頁。

〔註49〕中華書局，1998 年版。

〔註50〕中華書局，2011 年版。

〔註51〕參看《故訓匯纂》（商務印書館，2004 年）755 頁。

〔註52〕詳見《故訓匯纂》（商務印書館，2004 年）683 頁。「扞」訓「衛」，參看《故訓匯纂》（2004 年版）858 頁。

〔註53〕李學勤《西周青銅器研究的堅實基礎》（收入李學勤《中國古代文明研究》，華東師範大學出版社，2005 年）推斷《師詢簋》是西周恭王元年。李學勤《師詢簋與祭公》（收入李學勤《中國古代文明研究》，華東師範大學出版社，2005 年）和李學勤《清華簡〈祭公〉與師詢簋》（收入李學勤《初識清華簡》，中西書局，2013 年）堅持這一觀點。李學勤先生的釋文「吾」作從屮從害（上下結構）的字。參看李學勤《中國古代文明研究》52 頁。

〔註54〕收入李學勤《中國古代文明研究》，華東師範大學出版社，2005 年。

〔註55〕西周晚期。見《殷周金文集成》第 4467 和 4468 器。

〔註56〕中華書局，2011 年版。

〔註57〕第三卷，香港中文大學中國文化研究所出版，2001 年。

音為匣母哥部去聲〔註58〕，「禦」為疑母魚部，古音可通。我們還是讀為「御」，訓為「侍」。有了《師克盨》的「干害王身」作旁證，則《毛公鼎》、《師詢簋》的「干吾王身」的「吾」可以明確斷定不是第一人身代詞。

為什麼我們不讀「干吾」為「扞禦」？這是因為「扞禦」一詞在先秦文獻中的用法是其後往往是災難、敵人之類的負面意義的詞，「扞禦」有「拒斥、抵禦」之義，而不是「保衛、捍衛」的意思。考《左傳・僖公二十四年》：「扞禦侮者莫如親親。」「扞禦」的對象是「侮」。《左傳・襄公二十六年》：「扞禦北狄，通吳於晉。」「扞禦」的對象是「北狄」。《左傳・成公十二年》：「此公侯所以扞城其民也。」孔穎達疏：「扞禦寇難。」「扞禦」的對象是「寇難」。《資治通鑒》卷四十四東漢光武帝二十四年：「願永為藩蔽，扞禦北虜。」單獨一個「扞」或「禦」也往往是「抵禦」的意思，常見於《史記》等漢以前文獻。且舉《史記》為例。《史記・十二諸侯年表》楚昭王四年：「吳三公子來奔，封以扞吳。」楚昭王分封從吳國來降的三位公子，以抗拒吳國，絕不是保衛吳國，「扞吳」的「吳」是楚國的敵國。《史記・惠景間侯者年表》：「以大將軍屯滎陽，扞吳楚七國。」即「防禦吳楚七國」。《史記・韓安國列傳》：「吳、楚反時，孝王使安國及張羽為將，扞吳兵於東界。」即在東界抵禦吳國叛軍。後代的例子如《全唐詩》卷618有陸龜蒙詩《奉和襲美初夏遊楞伽精舍次韻》：「萬善峻為城，巉巉扞群惡。」「扞群惡」是拒斥群惡。古有「扞難」的說法，是「抵禦寇難」。《淮南子・原道》：「排患扞難，力無不勝，敵無不凌。」「扞難」與「排患」義近。另如《國語・晉語二》：「恐其如壅大川，潰而不可救禦也。」「救禦」的對象是「川潰」，顯然是災難。《國語・周語中》富辰引周文公之詩：「外禦其侮。」〔註59〕所禦的是「侮」。《周語中》又曰：「國有郊牧，疆有寓望，藪有圃草，囿有林池，所以禦災也。」所禦的是「災」。《魯語上》：「處大教小，處小事大，所以禦亂也。」所禦的是「亂」。《魯語下》：「諸侯有旅賁，禦災害也。」《晉語三》：「公禦秦師。」晉惠公出兵抵禦秦軍。《晉語六》：「禦奸以刑。」所禦的是「奸」。《楚語下》：「金足以禦兵亂。」《吳語》：吳王「將以禦越。」所禦的是作為敵國的越國。類例甚多。吾友蕭旭從訓詁學上支持吳大澄、徐同柏之說，我不敢苟同，故考論於右〔註60〕。于省吾《〈師克盨

〔註58〕主張古無去聲的學者歸入月部長入。

〔註59〕今本《毛詩・小雅・棠棣》作「外禦其務。」鄭玄箋：「禦，禁；務，侮。」

〔註60〕今錄蕭旭兄給我電郵如此，以供學者參考：我認為吳大澄讀吾為敔，徐同柏讀為禦，是也。敔、禦音轉，實同源詞，亦是捍衛義。楊樹達《小學述林》卷5

銘考釋〉書後》：「金文言『衛』，言『干吾』，言『干害』，雖然字有異同，詞有單復，而語義相仿。」于先生此處說的意思是對的，但沒有作學術性的解釋，頗嫌含混。畏友蕭旭兄最近對我說：「干逜」肯可能是連綿詞，為古成語。又作「干寤」。今檢《漢語大詞典》「干寤」條的解釋是：干犯迕逆。《爾雅・釋言》「逜，寤也」晉郭璞注：「相干寤。」《廣韻・去暮》：「逜，干逜。」日本學者諸橋轍次《大漢和辭典》〔註61〕卷四483頁同〔註62〕。可知「干寤、干逜」的意思是「干犯迕逆」，明顯與金文此處的意思不合，二者不可相牽連。

四

但西周青銅器雖然多有「寶尊」的說法，而用「寶」來修飾祖先，在金文中並無根據。張玉金先生將「寶考」與「文考、皇考」相類比，這也缺少說服力。在金文中沒有「寶考」連用的例子，相反有很多「考寶」連用的現象。因此，雖然《沈子也簋銘》中的「吾」字不是第一人稱代詞，但釋讀為「寶」同樣不可通。該「吾」字究竟該怎樣釋讀現在只能存疑。張亞初《殷周金文集成引得》89頁第4330器雖然將該字仍然隸定為「吾」，但前一字不是釋為「朕」，而是釋為從「虘」從「又」（左右結構）的字〔註63〕，這就不存在于省吾說的「複詞」問題。

張玉金《西周漢語代詞研究》第一章46頁堅決主張「吾」就是讀為「寶」，並說可以用於修飾人。舉有西周金文《虘簋》為證：「虘拜稽首，休朕寶君公白（伯）易厥臣弟虘井五蔬，易甲、冑、干、戈。」張玉金解釋說：「此例中的『寶』修飾君公白，而《沈子也簋銘》中的『吾（寶）』修飾『考』，這是同一種語言現象。」但我們經過考察認為張玉金此說難以成立。且不說此例僅為孤證，並沒有更多的證據，難以服人。就此例本身而言，也有可疑之處。《虘簋》此文中的所謂「寶」其實在原文字形並不是「寶」，而是「訇」字。陳夢

《彝銘與文字》八《本字與經傳通用字》從徐同柏說（169頁）。然諸說未盡，本字當作圄，《說文》：「圄，守之也。」《墨子・公輸》：「厚攻則厚吾，薄攻則薄吾。」孫詒讓《墨子閒詁》：「『吾』當為『圄』之省。」《漢書・百官公卿表上》：「中尉，秦官……武帝太初元年，更名『執金吾』。」顏師古注引應劭曰：「吾者，禦也，掌執金革以禦非常。」害，讀為遏，或讀為蓋，遮蔽，阻擋，亦即保衛義（例見張儒635，白於藍529）。與「圄」義近。

〔註61〕日本大修館書店，昭和五十一年版（即公元1976年）。

〔註62〕總頁碼是3885頁。《漢語大詞典》此處應該是參考利用了《大漢和辭典》。

〔註63〕中國社科院考古所《殷周金文集成釋文》第三卷4330器仍然採用傳統的說法，釋讀為「朕」。

家《西周銅器斷代》〔註64〕167頁並沒有將此「甸」讀為「寶」。唐蘭《西周
青銅器銘文分代史徵》〔註65〕319頁注解3：「甸當讀為寶。」張亞初《殷周金
文集成引得》第4167條也將「甸」釋讀為「寶」。然而（1）金文中並沒有「寶
君」這樣文例；（2）金文中，凡是「甸」讀為「寶」的時候，後面都是接「器」，
或者具體的器名，或者「甸（寶）用」連文。沒有一個接人的例子。（3）金文
中的「甸」有些時候並不是讀「寶」，而是讀「陶」〔註66〕。此字在金文中有
二音，一讀為唇音並母，一讀為舌頭音定母，此二音各自獨立，彼此沒有關聯。
因此，我認為唐蘭、張亞初、張玉金此說不可信。我們認為「甸君公白」的「甸」
當是地名，其地的封君稱「甸君」，其爵位是公爵，輩分為「白（伯）」。〔註67〕
由於張玉金所舉的這個關鍵證據站不住，所以《沈子也簋銘》中的「吾」讀為
「寶」也難以成立，雖然也不可能是第一人稱代詞。

五

　　總之，在西周金文沒有作為第一人稱代詞的「吾」這個詞，這是一個很值
得注目的現象。但張玉金先生相信作為第一人稱代詞的「吾」在西周晚期已經
出現，其主要的根據是《易經・中孚》：「九二，鳴鶴在陰，其子和之。我有好
爵，吾與爾靡之。」張玉金加按語稱：「筆者知道，《周易》最終成書於西周末
年。從春秋時代『吾』已經較常用這一點來看，在《周易》中出現『吾』是可
能的。」〔註68〕這在《易經》也是一個絕無僅有的孤證，僅靠此孤證恐怕難以
立論。《易經》的成立未必在西周末年，或許時代更早一些，將《易經》作為
西周文獻應該沒有問題。這個問題姑且不論。重要的是《易經》在先秦以來傳
抄的過程中難免混入後代的個別詞彙。根據先秦經典的慣例，現存的先秦經典
有很多是在戰國時代抄寫成的，帶有很多戰國時代文字的痕跡，有少數地方也
可能保留了春秋時代的文字特徵，真正完整保留西周漢字特徵的情況是少見
的。所以利用《易經》作為西周文獻，最好能有旁證或多證，不能以孤證立論。

〔註64〕中華書局，2011年版。
〔註65〕中華書局，1986年。
〔註66〕參看張亞初《殷周金文集成引得》364頁。
〔註67〕釋文另參看于省吾《雙劍誃吉金文選》（中華書局，1998年版）294頁，但于
　　　　省吾先生沒有多的解釋。
〔註68〕張玉金《西周漢語代詞研究》（中華書局，2006年）1～2頁討論了《周易》的
　　　　年代，張玉金稱：「也許《周易》的形成始於西周初年，而到西周末年最終成書。」
　　　　其實，張玉金這裡斷代的是《易經》，不是全部《周易》，因為不包含《易傳》。

現在馬王堆帛書本的《周易》和戰國楚竹書的《周易》都已經發現，可以表明
戰國時代的《易經》、西漢前期的《易經》與今本相較在文字上有較大的差異。
例如今本《中孚》的「九二，鳴鶴在陰，其子和之。我有好爵，吾與爾靡之。」
「中孚」帛書作「中復」，「有」帛書作「又」，「爾」帛書作「堊」，「靡」帛書
作「贏」。只是帛書本殘缺今本的「我有好爵，吾與爾」這幾個字。上博簡楚
竹書本完全殘缺了《中孚》一卦。但也可見西漢前期和戰國時代的古本確實與
今本在文字上頗多出入。我們不能根據今本的「吾」這個孤證就斷定西周時代
就有了第一人稱代詞的「吾」。我認為西周時代還沒有第一人稱代詞的「吾」。
今本《易經》的這個獨一無二的「吾」很可能是在傳抄過程中被戰國或兩漢時
代的人增添上去的，春秋以前古本未必有。我們有如下的理由：

　　1.《尚書》中可信的西周以前的篇章沒有第一人稱代詞「吾」。《毛詩》是
公認的先秦古文經，本來是由先秦古文字寫成，非同於西漢的今文經，保存了
不少春秋時代以前的語言特徵。但整部《毛詩》只有作為地名的「昆吾」中出
現一次「吾」字，根本沒有第一人稱代詞的「吾」的任何痕跡。而《尚書》、
《毛詩》都有數百次使用第一人稱代詞「我」字。《易經》也有很多次用「我」，
這是自甲骨文以來的傳統。因此，《中孚》中出現的唯一的「吾」很可疑，當
為後世衍文，非古本所有。本文上面證明《尚書·微子》的「吾」原本應該是
從「虍」從「魚」（上下結構）的字，孔安國釋讀為「於」，伏生釋讀為「吾」，
用作第一人稱單數的領格，《史記》承襲伏生之說。但這很可能是在春秋戰國
時代才出現的流變，不能輕易追溯到西周以前。

　　2.《中孚》九二的原文句法甚為整齊：「鳴鶴在陰，其子和之。我有好爵，
吾與爾靡之。」觀察原文句法似應為整齊的四字句，偏偏最後成了五字句，這
有點不自然。況且前面有了「我」，後面沒有必要再出現「吾」。我疑心原文後
兩句本來就是作「我有好爵，與爾靡之。」這樣才是嚴整的四字句，而且絲毫
不影響文意。

　　3. 王力先生《漢語語法史》〔註69〕第四章 45 頁在討論「吾、我」在語法
上的分工時有一段觀察：「依我推測，在原始時代，『我』只用於賓位，『吾字
則用於主位和領位，這就是『吾』、『我』』在語法上的分工。往往在同一個句
子裏，『吾』、『我』同時並用，最能說明它們在語法上的分工。」王力先生的
這段論述有不精密之處，主要是沒有參照甲骨文和金文資料，不懂得「我」在

────────────

〔註69〕商務印書館，1989 年。

甲骨文中早已廣泛存在，其產生遠遠早於「吾」。作為代詞的「吾」在西周不
存在。況且，在甲骨文中的「我」有許多作主位和領位的現象。因此王力先生
說的二者在原始時代的語法分工顯然是錯誤的。但王力先生在此文詳細列舉
了大量先秦文獻如《論語》、《左傳》、《孟子》、《墨子》、《荀子》、《莊子》中的
「吾、我」同時並用的例子，清楚地顯示在先秦時代的文獻中，只要「吾、我」
同時並用，則二者在語法功能上一定有分工，即「吾」作主位或領位，而「我」
作賓位，二者不能同時都作主位。實則楊樹達先生早在《高等國文法》〔註70〕
第三章《代名詞》60～61 頁早已注意到：「以上諸例，吾字皆居主位，我字
皆居賓位。惟《論語》第五例第二我字居主位。」這第二「我」字並不與「吾」
並用，原文是《論語‧子罕》：「子曰：吾有知乎哉？無知也。有鄙夫問於我，
空空如也。我叩其兩端而竭焉。」這句的結構是「吾」作主位與第一個賓位
的「我」並用，與第二個主位的「我」無關。《高等國文法》60 頁還舉了《漢
書‧袁盎傳》：「吾與汝兄善，今兒乃毀我！」可見在西漢文獻中，「吾、我」
並用時的語法分工還很清楚。楊樹達先生舉例多與王先生不同，但結論一致
〔註71〕。因此，在先秦文獻中凡是「吾、我」同時並用，一般有語法上的分工。
而今本《易經‧中孚》：「我有好爵，吾與爾靡之。」句中同時並用的「吾、我」
都作主位，沒有語法功能上的區別，與先秦漢語通例不合。我們可以據此推測
這個「吾」是戰國以後才加上去的，非西周以前的《易經》原本所有。但是在
《論語‧公冶長》有一個例子也要注意：「子貢曰：我不欲人之加諸我也。吾
亦欲無加諸人。」出於孔子門人子貢之口，定州漢簡《論語》此句也有「吾」

〔註70〕 商務印書館，1958 年版。另參看楊樹達《高等國文法》（湖南教育出版社，2008
　　　年）54～55 頁。

〔註71〕 今將王力先生所舉的例句轉錄如下，以省學者翻檢之勞：1.《論語‧雍也》：
　　　「如有復我者，則吾必在汶上矣。」2.《孟子‧梁惠王下》：「吾王之好鼓樂，
　　　夫何使我至於此極也？」（筆者按，王先生原文誤為《梁惠王上》，逕改）。3.
　　　《墨子‧兼愛下》：「然後人報我以愛利吾親乎？即必吾先從事乎愛利人之親，
　　　然後人報以愛利吾親也。」（筆者按，此處引文依據《墨子》，比王先生多引前
　　　一句）。4.《墨子‧明鬼下》：「吾君殺我而不辜。」5.《莊子‧齊物論》：「今者
　　　吾喪我。」6.《莊子‧秋水》：「既已知吾知之而問我。」7.《荀子‧修身》：「故
　　　非我而當者，吾師也；是我而當者，吾友也；諂諛我者，吾賊也。」楊樹達《高
　　　等國文法》舉例不同於王先生的有：1.《論語‧述而》：「二三子以我為隱乎？
　　　吾無隱乎爾。」2.《論語‧子罕》：「太宰知我乎！吾少也賤，故多能鄙事。」
　　　3.《論語‧陽貨》：「如有用我者，吾其為東周乎！」4.《左傳‧莊公十年》：「伐
　　　我，吾求救於蔡而伐之。」另如《荀子‧大略》：「諸侯之驕我者，吾不為臣；
　　　大夫之驕我者，吾不復見。」

字，應是古本。《荀子‧堯問》：「吾語女：我，文王之為子，武王之為弟，成王之為叔父。吾於天下不賤矣。」這是「我」與「吾」並列為主語的例子，則是春秋戰國時代的東部方言區才有的現象，不能上溯至西周。以上這兩例要加以分析。（1）「我、吾」為相連兩句的主語，一般是前一句用「我」，後一句用「吾」。（2）這兩句之間要加句號，不能用逗號。後一句變換主語用「吾」是要另起一層意思，與前句的關係可能是輕微的轉折，也可能是因果。「吾亦欲無加諸人」對於前句是輕微的轉折。「吾於天下不賤矣」，是從前句得出的結論，有因果的意思。（3）這樣的「吾」有強調第一人稱主語的語氣，是後一句的焦點，要重讀。而且《荀子》此文在結構是兩個「吾」並列，並非「我、吾」作為主語並列。「我」是前一個「吾」的說話的內容，而後句的「吾」不是前句「吾」的說話的內容，是另起一句的主語。而《易經》的「我有好爵，吾與爾靡之」的「吾」不具備以上的（2）、（3）點。「我有好爵，吾與爾靡之」中間的逗號肯定不能改為句號，其「吾」也沒有焦點功能。因此，與《論語》、《荀子》的例子不能類比。

4. 從《左傳》、《論語》、《儀禮》大量使用第一人稱代詞「吾」的情況來看，作為人稱代詞的「吾」應該是在春秋中前期才產生，不可能早到西周，其產生年代遠遠晚於「我」。《詩經》中也有很多春秋時代的作品，尤其是《國風》，為什麼一次都不用「吾」呢？我認為這是因為《詩經》的《國風》也是周王室的采風官採錄而成，使用的是西周以來的通用語，因而帶有西周時代的語言特徵，有我國西部語言的傳統，也是當時的共同語。但是由於春秋時代的文獻《左傳》、《論語》都是產生於山東的魯國，是典型的東部地區的文獻，我們可以推斷人稱代詞的「吾」很可能是春秋時代在東方諸國中產生並流行的新詞，所以沒有進入西周以來通用語系統的《詩經》。

5. 據張玉金《西周漢語代詞研究》〔註72〕第二章《西周漢語第二人稱代詞》，西周的人稱代詞的用法有一個重要的現象是「我」與「爾」常常相配連用。考《詩經‧小雅‧我行其野》：「爾不我畜。」明顯是「爾」與「我」相配連用。《詩經‧大雅‧崧高》：「我圖爾居，莫如南土。」《易經‧頤》：「初九，舍爾靈龜，觀我朵頤。」《逸周書‧商誓》：「爾多子其人自敬，助天永休於我西土。」也是「爾」與「我」相配連用。張玉金在其書97頁作結論道：「『爾』與『我』有對立關係。」同時指出「爾」與「我」最早的用法都表示複數。這

〔註72〕中華書局，2006 年。95～97 頁。

個觀點應該是對的。當然，在《尚書》中多有「爾」和「予、朕」相配連用之例。依據以上各例，《易經》是西周早期文獻，《易經》原文如果是「我有好爵，與爾靡之」，則正好是「我」與「爾」相搭配，與《易經》、《詩經》的語法相合。如果是「吾與爾靡之」，則是「吾」與「爾」相配，這與《易經》、《詩經》的語法不合。春秋時代還多有「爾」與「我」相配連用之例。考《左傳·宣公十五年》：「我無爾詐，爾無我虞。」《左傳·昭公十六年》子產曰：「爾無我叛，我無強賈，毋或匄奪。爾有利市寶賄，我勿與知。」《論語·八佾》：「賜也，爾愛其羊，我愛其禮。」都是非常明顯的「爾、我」搭配使用[註73]。因此，《中孚》只有去掉了「吾」，才是「爾、我」搭配使用的春秋以前的句法。

6. 考察《逸周書》，其中有人稱代詞「吾」的各篇都屬於春秋以降的文獻，如《太子晉解》有多個「吾」，而太子晉是春秋晉平公時代的人。此篇為春秋戰國時代文獻無疑。《殷祝解》多有「吾」，雖然述及商湯，文辭明顯為春秋以後。考其文居然稱暴君夏桀居然佩服商湯之德，甘願將天下讓與商湯，這簡直是無稽之談。在封國上提到「魯」，「魯」是周公所封之地，夏末不曾有。又稱「陰勝陽、雌勝雄、天弗施」，這些語言和觀念都不是商代所有。此篇絕為春秋末以後儒家所作，被戰國儒家學者編入《逸周書》。《王會解》附錄了商書《伊尹朝獻》，是後人所編入的附錄，本非《王會解》的原文，其中商湯自稱「吾」，這明顯是春秋以後人所偽託，因為商代後期的甲骨文中尚且沒有人稱代詞的「吾」，商初怎麼會有呢？

7. 上古文獻在隋唐以前就有抄錄錯誤的現象。考《史記·秦本紀》：「靈公卒，子獻公。不得立，立靈公季父悼子，是為簡公。簡公，昭子之弟而懷公子也。」《索隱》稱：「簡公，昭之弟而懷公子。簡公，懷公弟，靈公季父也。《始皇本紀》云『靈公生簡公』，誤也。又《紀年》云：簡公九年卒，次敬公立，十二年卒，乃立惠公。」《正義》曰：「劉伯莊云『簡公是昭子之弟，懷公之子，厲公之孫。』今《史記》謂簡公是厲公子者，抄寫之誤。」[註74] 甚至

〔註73〕在甲骨文中有「爾」與「我」搭配的現象，看黃天樹《甲骨文第二人稱代詞補說》，收入《黃天樹甲骨學論集》，中華書局，2020 年。132 頁。但甲骨文中也有「余」與「爾」相配使用的例證。《尚書·周書·多士》：「今予惟不爾殺。」以「予」與「爾」相配，正是甲骨文「余」與「爾」相配的延續。

〔註74〕瀧川資言《史記會注考證》（楊海崢整理，上海古籍出版社，2016 年）壹 275 頁引張文虎曰：「《正義》『史記』字當作『秦記』，『厲公』當作『靈公』。」另參看《史記》（修訂本，中華書局，2013 年）251 頁和 279 頁注解 29，修訂本《史記》直接予以改正而附有校記。

上古文獻在上古時代就有抄寫之誤。裘錫圭先生有《談談上博簡和郭店簡中的錯別字》〔註75〕一文很有啟發性，表明現在出土的先秦文獻自身就有錯別字。現在學術界很關注出土文獻本身就有錯別字的現象，已經出現很多論著〔註76〕。

　　根據以上七點理由，我們認為西周時代還沒有作為第一人稱代詞的「吾」。《易經・中孚》中的「吾」是後世衍文，非古本所有。作為第一人稱代詞的「吾」是春秋以降在東方諸侯國中產生的，屬於春秋時代的東部地區方言用字，而不屬於西周漢語。「吾」在春秋戰國的古文字中往往寫作從「虍」從「魚」（上下結構）的字（本文用 A 來表示）。

〔註75〕收入《裘錫圭學術文集》2《簡牘帛書卷》（復旦大學出版社，2012 年）。

〔註76〕例如，趙平安主編《訛字研究論集》（中西書局，2019 年）；袁瑩《戰國文字形體混同現象研究》（中西書局，2019 年）；張峰《楚文字訛書研究》（上海古籍出版社，2016 年）；劉玉環《秦漢簡帛訛字研究》（中國書籍出版社，2015年版）。鄭邦宏《出土文獻與古書形近訛誤字校訂》（中西書局，2019 年）。

《易經》以「龍」為占筮語考

提要：

　　本文對《易經》的「乾坤」二卦中出現的六次「龍」字的意義進行新的考辨，並對我國文化史上的一個重要的修辭現象即「諧音」予以了實證性的考索。本文論證了《易經》中的「乾坤」二卦之所以採用「龍」為占筮語，完全是利用了「龍」是「寵」的諧音字和雙關語。而「寵」字在我國文化史上的最早的含義是「天寵」、「帝寵」，也就是「上帝保佑」的意思。《易經》裏的「龍」並非指星辰，它的寓意在「龍」諧音「寵」，而不在於「龍」是何形象。

關鍵詞：龍　寵　諧音　雙關語

　　本文研究的文獻是《易經》，無關《易傳》。《易經》中乾、坤二卦為何以龍為占筮的術語呢？千百年眾說如亂絲，皆似盲人瞑行，未臻光明之境。本文以古音為照明之炬，對「龍」何以作為《易》的術語作新的求索。

　　我國文化人在三代時對漢語的諧音現象已有相當的敏感和運用。考（1）《左傳・僖公四年》載卜人諫晉獻公立驪姬為夫人，卜人曰：「專之渝，攘公之羭。一薰一蕕，十年尚猶有臭。」渝與羭諧音，蕕與猶諧音，言猶（蕕）有臭，薰已無香氣，香氣的力量敵不過臭氣。（2）《左傳・僖公五年》記晉獻公假途滅虢時，虞公借道與晉。其時有童謠兆虢將亡。其辭有曰：「鶉之賁賁，天策焞焞。火中成軍，虢公其奔。」奔與賁諧音。如《詩經・崧高》：「申伯番番」。毛傳：「諸侯有大功則賜虎賁」。《釋文》：「賁音奔」。《禮記・檀公上》：「縣賁父禦。」《釋文》：「賁音奔」。《續漢書・百官志》注：「虎賁，舊作虎奔」。

喻虢滅亡時，虢公將如同鶉鳥一樣逃奔。(3)《尚書大傳》卷五謂：「商子曰『喬，父道也。……梓，子道也』。」喬為父道，只因喬是考的諧音。梓為子道，只因為梓為子的諧音。如《尚書·梓才》的《釋文》有曰：「梓音子，本亦作杍。器曰梓，治土器。」《禮記·檀弓上》：「殷人棺槨」。《經典釋文》：「梓音子」。梓又作杍。楊樹達《積微居小學述林》卷一《釋梓》也說：「按『梓』字古人聲訓皆以『子』字為釋，『子』與『梓』古音同也。楊樹達此文舉證頗詳。(4)《左傳·宣公三年》：「吾聞姬姞耦，其子孫必蕃。姞，吉人也。」因姞與吉諧音，石癸竟以娶姞姓女子為吉利。(5)《左傳·宣公三年》：「城者謳曰『睅其目，皤其腹，棄甲而復來。』這首諷刺歌謠的妙處也在於「腹」與「復」諧音。此二字均從『復』得聲，古音相同。(6)《左傳·襄公四年》：「國人誦之曰『我君小子，朱儒是使。朱儒朱儒，使我敗於邾』。」國人的刺譏表現為利用了朱儒的「朱」與邾國的「邾」為諧音字，意謂我國既敗在邾，也敗於侏儒的手中。(7)《國語·魯語上》曰：「夫婦贄不過棗、栗」。韋注：「棗，取蚤（早）起；栗，取敬栗」。分明以棗與蚤（早）諧音，栗與敬栗的栗諧音雙關，章章可明。(8)《漢書·李廣蘇建傳》：「（任立政）數數自循其刀環，握其足，陰諭之，言可還歸漢也。」此則環與還字諧音。(9)《論語·八佾》：「宰我對曰『周人以栗，曰使民戰慄。』子聞之曰『成事不說，遂事不諫，既往不咎』。」孔安國注曰：「宰我不本其意，妄為這說。因周用栗，便云使民戰慄。」包曰：「孔子非宰我，故歷言此三者，欲使慎其後。」宰我長於言語，與子貢齊名，對語言的諧音極敏感，他把作為社木的栗與戰慄的慄相聯繫，雖失於鑿，但卻善於利用語言的諧音。後世劉成國的《釋名》以動詞釋名詞，全用音訓。其方法與宰我完全一致。(9)《說苑·善說》載有古越人歌，其楚語譯文的後二句為：「山有木兮木有枝，心說君兮君不知。」此詩之妙正在於利用了「枝」與「知」的諧音，謂木尚有枝（知），君卻無知。此詩用諧音之法實是承襲了《詩經》的技巧。《詩·檜風·隰有萇楚》曰：「隰有萇楚，猗儺其枝。夭之沃沃，樂子之無知。」此詩之美妙也在「枝」與「知」的諧音。《詩·芄蘭》亦曰：「芄蘭之支（魯詩作「枝」），童子佩觿。雖則佩觿，能不我知。」亦以支（枝）與知諧音。用諧音來增加藝術性是《詩經》的慣用妙法，《詩經》中極為普遍。(10)《國語·晉語一》：「是公使申生伐東山，佩之以金玦也。」韋注：「堅忍，金玦也。玦以示離也。傳曰『金寒，玦離』。」又曰：「玦如環而缺，以金為之。」「玦」之所以示離別之意，正因為「玦」是「訣」字的諧音字。《說文新附》：

「訣，別也。」《玉篇》：「訣，死別也。」「訣」訓「別、離」，《經籍籑詁》、
《康熙字典》中引證甚多。（11）《國語‧晉語二》謂：公子夷吾奔梁，「居二
年，驪姬使奄楚以環釋言。」韋注：「環，玉環。環，還也。」用「環」表和
解，只因「環」與「還」字諧音，寓勸其回還之意。（12）《莊子‧田子方》：
「緩佩玦者事至而斷。」玦為飾玉而象徵果斷之意，因玦與決諧音。成疏：
「玦，決也」。《國語‧晉語二》韋注：「玦，決也。」決（今作決）即果決、
決斷之意。《急就篇》卷 4 王應麟補注引《白虎通》曰：「君子能決斷則佩玦。」
《太平御覽》卷 692 引《白虎通》作：「能決嫌疑即珮玦。」《初學記》卷 26
所引同於《太平御覽》。故佩帶玦者寓意為事至而斷〔註1〕。《白虎通‧諫諍》：
「賜之環則反，賜之玦則去。」《左傳‧閔公二年》：「金玦不復。」顧炎武《補
正》曰：「人臣賜玦則去，故曰不復。」《閔公二年》又曰：「金寒玦離。」又
曰：「佩以金玦，棄其衷也。」〔註2〕（13）《白虎通‧文質》言古人以諧音喻
象徵，最為詳析。如以璋與章、瑁與冒皆為諧音。（14）《後漢書‧五行志二》
注曰：「臣昭曰『槐是三公之象，貴之也』。」則以槐為貴之諧音和雙關語，
故槐為三公之象。（15）楊慎《丹鉛總錄》卷 21「隋末詩讖」條引《海山記》
有曰：「三月三日到江頭，正有鯉魚波上游。意欲持鉤往寮取，恐是蛟龍還復
休。」此是唐興之兆。蓋以「鯉」為李唐王朝之「李」的諧音和雙關語。（16）
《劉子‧鄙名》曰：「而人懷愛憎之意者，以其名有善惡也。今野人晝見蟢子
者以為有喜樂之瑞，夜夢雀者以為有爵位之象」。則以蟢為喜的諧音，雀與爵
諧音。

　　日本古代的和歌也極重視此種技巧，日語稱為「掛言葉」（讀為
Kakekotoba）。我國文化對諧音甚是熱衷，如數字喜八，因八與發財的發為諧
音。喜六，因六與官祿的祿為諧音。（日本有位漢學家叫足立喜六）。把財字
倒掛，因倒與到諧音。古代有人罵「道學」為「倒學」，錢鍾書稱為妙語〔註3〕。
桑樹本為佳木，但因桑與喪諧音〔註4〕，國人至諱言桑。蝙蝠本為醜物，但因

〔註1〕《易‧繫辭下》：「蓋取諸夬。」注：「夬，決也。書契所以決斷萬事也」《釋名‧
　　　釋言語》：「夬，決也。」《易乾鑿度》：「夬之為言決也。」《文心雕龍‧徵聖》：
　　　「書契斷決以象夬。」
〔註2〕亦見《漢書‧五行志》所引。
〔註3〕見錢鍾書《中國固有的文學批評的一個特點》，收入錢鍾書《人生邊上的邊上》，
　　　三聯書店，2011 年。《錢鍾書集》本。
〔註4〕《水經注》卷二十八謂佐喪又作左桑。《漢書‧五行志中之下》：「桑猶喪也。」
　　　另參看《故訓匯纂》1105 頁「桑」條15～18 條所引。

蝠與富、福諧音,人們更以蝙蝠為遍富、偏福的象徵〔註5〕。蠶吐絲可喻摯情不忘,因絲與思諧音。贈別以柳,因柳與留諧音,寓勸留之意。女子贈鞋以寄情,因鞋與諧同音,寓美滿和諧之意。酒席須有雞和魚,因雞與吉諧音、魚與餘諧音,寓吉祥、有餘之意。其例甚眾,不可悉舉。它例可參考朱光潛《詩論·詩與隱》〔註6〕、錢鍾書《管錐編·毛詩正義》卷「澤陂」章、《管錐編·全三國文》卷十四「惡物而成吉徵」章、陳望道《修辭學發凡》第五篇七、王占福《古代漢語修辭學》〔註7〕第二章《雙關》一節。

不僅文人好用諧音,古代的術士、讖語更多用諧音(及折字術),以示祥異。考《史記·秦始皇本紀》:「燕人盧生入海還,以鬼神事,因奏錄圖書,曰『亡秦者胡也』。」秦始皇以胡為匈奴,因胡與匈諧音,不知胡乃胡亥。同篇載流言:「今年祖龍死。」祖即始,龍為皇帝的象徵,言今年始皇死。〔註8〕利用漢字的形和音來飾知驚俗的早期例子還有《漢書·東方朔傳》中的隱語:「妄為諧語曰:『令壺齟,老柏塗,伊優亞,狋吽牙。何謂也?』朔曰:「令者,命也。壺者,所以盛也。齟者,齒不正也。老者,人所敬也。柏者,鬼之廷也。塗者,漸洳徑也。伊優亞者,辭未定也。狋吽牙者,兩犬爭也。」

我的研究顯示,用諧音之法不僅早見於《詩經》、《左傳》、《論語》、《莊子》、《國語》、《尚書大傳》、《白虎通》、《說苑》,也見於《易經》。《易》本為占筮算命的書,而算命先生至今喜用諧音字及折字術。「龍」字作為《易》的占筮術語,僅僅因為龍字是寵字的諧音字。《易經》雖有關於「龍」的幾種卦辭,但只有把「龍」字理解為「寵」字的諧音,才能讀通。現在我們就逐一解析。

〔註5〕《釋名·釋言語》:「福,富也。」

〔註6〕參看《朱光潛全集》(新編增訂本)5《詩論》,中華書局,2012年。

〔註7〕河北教育出版社、2001年。

〔註8〕另如《玄怪錄》卷2《尼妙寂》條的隱語。此雖不關諧音,然亦讖語之術。《後漢書·五行志》錄有許多童謠,多是用漢字的形、音、義來作文字隱語。如折董字為千里草,折卓字為十日卜。《後漢書·袁術傳》袁術見讖書言「代漢者當塗高。」則以「當塗高」為「魏」字之義。《三國志·魏書·文帝紀》注引《孝經中黃讖》曰:「『日載東,絕火光。不橫一,聖聰明。四百之外,易姓而王。天下歸功,致太平,居八甲。共禮樂,正萬民,嘉樂家和雞。』此魏王之姓諱,著見圖讖。」《易運期讖》曰:「『言居東,西有午,兩日並光日居下。其為主,反為輔。五八四十,黃氣受,真人出。』言午,許字。兩日,昌字。漢當以許亡,魏當以許昌。今際會之期在許,是其大效也』。」《易運期》又曰:「鬼在山,禾女連,王天下。」這裡完全是在玩一系列的文字遊戲,但古人或許真的就很迷信。

1.《乾》初九，潛龍勿用。潛與侵諧音，龍與寵諧音。潛字古音為侵部從母，侵字為清母侵部。清、從旁紐為雙聲，且同部。古音極近，可為諧音。馬王堆帛書《易》潛正作浸。馬王堆帛書《二三子》潛作寢。帛書《周易》足證吾說。「潛龍」隱喻「侵寵」。《詩經‧園有桃》序稱：「日以侵削。」《詩經‧下泉》序曰：「曹人疾共公侵刻下民，不得其所。」《詩經‧行露》序曰：「彊暴之男不能侵陵貞女也。」《禮記‧曲禮上》：「禮不踰節，不侵侮。」《禮記‧月令》：「相侵奪者，罪之不赦。」《禮記‧月令》：「毋或敢侵削眾庶兆民。」《禮記‧經解》：「諸侯之行惡，而倍畔侵陵之敗起矣。」《呂氏春秋‧孟冬紀》曰：「無或敢侵削眾庶兆民。」《淮南子‧本經》曰：「帝者體陰陽則侵，王者法四時則削。」《史記‧晁錯傳》：「侵削諸侯。」〔註9〕觀以上各證，知古書中侵字多用為侵削、侵侮、侵奪、侵陵、侵刻之例。侵寵即奪寵、去寵，故而不得重用。

2. 九二，見龍在田，利見大人。第一個「見」既是看見的見，也是表被動的見。見龍可隱喻被寵。《釋名‧釋地》：「田，填也。五稼填滿其中也。」《玉篇》：「田，土也、地也。」則田為田地之意。言被寵於地上，故而利見大人。今之相學中有術語為貴人、小人。貴人即是《易》中的「大人」。大與貴意近。《左傳‧昭公三十一年》：「以險危大人。」杜注：「大人，在位者。」《易乾坤鑿度》卷上：「大人者，聖人之在位者也。」「利見大人」的「見」可能讀音「現」。

3. 九五、飛龍在天，利見大人。飛與丕諧音，丕訓為大，言大寵於天，故而利見大人。古人似以飛龍祈雨。考《殷周金文集成》第429器銘曰：「乃之于雩，永祀是胡，俳公隻（獲）飛龍」。此似以飛龍用於雩（求雨）。

4. 上九、亢龍有悔。（《說文》引亢作忼）。亢當訓極。《說文》：「亢，人頸也。亢或從頁。」「頁」為頭，可表最上之意。《經典釋文》引子夏《易傳》：「亢，極也。」《廣雅‧釋詁》：「亢，極也。」《左傳‧宣公三年》：「可以亢寵。」杜注：「亢，極也。」《漢書‧五行志》：「兵革亢極。」王念孫《廣雅疏證》曰：「抗與亢通。」抗與極同義反覆。《後漢書‧梁冀傳》：「豈以其地居亢滿。」注：「亢，上極之名也。」《慎子‧內篇》：「夫富貴之亢極者。」亢與極同義反覆。可知「亢」訓「極」常見於古書。《易經》的「亢龍」即是《左傳》的「亢寵」。《文選》卷三十七羊祜《讓開府表》曰：「未若今日兼文武之極寵。」「亢

〔註9〕《鹽鐵論‧晁錯》同。

寵」就是「極寵」。亢龍喻極寵，因為物極必反，故極寵當有悔。（又，悔亦可視為侮之借）。另如《逸周書‧大戒解》：「富寵極足是大極，內心其離。」《呂氏春秋‧適威》：「以見極之敗也。」此可為「亢龍有悔」作注釋。

5. 用九，見群龍無首，吉。「見」既是看見，也表被動。「見群龍」隱喻被多寵、被厚寵。無首的首是悠的諧音字。「首」古音為書母幽部，悠為余母幽部。余、書二母古皆讀舌頭音，且同為幽韻，故音近互通。《說文》：「悠，憂也。」《詩‧小雅‧十月之交》：「悠悠我里。」毛傳：「悠悠，憂貌。」《爾雅‧釋詁》郭注引《詩》裏作惏。《爾雅》：「惏，憂也」。《廣雅‧釋詁》：「悠，傷也。」傷與憂義近。言受多寵，無憂，故曰吉。「群」字也可視為「君」的諧音字，言受君寵。亦通。悠，《爾雅》作繇。《釋詁》：「繇，憂也。」另，也可以將「首」看作「尤」的諧音字，「尤」訓罪尤，「無首」暗喻「無尤」，所以很吉祥。

6.《坤》上六，龍戰于野，其血玄黃。《象》傳：「龍戰于野，其道窮也。」「戰」為「殫」字的諧音，殫訓盡、竭。言寵盡於野。如《國語‧晉語一》：「若外殫善而內辱之。」韋注：「殫，盡也。」古訓甚多。另如《國語‧魯語上》：「堯能單均刑法以儀民。」韋注：「單，盡也。」野謂鄙野、不處朝庭之意。「龍戰於野」謂失寵而流落於野，故《象》傳稱其道窮，猶如王逸《離騷》序曰：「屈原放在草野。」「其血玄黃」顯然非吉祥之兆。帛書《易之義》六章和九章正引「戰」作「單」，且釋其義曰：「龍單于野，文而能達也。」以龍象徵文，與上下文脈的含義不合，非是〔註10〕。

《易經》以「龍」字為占筮術語，見於以上六例，我逐一予以辨析，讀龍為寵的雙關語，無不理核辭暢，毫無疑礙。舊注雖如山積海涵，然皆空逞臆說，難服人心。

〔註10〕但是自先秦以來，確有以『龍』表示『文』之說。《易之義》在此處釋義雖誤，也不無根據。如《司馬法》卷上〈天子之義〉：「周以龍，尚文也。」《禮記‧明堂位》：「周龍章。」龍章就是龍文。《禮記‧禮器》：「禮有以文為貴者：天子龍袞，諸侯黼，大夫黻。」《左傳‧桓公二年》：「火、龍，……，昭其文也。」《尚書‧益稷》：「日月星辰山龍華蟲。」孔氏傳：「畫三辰山龍華蟲於衣服旌旗。」《史記‧田單列傳》：「為絳繒衣，畫以五綵龍文。」《漢書‧西域傳論》：「蒲梢、龍文、魚目、汗血之馬。」班固《寶鼎詩》：「煥其炳兮被龍文。」顏延之《曲水詩序》：「龍文飾轡。」董思恭《詠星詩》：「雲際龍文出，池中鳥色翻。」馬王堆帛書《易之義》9章曰：「龍七十變而不能去其文。」《文心雕龍‧時序》：「王袁聯宗以龍章。」龍章是龍的文采。《文心雕龍‧原道》：「龍鳳以藻繪成瑞。」藻繪正是文采。《紅樓夢》第五回寫警幻仙姑的賦中說：「其文若何，龍游曲沼。」皆是明例。

最早言及《周易》『龍』的文獻似乎是《左傳‧昭公二十九年》所載的晉太史蔡墨對魏獻子論龍之言。然史墨對《周易》中龍的寓意並無精解。而杜注說：「今說《易》者皆以龍喻陽氣。如史墨之言，則皆是真龍。」實則這裡的龍既是真龍，也同時有象徵意蘊。

今舉龍與寵相通之證：《易經‧師‧象》：「承天寵也。」鄭玄注：「寵，光耀也。」寵，王肅本作龍。《詩經‧商頌‧長發》：「何天之龍。」鄭箋：「龍當作寵。寵，榮名之謂。」《大戴禮記‧衛將軍文子》引龍為寵。《詩經‧蓼蕭》曰：「既見君子，為龍為光。」毛傳：「龍，寵也。」《玉篇》和《廣雅》：「龍，寵也」。《老子》十三章：「寵辱若驚。」帛書甲本寵作龍。金文《遲父鍾》：「不顯龍光。」龍讀為寵。《急就篇》33 章：「乘而嘉寵。」吐魯番出土寫本作「乘雲駕龍」。《詩經‧周頌‧酌》：「我龍受之。」鄭箋：「龍，寵也。」足見古籍中龍與寵相通，毫無可疑。

在金文中「寵」皆用為榮寵。如《梁其鍾》：「用天子寵。」金文中此語凡五例。在典籍中，《國語‧楚語上》：「其寵大矣。」注：「寵，榮也。」《韓非子‧外儲說左下》：「寵光無節，則臣下侵逼。」《左傳‧昭公十二年》：「寵光之不宣，令德之不知。」《焦氏易林‧恒》：「塞：君子龍光。」同書《晉》：「大月：君子龍光。」《焦氏易林》卷十五《兌之第五十八》曰：「榮寵受祿。」又曰：「君子為國寵光。」又曰：「榮寵赫赫，不可得保。」同書卷七《大畜之第二十六》：「失其寵光。」《焦氏易林》中既出現『龍光』，又出現『寵光』，二者同義。此分明以龍與寵互通。

在古人信仰中，龍曾被當作天的使者，如《管子‧輕重丁》：「龍鬥於馬潰之陽，牛山之陰。管子入復於桓公曰『天使使者臨君之郊，請使大夫袀飭左右玄服迎天之使者乎！』天下聞之曰『神哉齊桓公，天使使者臨其郊。』不待舉兵，而朝者八諸侯。此乘天威而動天下之道也。故智者役使鬼神而愚者信之。」古人還確曾以龍象徵天。如《禮記‧郊特牲》：「龍章而設日月，以象天也。」《管子‧五行》也說：「龍明乎天道故使為當時。」

鄭玄嘗論「易」一名而三義：「易簡一也，變易二也，不易三也。」孔穎達《毛詩正義》亦申鄭說，謂「詩」有三訓：「承也、志也、持也。」皇侃《論語義疏‧序》謂《論語》之「論」同時有四義；一為倫次，二為倫理，三為經綸古今，四為如車輪之圓轉無窮，喻義旨周備。董仲舒《春秋繁露‧深察名號》謂「王」字同時具五義：「一曰皇，二曰方，三曰匡，四方曰黃、五曰往」。「君」

之名同時蘊五義：一曰元，二曰原，三曰權，四曰溫，五曰群。「名」同時有「鳴」與「命」二義。《白虎通·號》釋「皇」有三義：「君也，美也，大也。」《春秋運斗樞》釋「皇」曰：「皇者，中也，光也、宏也。」〔註11〕宏一作弘。可知古人以一詞蘊多義，實為慣技。諧音之法正是以一詞含多義，深得古人之心。

〔註11〕參觀錢鍾書《管錐編》1冊《周易正義》一《論易之三名》。三聯書店，2011年。3頁。《錢鍾書集》本。

《詩經》諧音藝術新考

提要：

  諧音藝術是重要的漢字文化藝術，在中國的語言文字藝術中有重要地位。在從上古以來的古書中有很多漢字諧音現象。《左傳》和《詩經》都有很多諧音藝術。但《詩經》學界對《詩經》的諧音藝術缺乏深入的研究，至今還基本是空白。本文具體考證《詩經》中六首詩的諧音藝術，有利於深入理解《詩經》的藝術成就和思想內涵。

關鍵詞：詩經 諧音 比興 雙關語

一、我國漢字的諧音文化

  漢字的諧音文化是漢字的重要文化和文字藝術，與訓詁學也有密切關係。諧音文化的藝術效果，是利用漢字的諧音，使得漢字包含雙重含義，從而使得文學修辭富於聯想和含蓄。我國人民對諧音甚是熱衷，在生活和觀念中非常喜歡漢字的諧音文化。如數字喜「八」，因「八」與發財的「發」為諧音，象徵發財。數字喜「六」，因「六」與官祿的「祿」為諧音〔註1〕。把「財」字倒掛，因「倒」與「到」諧音，象徵財到、發財。古人有罵「道學」為「倒學」的，錢鍾書稱為妙語〔註2〕。桑樹本為佳木，但因「桑」與「喪」諧音〔註3〕，國人至諱言桑。蝙蝠本為醜物，但因「蝠」與「富、福」諧音，人們便以「蝙蝠」

〔註 1〕日本有位漢學家叫足立喜六。
〔註 2〕見錢鍾書《中國固有的文學批評的一個特點》，收入《錢鍾書集》中的《人生邊上的邊上》，三聯書店，2010 年版。
〔註 3〕《水經注》卷二十八謂佐喪又作左桑。《漢書·五行志》：「桑猶喪也。」

為「遍富、偏福」的象徵〔註4〕。蠶吐絲可喻摯情不忘，因「絲」與「思」諧音，象徵深情思念。贈別以柳，因「柳」與「留」諧音，寓勸留之意。女子贈鞋以寄情，因「鞋」與「諧」同音，而且「鞋」總是成雙成對，可以表達願與情人結為配偶、和諧生活的。現代人的習俗以酒席須有雞和魚，因「雞」和「吉」諧音、「魚」和「餘」諧音，寓吉祥、有餘之意〔註5〕。其實「雞」與「吉」、「魚」與「餘」的古音不同，不可能諧音，「雞」與「吉」只是在入聲消失後的北方官話中才變得可以諧音了。「魚」應該是在疑母消失後，「餘」的以母消失後，二者才能諧音，所以二者的諧音在元代以後。因此，這個諧音民俗的產生不會很早。過年過節，門前放大象，因為「象」與「祥」諧音，象徵吉祥如意。嶺南地區春節多以橘子來做裝飾，因為「橘」與「吉」諧音，象徵吉祥。過年吃「年糕」，「糕」與「高」諧音，象徵年年高升。

廣東方言詞彙稱「豬舌頭」為「豬利」。因為「舌頭」的「舌」與「折本」的「折」諧音，喜歡經商的廣東人以為聽起來不吉利，要虧錢，於是改「豬舌」為「豬利」。

廣東很多性「李」的人不吃「鯉魚」，因為「鯉」與「李」諧音。

重慶人對話。甲：「這是真的呀？」乙：「不是蒸的是煮的呀！」因為在重慶話中「真」與「蒸」同音。這種前後鼻音在細元音前相混的語音現象在眾多方言中都存在。

《三國演義》七十四回稱：「卻說關平見關公箭瘡已合，甚是喜悅。忽聽得于禁移七軍於樊城之北下寨，未知其謀，即報知關公。公遂上馬，自變量騎上高阜處望之，見樊城城上旗號不整，軍士慌亂；城北十里山谷之內，屯著軍

〔註4〕《釋名·釋言語》：「福，富也。」
〔註5〕不僅文人好用諧音，古代的術士、讖語更多用諧音（及拆字術），以示祥異。《史記·秦始皇本紀》：「燕人盧生使入海還，以鬼神事，因奏錄圖書，曰：『亡秦者胡也。』」秦始皇以胡為匈奴，因胡與匈諧音，不知胡乃胡亥。同篇載流言：「今年祖龍死。」祖即始，龍為皇帝的象徵，言今年始皇死。另如《玄怪錄》卷2《尼妙寂》條的隱語。此雖不關諧音，然亦讖語之術。《後漢書·五行志二》注曰：「臣昭曰：『槐是三公之象，貴之也。』」則以槐為貴之諧音和雙關語，故槐為三公之象。《後漢書·五行志》錄有許多童謠，多是用漢字的形、音、義來作文字隱語。如拆董字為千里草，拆卓字為十日卜。《後漢書·袁術傳》袁術見讖書言「代漢者當塗高」，則以「當塗高」為「魏」字之意。楊慎《丹鉛總錄》卷21「隋末詩讖」條引《海山記》有曰：「三月三日到江頭，正有鯉魚波上游。意欲持鉤往撩取，恐是蛟龍還復休。」此是唐興之兆。蓋以鯉為李唐王朝之李的諧音和雙關語。

馬；又見襄江水勢甚急，看了半響，喚嚮導官問曰：『樊城北十里山谷，是何地名？』對曰：『罾口川也。』關公喜曰：『于禁必為我擒矣。』將士問曰：「將軍何以知之？」關公曰：『魚入罾口，豈能久乎？』諸將未信。」關公這裡以「于禁」的「于」和「魚」諧音，認為「魚（于）入罾口」，等於陷入網絡，必被生擒。考論古音，「魚」是疑母，「于」是喻三，二者在元末明初的《三國演義》中同音。可見在《三國演義》的元末明初時代，疑母的「魚」已經失去了後鼻音聲母，而讀為撮口呼了，喻三的「于」（早與影母合流）也已經讀為撮口呼聲母。這條音韻學的諧音材料雖然很少被音韻學家使用，但卻與音韻學家的研究結論完全吻合。王力《漢語語音史》〔註6〕卷上《歷代的音系》第七章《元代音系》稱：「在元代，疑母消失了，原疑母字併入喻母，而元代的喻母包括守溫字母的影喻兩母。」以影母切疑母、以喻母切疑母的例證眾多，文煩不錄。耿振生《音韻通講》〔註7〕第六章《近代音》第一節《〈中原音韻〉和元代北京音系》：「喻母的全部和疑母的大多數字併入影母，即變成了零聲母。」

張廷興《諧音民俗》〔註8〕一書是研究諧音文化的專著，收集漢字文化中的諧音技巧頗為豐富，論述很詳盡，值得參考。我們從中轉述一些材料。其書83頁：「有些作家，善於根據人物特徵，選取與之相諧音的名字給文學作品中的人物命名。如《金瓶梅》中的遊守，諧音游手；郝閒，諧音好閒；溫必古，諧音『溫屁股』，喜男風；韓道國，諧音『還搗鬼』，『國』方言中讀guǐ，失去了入聲，同『鬼』音；車淡，諧音『扯蛋』；應伯爵，諧音『應白嚼』，當篾片，小混混，混吃混喝；常時節，諧音『常時借』；吳典恩，諧音『無點恩』，忘恩負義的白眼狼。這表明在《金瓶梅》時代，疑母的「吳」和微母的「無」都已經合流為影母；卜志道，諧音『不知道』（卜的入聲已經消失）；雲離守，諧音『雲裏手』，翻雲覆雨，在官場上遊刃有餘；李外傳，諧音『裏外賺』。《紅樓夢》中有些名字也是用這種方法取的，如甄士隱，為『真事隱』的諧音；元春、迎春、探春、惜春，取第一個字為『原應歎息』的諧音。」另外《紅樓夢》第

〔註6〕見《王力文集》（山東教育出版社，1987年）第十卷389頁。王力先生《元代音系》一章利用的是《中州音韻》的反切系統。關於《中州音韻》，參看何九盈先生《〈中州音韻〉述評》，收入何九盈《音韻叢稿》，商務印書館，2002年。董冰華《〈中原雅音〉與〈中州音韻〉考論》，廈門大學出版社，2017年。

〔註7〕河北教育出版社，2001年。368頁。

〔註8〕中央民族大學出版社，2000年。

五回的美酒名「千紅一窟」，「窟」與「哭」諧音；美酒「萬豔同杯」的「杯」與「悲」諧音。

　　張廷興《諧音民俗》61～64 頁列舉了豐富的諧音材料，很有啟發性，大致轉錄如下：

　　八─發：888─發發發

　　掰─百：把一個饅頭一掰等於一百個饅頭。

　　柏─百：「百事大吉」用柏枝。

　　爆─報：竹報平安，即爆竹燃放。

　　卜─福：舊時蘿蔔稱為「蘿菔」，有春節吃蘿蔔求福習俗。

　　材─財：棺木俗稱「材」，諧音「財」。

　　菜─財：春節吃生菜，諧音「生財」。

　　柴─財：春節有送柴習俗。

　　秤─稱：婚禮用秤，義為「稱心如意」。

　　綢─稠：用綢料做嫁衣，祈子多福多。

　　綢─愁：嫁衣禁忌用綢料。

　　竹─祝：用在賀壽圖中。

　　蔥─聰：用在祈子儀式中。

　　倒─到：將東西倒置，或將「福、喜」字倒貼，取「到了」之義。

　　燈─丁：用在祈子儀式中。丁的意思是人丁、人口。

　　蝶─耋：用在賀壽圖中。

　　釘─丁：用在祈子習俗中。

　　斗─陡：婚禮中斗中放有麥麩，取「陡富」之義。

　　豆─鬥：祭祀不用豆製品。

　　緞─斷：不用緞料做嫁衣、做壽衣。

　　鵝─我、餓：稱鵝為「長脖」、「望天」。

　　芙─夫：樂府民歌以芙蓉諧「夫容」。

　　蝠─福：蝙蝠在民間圖案中象徵福。

　　腐─福：民間春節喜用豆腐，取義「都有福」。

　　糕─高：棗糕，諧音「早高」，為春節食品。

　　瓜─娃：祈子吉祥物。

　　棺─官：諧音解夢方法。

丸—完：待客的最後一道菜為「丸子」。

桂—貴：組成「早生貴子」的口彩語，或取「富貴」之義。

盒—和：用在民間圖案中，取「和睦」之義。

槐—壞：不用槐木為建築材料。

雞—吉：取吉利之義。

薑—僵：蠶民忌說薑。

今—金：「金日大吉」用於店鋪開張。

九—久：1999 年 9 月 9 日，為結婚佳期。

韭—九：以韭代替九種菜。

橘—吉：春節送金橘，諧「金吉」。

空—凶：粵方言忌言「空」，逢「空」言為「吉」。

褲—富：民間有新娘縫褲風俗。〔註9〕

梨—離：忌用梨作禮品。寓意：分離、離別。

栗—利、立：取「立子」、「吉利」之義。

蠣—利：同上。

蓮子—戀子：樂府詩歌中常用「蓮子」借指所愛戀的人。

梁—梁：民間喜用榆木為梁，諧音「餘梁」。

柳—留：古有「折柳送別」習俗。

六—溜：東北忌上六個菜待客。

鹿—祿：鹿為民間吉祥圖案。

貓—耄：用作祝壽圖案。

梅—媒、眉：要梅、送梅以象徵求偶，梅又為民間圖案，如《喜上眉梢》。

瓶—平：民間吉祥圖案，「平安」之義。

芹—勤：育兒習俗。

磬—慶：民間吉祥圖案。

桑—喪：民間院前不栽桑樹。

笙—生：用在催生禮俗中。

柿—事：柿餅用在春節中，取義「百事大吉」。

書—輸：忌以書為禮品。〔註10〕

〔註9〕光華案，在粵方言中，「褲」讀音與「富」相近，讀 fu。

〔註10〕光華案，廣東、香港等地人喜歡做生意，也喜歡賭博，忌諱「書」與「輸」同音。

瘦—壽：瘦石是長壽的象徵。〔註11〕

四—死：民間忌諱「四」。

絲—思：民歌常用絲表達思念。

碎—歲：取「歲歲平安」之義。

蒜—算：取知數、會計算之義。

桃—逃：民間以桃木為驅邪之具。〔註12〕

童—同：民間圖案以「童」諧音「同」，構成《普天同慶》、《同賀新禧》等。

錫—媳：民間將「偷錫」說成「扒灰」，以避「偷媳」。

嬉—喜：民間以嬉子為喜兆。〔註13〕

鹹—賢：民間以鹽放入婚嫁嫁妝中，取「賢慧」之義。

象—祥：民間吉祥圖案。

洗—死：上海人避「洗」，為「汰」、「抹」、「揩」。

騷—燒：船家、商人忌船頭、門口小便。

鞋—諧：新娘向婆家人贈鞋，取「和諧」之義。

杏—幸：民間喜用杏木做門板。

鴨—壓：民間不用鴨為宴菜，稱鴨為「老歪、扁嘴」。

羊—祥：舊以羊為聘禮，取吉祥之義。

酉—有：民間春節有張貼「酉」字的風俗。

魚—餘：民間用魚表示「有餘」。

榆—餘：民間喜用榆木做梁。

鐘—終：民間不用鐘為禮物。

柱—住：民間喜用「柱子」為乳名。

豬—朱：姓朱的人忌言「豬」、「殺豬」。

箸—住：船民忌言「箸」，說成「快」。

粽—宗：民間以粽子為祭品，以祭祖宗。

此書還收集了很多的諧音民俗的材料，難以詳錄。以上的眾多例證可以表明，漢字的諧音文化廣泛滲透到了中國人生活與思想之中。日本古代的貴族詩

〔註11〕光華案，祝壽的麵條要細長（即瘦），象徵長壽（諧音瘦）。

〔註12〕光華案，道教徒做法驅邪用桃木劍，寓意是讓疫鬼快逃。

〔註13〕光華案，《全唐詩》卷328權德輿《玉臺十二首》:「昨夜裙帶解，今朝蟢子飛。鉛華不可棄，莫是藁砧歸。」

歌——和歌也極重視此種技巧，日語稱為「掛言葉」（讀為 Kakekotoba），廣泛使用於和歌的創作中，使得和歌富有藝術性和感染力。

二、漢字的諧音技巧與訓詁學

我國古文獻的語言藝術自西周以來已經高度發展，極其優美。語言的諧音技巧是語言優美藝術的一個重要方面，對諧音技巧的研究，會有助於訓詁學的研究。我們對上古文獻中訓詁與諧音現象的關係作比較詳細的探討和考察（最後一例是中古時代）。今舉證討論如下：

例 1.《左傳・僖公四年》載卜人諫晉獻公立驪姬為夫人，卜人曰：「專之渝，攘公之羭。一薰一蕕，十年尚猶有臭。」「渝」與「羭」諧音，「蕕」與「猶」諧音，言猶（蕕）有臭，薰已無香氣，香氣和臭氣混在一起，香氣敵不過臭氣。

例 2.《左傳・僖公五年》記晉獻公假途滅虢時，虞公借道與晉。其時有童謠兆虢將亡。其辭有曰：「鶉之賁賁，天策焞焞。火中成軍，虢公其奔。」「奔」與「賁」諧音〔註14〕。

例 3.《尚書大傳》卷三謂：「商子曰：『喬者，父道也。……梓者，子道也。』」喬為父道，只因「喬」是「考」的諧音。梓為子道，只因為「梓」為「子」的諧音〔註15〕。

例 4.《左傳・宣公三年》：「吾聞姬姞耦，其子孫必蕃。姞，吉人也。」因「姞」與「吉」諧音，石癸竟以娶姞姓女子為吉利。

例 5.《左傳・宣公二年》：「城者謳曰：『睅其目，皤其腹，棄甲而復』。」這首諷刺歌謠的妙處也在於「腹」與「復」諧音。

例 6.《左傳・莊公二十二年》記陳氏將興於姜姓的齊國，那神秘的占卜之言完全神秘在諧音上。其辭曰：「鳳凰于飛，和鳴鏘鏘。有媯之後，將育於姜。五世其昌，並於正卿。八世之後，莫之與京。」其中姜暗喻姜姓的齊國。姜、卿、京三字諧音，不僅押韻而已。「將」又與「鏘」諧音。

例 7.《左傳・襄公四年》：「國人誦之曰：『我君小子，朱儒是使。朱儒朱儒，使我敗於邾。』」國人的刺譏表現為利用了朱儒的「朱」與邾國的「邾」為諧音字。

〔註14〕《禮記・檀弓上》：「縣賁父御。」《經典釋文》：「賁音奔。」《後漢書・百官志》注：「虎賁，舊作虎奔。」喻虢滅亡時，虢公將如同鶉鳥一樣逃奔。
〔註15〕《禮記・檀弓上》：「殷人棺槨。」《經典釋文》：「梓音子。」梓又作杍。

例 8.《國語·魯語上》曰:「夫婦贄不過棗、栗。」韋注:「棗,取蚤(早)起;栗,取敬栗。」分明以「棗」與「蚤(早)」諧音,「栗」與敬栗的「栗」諧音雙關,彰彰可明。

例 9.《漢書·李廣蘇建傳》:「(任立政)數數自循其刀環,握其足,陰諭之,言可還歸漢也。」此則「環」與「還」字諧音。

例 10.《論語·八佾》:「宰我對曰:『周人以栗,曰使民戰慄。』子聞之曰:『成事不說,遂事不諫,既往不咎。』」孔曰:「宰我不本其意,妄為這說。因周用栗,便云使民戰慄。」包曰:「孔子非宰我,故歷言此三者,欲使慎其後。」宰我長於言語,與子貢齊名,對語言的諧音極敏感,他把作為社木的栗與戰慄的栗相聯繫,雖失於鑿,但卻善於利用語言的諧音。後世劉成國的《釋名》以動詞釋名詞,全用音訓。其方法與宰我完全一致〔註16〕。

例 11.《國語·晉語一》:「公說,是故使申生伐東山,衣之偏裻之衣,佩之金玦。」韋注:「玦如環而缺,以金為之。」又「故告之以離心,而示之以堅忍之權。」韋注:「離心,偏衣中分也。堅忍,金玦也。玦以示離也。傳曰:『金寒玦離』。」「玦」之所以示離別之意,正因為「玦」是「訣」字的諧音字〔註17〕。

例 12.《國語·晉語二》謂公子夷吾奔梁,「居二年,驪姬使奄楚以環釋言。」韋注:「環,玉環。環,還也。」用「環」表和解,只因「環」與「還」字諧音,寓勸其回還之意。

〔註16〕饒宗頤《梵學集》認為以動詞釋名詞之法與古天竺冥合,可能受自西天。實則我國春秋時的宰我早明此法。

〔註17〕《說文新附》:「訣,別也。」《玉篇》:「訣,死別也。」「訣」訓「別、離」,《經籍纂詁》、《康熙字典》中引證甚多。《莊子·田子方》:「緩佩玦者事至而斷。」玦為飾玉而象徵果斷之意,因玦與決諧音。成疏:「玦,決也。」《國語·晉語二》韋注:「玦,決也。」決(今作決)即果決、決斷之意。《急就篇》卷 4 王應麟補注引《白虎通》曰:「君子能決斷則佩玦。」《太平御覽》卷 692 引《白虎通》為「能決嫌疑即佩玦」,《初學記》卷 26 所引同於《太平御覽》。故佩帶玦者寓意為事至而斷。《易·繫辭下》:「蓋取諸夬。」注:「夬,決也。書契所以決斷萬事也。」《釋名·釋言語》:「夬,決也。」《易幹鑿度》:「夬之為言決也。」《文心雕龍·徵聖》:「書契斷決以象夬。」《白虎通·諫諍》:「賜之環則反,賜之玦則去。」《左傳·閔公二年》:「金玦不復。」顧炎武《補正》曰:「人臣賜玦則去,故曰不復。」《閔公二年》又曰:「金寒玦離。」又曰:「佩以金玦,棄其衷也。」亦見《漢書·五行志》所引。

例 13.《白虎通・文質》言古人以諧音喻象徵，最為詳析。如以璋與章、琮與綜、瑁與冒、珪與規皆為諧音〔註18〕。

例 14.《劉子・鄙名》曰：「而人懷愛憎之意者，以其名有善惡也。今野人晝見蟢子者以為有喜樂之瑞，夜夢見雀者以為有爵位之象。」則以蟢為喜的諧音，雀與爵諧音。其例甚眾，不可悉舉〔註19〕。

我們如果不瞭解上古文獻中的諧音技巧，則對於古文獻的訓詁和深入理解都將隔膜。我們舉出若干重要的材料來予討論《詩經》的諧音藝術。

三、《詩經》的諧音藝術新考

《詩經》中有諧音藝術，這是學者們常常忽略的。本文列舉六個例證來做詳細的考論。

（一）《詩經・卷耳》「卷耳」

《詩經・卷耳》：「采采卷耳，不盈頃筐。嗟我懷人，置彼周行。」這首詩的主題思想是什麼呢？王先謙《詩三家義集疏》〔註20〕引《魯詩說》：「思古君子官賢人，置之列位。」《毛詩序》：「后妃之志也。又當輔佐君子求賢審官，知臣下之勤勞，內有進賢之志，……朝夕思念，至於憂勤也。」都是說「思念賢人來輔佐君子」。問題在於「思念」的主題除了詩中的「懷人」之外，為什麼前面要有「采采卷耳」來作起興呢？「采采卷耳」與「嗟我懷人」之間有什麼邏輯關聯呢？「卷耳」這種低賤的野菜怎麼能夠與「懷人」相關聯呢？古今的經學家們都沒有說清楚這其中的奧秘。我認為這其中有諧音的藝術技巧。我的研究認為：《詩經》的「卷耳」二字與「眷爾」諧音，象徵「眷念你、思念你」，於是才能與《詩》中的「懷人」、《詩序》的「思念賢人」發生邏輯上的關聯。只有明確了這個諧音，才能真正解決《卷耳》的訓詁以及為什麼用「卷耳」作為描寫的意象。《詩三家義集疏》24 頁引《本草》稱「卷耳」有別名為「常思」，這是對的，但沒有從訓詁學予以闡明為什麼「卷耳」有「常思」這個別名？

〔註18〕 此為我所釋，原文以琮為聖，以珪為瑞，似未中肯。

〔註19〕 它例可參考朱光潛《詩論・詩與隱》（中華書局版，2012 年）；錢鍾書《管錐編・毛詩正義》卷「澤陂」章、《管錐編・全三國文》卷十四「惡物而成吉徵」章（均見《錢鍾書集》本，三聯書店，2011 年）；呂叔湘《語文雜記》（上海教育出版社，1984 年）30 頁論《北夢瑣言》中有諧音。

〔註20〕 中華書局點校版，2018 年。吳格點校。23 頁。

（二）《詩經·靜女》「彤管」

《詩經·靜女》：「靜女其姝，俟我於城隅。愛而不見，搔首踟躕。靜女其孌，貽我彤管。彤管有煒，說懌女美。自牧歸荑，洵美且異。匪女之為美，美人之貽。」王先謙《詩三家義集疏》引《齊詩說》、《毛詩序》、《鄭玄箋》都把這首詩的主題解釋為諷刺衛國國君無道，恐不是詩歌的本義，還是應該解釋為一首愛情詩。其中難以理解的是為什麼靜女要贈送我「彤管」呢？「彤管」有什麼含義呢？這是經學家眾說紛紜的難題。魯詩解釋：「古者后夫人必有女史彤管之法，后妃群妾以禮御於君所，女史書其日，授其環，以示進退之濾。」毛傳解釋為：「古者后夫人必有女史彤管之濾，史不記過，其罪殺之。」云云。這樣的闡釋過於牽強，明顯與《靜女》詩意本身不符合。其他學者的解釋也多，不必詳錄。我認為其中最難解的「彤管」和「荑」有諧音的技巧。我們前面所引的漢字諧音文化的材料顯示，贈送禮物的名稱往往有其象徵意義。男女之間贈送禮物是為了表達愛情。董志翹先生在其力作《〈詩〉語間詁（一）》〔註21〕在參考劉大白的《白屋說詩》的基礎上，訓詁為「茅草」，與下文的「荑」相呼應，並認為茅草也有紅色的，茅有丹茅，荑有丹荑。董先生最終將「管」解釋為「菅」字異體，因為有文字學的大量證據表明作為偏旁的艸和竹是可以互換的，並不影響文義。董先生聯繫上古時代男女贈送禮物的民俗，同時又以「菅」為「蘭」的諧音，訓「蘭草」。董先生根據李嘉言《古詩初探》的觀點，將「彤管」訓釋為「紅蘭」。按照董志翹先生的解釋，那麼也不必在意「管」是不是「菅」字異體，反正「管、菅」都是「蘭」字諧音，「蘭草」是男女之間表達愛情的禮物，董先生此文頗有舉證，這些例證都是可信的。但是我對董先生關於諧音的具體觀點有所商榷。有以下幾點：

（1）「蘭草」作為男女愛情的信物，應該是從《易傳》以後才慢慢有的。而《易傳》是戰國時代的典籍〔註22〕，在《詩經》時代看不出「蘭草」有作為

〔註21〕見《漢語史研究集刊》第 18 輯〔M〕。四川大學中國俗文化研究所，2014。7 ～20 頁。

〔註22〕北宋的歐陽修在《易童子問》（收入《歐陽修全集》第三冊，中華書局點校本，李逸安點校，2009 年版）卷七十八《易童子問卷三》（1119 頁）早就懷疑《易傳》非孔子所作，非一人之言，略稱：「何獨《繫辭》焉，《文言》、《說卦》而下，皆非聖人之作，而眾說淆亂，亦非一人之言也。昔人學《易》者，雜取以資其講說，而說非一家，是以或同或異，或是或非，其擇而不精，至使害經而惑世也。」清朝大儒戴震、崔東壁、皮錫瑞等認為《易大傳》不是孔子所作。今舉崔東壁《洙泗考信錄》卷之三《歸魯上》之《辨作〈易傳〉之說》（見崔

述撰著、顧頡剛編訂《崔東壁遺書》上，上海古籍出版社，2013年。310～311頁）稱：「《春秋》，孔子之所自作，其文謹嚴簡質，與《堯典》、《禹貢》相上下；《論語》，後人所記，則其文稍降矣；若《易傳》果孔子所作，則當在《春秋》、《論語》之間，而今反繁而文，大類《左傳》、《戴記》，出《論語》下遠甚，何耶？《繫詞》、《文言》之文，或冠以『子曰』，或不冠以『子曰』；若《易傳》果皆孔子所作，不應自冠以『子曰』字；即云後人所加，亦不應或加或不加也。」崔東壁還提到孟子極力表彰孔子，但絕不提孔子作《易傳》之事。他還舉了其他一些理由。崔東壁的質疑是很有道理的。馮友蘭將《論語》和《易傳》關於「天」的觀念做了比較，發現二者差別很大，《論語》的「天」是有意志的主宰，有決定人間禍福的權威。而《易傳》的「天」只是大自然而已。《易傳》更有唯物主義的傾向。因此《易傳》非孔子所作（見李鏡池周易著作全集一302～304頁所引。中華書局，2019年）。李鏡池《周易探源》（收入《李鏡池周易著作全集》一，中華書局，2019年）之《易傳探源》上《易傳非孔子作的考證》，引用馮友蘭的文章指出了《易傳》非孔子所作的內證。錢穆《論十翼非孔子作》（收入《古史辨》第三冊）列舉十證考證《易傳》不是孔子所作，也詳細比對了《論語》和《易傳》在思想上的歧異，指出《孟子》也絲毫沒有提及《易傳》。張岱年《論〈易大傳的著作年代與哲學思想〉》（收入《張岱年全集》5，河北人民出版社，1996年）一《〈易大傳〉著作年代新考》（218頁）稱：「我們可以斷定，《繫辭》的基本部分是戰國中期的作品，著作年代在老子以後，惠子、莊子以前。」稱《周易‧繫辭》的產生早於《禮記‧樂記》，在《公孫尼子》之前。我認為張岱年的這個推斷最為可信，《易大傳》應該是在《老子》之後，《莊子》之前。劉大鈞《易大傳著作年代再考》（收入黃壽祺、張善文編《周易研究論文集》第一輯，北京師範大學出版社，1987年）認可張岱年的基本考證結論。任繼愈主編《中國哲學發展史（先秦卷）》（人民出版社，1998年版）《〈易經〉和〈易傳〉》一《從〈易經〉到〈易傳〉》也主張《易傳》產生於戰國時代，應該是承襲了張岱年的觀點。李學勤《周易溯源》（巴蜀書社，2006年）第二章《〈易傳〉的年代問題》第二節《由〈樂記〉看〈易傳〉年代》（其書106頁）稱張岱年之文「所說非常精到平允」，並且認為就是《禮記‧樂記》引述《易傳》。高亨《周易大傳今譯》（收入《高亨著作集林》第二卷，2004年）之《〈周易大傳〉通說》第一篇《〈周易大傳〉概述》（三）《〈周易大傳〉之作者與時代》批評了孔子作《易傳》之說，主張《繫辭》和整部《易傳》都產生於戰國時代（見其書14～17頁）。李鏡池《論〈易傳〉著作時代書》（收入顧頡剛《古史辨》第三冊，上海古籍出版社，1982年。133～134頁）甚至稱《易傳》是西漢儒者之書，這又將《易傳》的時代拉得太晚。考《禮記‧樂記》：「天尊地卑，君臣定矣。卑高已陳，貴賤位矣。動靜有常，大小殊矣。」這明顯是出自《周易‧繫辭》：「天尊地卑，乾坤定矣。卑高已陳，貴賤位矣。動靜有常，剛柔斷矣。」而稍有變異。又，《禮記‧樂記》：「方以類聚，物以群分，則性命不同矣。」這肯定是出自《繫辭傳》：「方以類聚，物以群分，吉凶生矣。」足見在戰國時代的《禮記‧樂記》之前，今本《繫辭》早已產生並流行。西漢早期的《賈誼新書‧辯惑》篇引用《易》曰：「二人同心，其義斷金。」明顯是出自今本《繫辭上》：「二人同心，其利斷金。」可知《繫辭》在西漢早期以前肯定已經很流行了。我自己舉出一項特證：

愛情信物的象徵意義。即使按照古代有些學者的觀點認為《繫辭傳》是孔子所作〔註23〕，時代也在《詩經》之後。考《周易‧繫辭上》：「二人同心，其利斷金；同心之言，其臭如蘭。」正是因為《繫辭傳》的這個古典，後來中國民俗才慢慢用「蘭」來象徵「同心」。《文選》卷二十四陸士衡《贈馮文羆遷斥丘令一首》：「利斷金石，氣惠秋蘭。」注引《周易》此語。曹植《朔風詩》：「秋蘭可喻。」注：「蘭以秋馥，可以喻言。」所以，男女之間贈送蘭草表示「同心」。但這是在《繫辭傳》以後才逐漸形成的民俗，在《詩經》時代似乎沒有男女之間沒有贈送蘭草表示「同心」的習俗。因此，不能認為「管、菅」是「蘭」的諧音。從《詩經》用詞來看，不大可能用「彤管、彤菅」來象徵「蘭」。《詩經》男女之間贈送的香草是芍藥，《楚辭》男女之間贈送的香草是杜若等，似乎沒有蘭草。《九歌‧少司命》提到「秋蘭」，但沒有說「秋蘭」是男女之間贈送的表情之物。但在《楚辭》中「蘭草」已經有表示「同心」的寓意了。考《離騷》：「蘭芷變而不芳兮，⋯⋯余以蘭為可恃兮，羌無實而容長。委厥美以從俗兮，苟得列乎眾芳。」此歎息蘭草變質從俗，故後文便稱：「何離心之可同兮，吾將遠逝以自疏。」變質的蘭草已不能同心了。〔註24〕《楚辭‧招魂》：「結撰至

《易傳》有明顯的陰陽論的世界觀，而《論語》完全沒有陰陽論的思想。這是二者世界觀的本質性的不同，因此，二者斷然不可能出自同一人之手。綜述性的考察可參看楊慶中《周易經傳研究》（商務印書館，2005年）第8章《孔子與〈易傳〉》、第9章《易傳》成書的年代。廖名春《〈易傳〉概論》（收入廖名春《〈周易〉經傳與易學史新論》）修訂本《外編》第十五章，中國人民大學出版，2014年）。

〔註23〕例如司馬遷《史記‧孔子世家》、班固《漢書‧藝文志》、孔穎達《周易正義》都主張孔子作《易大傳》。《史記》最早倡此說。

〔註24〕從對「蘭」可以象徵「男女同心」這個材料來看，《周易‧繫辭傳》的產生早於《離騷》。《離騷》也是利用了《繫辭》的典故。這個材料是我首先發現的。更考楚襄王時代的文豪宋玉《小言賦》（參看嚴可均編撰、陳延嘉等主編校點《全上古三代文》卷十，河北教育出版社點校本，1997年版。128頁。此文出自《古文苑》）：「且一陰一陽，道之所貴。⋯是故卑高相配而天地位。」這幾句明顯出典於《繫辭上》：「一陰一陽之謂道。」又，《繫辭上》：「天尊地卑，乾坤定矣。卑高以陳，貴賤位矣。」可證宋玉熟讀《繫辭》。張岱年《論〈易大傳的著作年代與哲學思想〉》（收入《張岱年全集》5，河北人民出版社，1996年）一《〈易大傳〉著作年代新考》（216頁）、李學勤《周易溯源》（巴蜀書社，2006年）第二章《〈易傳〉的年代問題》第三節（127～128頁）也注意到宋玉很熟悉《繫辭傳》。李學勤並且做結論稱：《易傳》在楚地很流行，《荀子》多提及《易》也是在楚地為官之時，「馬王堆帛書《易傳》出土於楚地，其中傳《易》的繆和、昭力，從姓氏考察都是楚人」。（見其書128頁）。李學勤參證

思，蘭芳假些；人有所極，同心賦些。」將「蘭芳」與「同心」對舉。可知戰國時代的楚國人們常以同心與蘭相配應。〔註25〕這與《易傳》在楚國流行有很大的關係。

（2）根據後世的詩文，男女之間贈送蘭草，就是直接送蘭草，稱為「蘭」，不會送「菅、管」來象徵蘭草。這一點至關重要，是董先生觀點較大的破綻。

（3）《詩經》「彤管」的各家注都是將《詩經》原文認定為是「管」，沒有一家認為原文當作「菅」，或通假為「菅」。齊魯韓毛四家的《詩經》原文都作「管」，只有異文作「筦」。〔註26〕所以古本《詩經》原文只能是「管」，不會是「菅」。董先生改「管」為「菅」，這沒有文獻學上的根據。另外，董先生既將「菅」認定為本字，訓為「茅草」，從而與下句的「荑」相照應，但同時董先生也認為「菅」是「蘭」的諧音字（董先生稱此為「借物表意」）。這就有問題了。「彤菅」到底是表示「紅茅草」還是「紅蘭」呢？為什麼要用「紅茅草」這種植物來表示「紅蘭」呢？原文乾脆直接用「紅蘭、彤蘭」不更好嗎？所以，我認為「管」或「菅」不是「蘭」的諧音字，「菅」其本身就是茅草。

（4）《詩經》此詩渾然一體，董先生只解釋「彤管」有象徵義，沒有解釋下句的「荑」有什麼「借物表意」？「彤管」和「荑」應該都有類似的象徵義才行的。如果以「管、菅」為象徵「蘭」，那麼「荑」又是象徵什麼呢？

基於以上四點理由，我認為董先生的解釋似乎不可取。

漢簡《唐勒賦》和《小言賦》，稱《易傳》成書「不會晚於戰國中期」。

〔註25〕古人在夫婦的臥室裏燒蘭香，稱為蘭房或蘭室。既借蘭香，又喻夫婦同心。《玉臺新詠》卷二傅玄《西長安行》：「今我分聞君，更有分異心。香亦不可燒，環亦不可沉。香燒日有歇，環沉日有深。」香當是蘭草製成的香料。燃香意謂同心，今君既有異心，故香不可燒。沉環一詞，典出《左傳·僖公二十四年》重耳與子犯立誓：「所不與舅氏同心者，有如白水。投其璧於河。」沉環象徵同心。《漢語大詞典》釋蘭室、蘭房為婦女的居室，似未盡其意。任半塘《敦煌歌辭總編》333 頁錄《怨春閨》曰：「羅帳虛薰蘭麝。」蘭麝為一種可燒的香料。蘭房、蘭室因此得名。漢代《古詩十九首》之《涉江採芙蓉》的「蘭澤多芳草」就與「同心而離居」先後相呼應，纏綿婉轉之情更加深摯。古代文人常以芙蓉與蘭草並舉，《文選》中多見，蓋因二者皆可表同心之意。如傅玄《秋蘭篇》：「秋蘭映玉池，池水清且芳。芙蓉隨風發，中有雙鴛鴦。」

〔註26〕參看魯洪生主編《詩經集校集注集評》卷二《靜女》1035～1038 頁，現代出版社、中華書局，2015 年。袁梅《詩經異文匯考辯證》62～63 未能提到「管」有異文作「筦」，這是遺漏。齊魯書社，2013 年。

我自己提出一種新的解釋。考「管」的上古音是見母元部，「顏」是疑母元部，疑母和見母都是舌根音，發音部位相同，可以相通，在諧聲字中例證極多：

見母	疑母
澆	堯
見	硯
各	額
艮	眼
皋	翱
今	吟
金	崟
圭桂	崖涯
幹	岸

類例尚多。加上「管」和「顏」同為元部，因此，二者上古音相近，可以諧音。「彤管」可以隱喻「紅顏」。女子將「彤管」送給男子，就可以象徵「我願意做你的紅顏知己」。這就是靜女送男子彤管的寓意，是委婉含蓄地表達愛情，與女史彤管之法毫無關係。只有理解這個諧音技巧，才能對「彤管」的含義做出精確的訓詁。

《靜女》接著說：「自牧歸荑，洵美且異。匪女之為美，美人之貽。」美人為什麼要送很普通的「荑」草給心愛的男子呢？而且男子能夠看懂美女的情意。這也是因為作為男女示愛的禮物的「荑」字有諧音，可以表達愛意。「荑」的上古音是定母脂部，其所得聲的「夷」是喻四脂部。在上古音中，「喻四歸定」，而且「荑」就是以「夷」為聲符，因此，二者一定可以諧音。「夷」正有喜歡的意思。《詩經·鄭風·風雨》：「云胡不夷？」毛傳：「夷，說也。」「說」就是「悅」。《詩經·小雅·節南山》：「既夷既懌。」鄭箋：「夷，說也。」《詩經·商頌·那》：「我有嘉客，亦不夷懌。」毛傳：「夷，說也。」《詩經·草蟲》：「我心則夷。」王先謙《詩三家義集疏》引魯說：「夷，悅也，喜也。」《爾雅·釋言》：「夷，悅也。」因此，美女送我「荑」草可以象徵美女喜歡我，雖然「荑」草並不是貴重之物，但可以表達美女對我的喜悅之情。只有理解這個諧音技巧，才能有對「荑」的精準訓詁。

贈送禮物以表達情意，並不在於禮物本身是否有價值，而在於其通過語音表達象徵意義。舉一個旁證：廣東人喜歡吃北方草原上很普通的「髮菜」，本

來其語源來自這種植物細長如髮絲，也不好吃，沒有味道，但是因為「髮菜」和「發財」可以諧音，於是廣東人在稀飯和煲湯裏面常常加「髮菜」，盼望能夠發財。再如，女子送自己的貼身內衣給心儀的男子，象徵女子對男子的依戀、依靠，則是利用了「衣」和「依」的諧音。

（三）《詩經・墉風・相鼠》「有齒」

《詩經・墉風・相鼠》：「相鼠有皮，人而無儀！人而無儀，不死何為？相鼠有齒，人而無止！人而無止，不死何俟？相鼠有體，人而無禮，人而無禮！胡不遄死？」這首詩也有諧音的藝術技巧。為什麼要說「人而無止」的時候前面要說一個「相鼠有齒」呢？二者有什麼邏輯或意象上的關聯呢？這是因為「相鼠有齒」的「齒」和「人而無止」的「止」諧音，「齒」是從「止」得聲，因此「齒、止」上古音可以諧聲。「止」訓「容止」或「禮」，意思是「看老鼠尚且有齒（諧音止，訓為有容止、有禮），人卻沒有容止，沒有禮」，人不如鼠。《相鼠》：「人而無止。」鄭箋：「止，容止也。」《詩經・大雅・抑》：「淑慎爾止。」鄭玄箋：「止，容止也。」這是訓「容止」。更考《詩經・小雅・小旻》：「國雖靡止。」鄭箋：「止，禮。」《荀子・不苟》：「見由則恭而止。」楊注：「止，禮也。」《廣雅・釋言》：「止，禮也。」《廣韻》：「止，禮也。」這是訓「禮」。其實「止」訓「容止」和訓「禮」，意思是相近的。只有將「齒」理解為「止」的諧音字，才能準確解釋「相鼠有齒，人而無止」這兩句的邏輯關聯。

那麼前面的「相鼠有皮」和「人而無儀」有什麼關聯呢？這裡面沒有諧音，但是有意思上的關聯。「皮」和「儀」都是外表，都是表面形式，這是賞識，無需舉證。老鼠尚且有皮（儀表），但是人卻沒有儀表，人不如老鼠。二者的關聯從此可以見出。於此可見中國古代的禮儀文化是重視形式的，講究儀容得體，並非專重內涵。

「相鼠有體」和「人而無禮」兩句有什麼邏輯關聯呢？這可以說也有音義上的聯繫。因為「體」訓「禮」，「禮」訓為「體」，這是聲訓，二者是同源詞，音義皆通。《周易・坤卦・文言》：「正位居體。」焦循《章句》：「體猶禮也。」《詩經・邶風・谷風》：「無以下體。」《韓詩外傳》引「體」作「禮」。《法言・問道》：「禮，體也。」《廣雅・釋言》：「禮，體也。」《玉篇》、《集韻》同。《禮記・禮運》孔穎達疏：「禮者，體也。」「禮」是來母，「體」是透母，而且二者聲符相同，古音可以相通相諧。來母和透母上古音可以諧聲。1. 獺／賴；2.

體／禮；3. 離／離；4. 竉／龍；5. 瘳／醪，這些都是來母和透母相通的諧聲字。因此，「相鼠有體，人而無禮」的意思是：看那老鼠尚且有體（諧音「禮」），人卻沒有禮。也可以說：老鼠尚且有體，人卻沒有禮（諧音「體」）。人連老鼠都不如。這樣解釋，全詩的關鍵意思都豁然貫通了。

（四）《詩經・衛風・木瓜》「瓜・琚」

《詩經・衛風・木瓜》：「投我以木瓜，報之以瓊琚。匪報也，永以為好也！投我以木桃，報之以瓊瑤。匪報也，永以為好也！投我以木李，報之以瓊玖。匪報也，永以為好也！」

關於《木瓜》的主題思想，參看王先謙《詩三家義集疏》［註27］311 頁所引各家說，此不錄。我們只是解說此詩本體的意思。本詩明顯是男女互贈禮物以表示情意。春秋時代的衛國人引用來表達對齊桓公的感恩之情，這是很正常的。《毛序》：「美齊桓公也。衛國有狄人之敗，出處於漕，齊桓公救而封之，遺之車馬器服焉。衛人思之，欲厚報之而作是詩也。」我以為與其說是衛人「作」，不如說是衛人「誦」或「賦」。這首詩的關鍵是為什麼要以「木瓜、瓊琚」這些意象呢？這是因為利用了諧音來表達象徵的意義。考論如下：

「投我以木瓜，報之以瓊琚。匪報也，永以為好也。」投木瓜的一定是女子，其中的「瓜」諧音「家」，「瓜、家」的上古音都是見母魚部，僅有開合口的不同，完全可以諧音。古代女子出嫁，故有「家」。女子將「木瓜」投給男子，可以象徵願意嫁給那個男子。「琚」與「居」諧音，即居處。男子報以「瓊琚」，象徵我用給你一個美好的居處（豪宅）來報答你要嫁我的情意。但情義無價，所以說「匪報也，永以為好也」。「好」是「情好」的意思。《詩經・鄭風・遵大路》：「不寁好也！」朱子《詩集傳》：「好，情好也。」這是正確的訓詁。

「投我以木桃，報之以瓊瑤」這兩句的「桃、瑤」都與「嬈」諧音。「桃」為定母宵部，「瑤、嬈」為喻四宵部，「喻四歸定」，二者可以諧音。「嬈」可以表示男女之間的愛情。《廣雅》：「嬈，淫也。」《方言》卷六：「佚，淫也。」戴震《方言疏證》：「嬈，與淫通用。」「淫」正是表示男女不以禮發生性關係［註28］。所以，互贈木桃、瓊瑤可以隱喻男女之間的愛情。詩人選擇的各種意象都是精心而為，都有明確的象徵意義，不是普通的交換禮物。

〔註27〕中華書局點校版，2018 年。吳格點校。
〔註28〕參看《故訓匯纂》528 頁，商務印書館，2004 年。

「投我以木李，報之以瓊玖」，其中的「李」，諧音「理」，二者古音相通〔註29〕。「理」是婚嫁的「媒人」。《廣雅・釋言》：「理，媒也。」王念孫《廣雅疏證》〔註30〕引《楚辭・離騷》：「吾令蹇修以為理。」蔣驥注：「理，媒使也。」又《離騷》：「理弱而媒拙兮。」「理」與「媒」同義。《楚辭・九章・抽思》：「理弱而媒不通兮。」《九章・思美人》：「令薜荔以為理兮。」姜亮夫《楚辭通故》〔註31〕（三）522 頁將這些「理」釋為「媒」。「理」與「媒」同義。所以「李」（諧音「理」）可以象徵媒。而「玖」諧音「久」，象徵我將與你長久相守，我們的愛情一定會長久。「投我以木李，報之以瓊玖」，意思是你既然派遣媒使來向我傳情，我就回報你永久的愛情。這就是詩人選擇「木李、瓊玖」要表達的意思。

只有理解了這些諧音藝術，我們才能真正讀懂此詩。

（五）《詩經・邶風・新臺》「泚・灑」

《詩經・邶風・新臺》：「新臺有泚，河水彌彌。燕婉之求，籧篨不鮮。新臺有灑，河水浼浼。燕婉之求，籧篨不殄。魚網之設，鴻則離之。燕婉之求，得此戚施。」這首詩的主題是諷刺衛宣公強淫兒子伋之妻，荒淫無恥。《毛序》：「刺衛宣公也。納伋之妻，作新臺於河上而要之，國人惡之而作是詩也。」鄭箋：「伋，宣公之世子。」三家無異義。孔疏：「此時伋妻蓋自齊始來，未至於衛，而公聞其美，恐不從已，故使人於河上為新臺，待其至於河，而因臺所以要之耳。」王先謙《詩三家義集疏》〔註32〕稱：「案，《疏》說是也。《易林・歸妹之蠱》『陰陽隔塞，許嫁不答。《旄丘》《新臺》，悔往歎息。』此《齊詩》說。」

要精確解釋此詩的內涵就必須懂得詩中的諧音技巧。「新臺有泚，河水彌彌」，毛傳：「泚，鮮明貌。彌彌，盛貌。水所以潔污穢，反於河上而為淫昏之行。」「泚」，三家詩作「玼」。《說文》：「玼，新色鮮也。」則「玼」和「泚」為同源詞，為色澤鮮明的樣子。文字表面上是說新臺因為是剛剛建成的，所以很新，鮮妍光華。但其諷刺的含義表現在「玼」或「泚」都是「恥」的諧音字，

〔註29〕參看《故訓匯纂》1075 頁，商務印書館，2004 年。
〔註30〕見張其昀點校《廣雅疏證》384 頁，中華書局，2019 年。錢大昭《廣雅疏義》（中華書局點校本，2016 年。黃建中、李發舜點校）上冊 397 頁稱：未詳。這顯然不如王念孫的《疏證》。
〔註31〕雲南人民出版社，1999 年 12 月。
〔註32〕中華書局點校版，2018 年。吳格點校。209 頁。

隱喻新臺有「恥」。衛宣公在新臺上強要和剛來的兒媳發生亂倫關係。衛國人認為這是國君的羞恥，也是衛國的羞恥。

「新臺有洒，河水浼浼」，這裡有異文問題，非常重要。《韓詩》「洒」作「漼」。當以作「漼」為精確。《說文繫傳》引《詩》「新臺有漼」，云字本作「濢」。以作「濢」為本字。《說文》：「濢，新也。」《廣韻·上聲·賄韻》：「濢，新水狀也。」與「漼」同音（同在《廣韻》的一個小韻）。「濢」從「辠」得聲，因此二者可以諧音。「辠」就是「罪」字〔註33〕。「新臺有濢」表面上是新臺的建築很光鮮亮麗，但隱喻新臺有「罪」。所以，只有懂得這個諧音的技巧，才能有對《新臺》諷刺衛宣公的淫亂做出準確的詮釋。如果依據《毛詩》作「洒」，則不可能有精確的訓詁來理解詩的諧音技巧。今本《毛詩》作洒，不作漼當是在唐朝避唐懿宗李漼的名諱而改。不理解諧音藝術，就不能理解詩的諷刺所在。於此可見，古文經的《毛詩》也不是完全可信的，《韓詩》此處的「漼」就勝過《毛詩》的「洒」。

（六）《詩經·鄭風·子衿》「佩」

《詩經·鄭風·子衿》：「青青子衿，悠悠我心。縱我不往，子寧不嗣音？青青子佩，悠悠我思。縱我不往，子寧不來？挑兮達兮，在城闕兮。一日不見，如三月兮。」這是一首情詩，一覽即明。問題是「青青子佩」和「悠悠我思」之間有什麼邏輯關聯呢？這是因為「佩」這個具體的佩玉〔註34〕，是「服」的諧音字。「佩」的上古音是並母之部，「服」是並母職部，嚴格的陰陽對轉，二者可以相通和諧音。在故訓中，往往將「服」解釋為「佩」〔註35〕，這是音訓。「服」在上古有「相思」的意思。《尚書·康誥》：「服念五六日。」孔傳釋「服念」為「思念」。《詩經·周南·關雎》：「寤寐思服。」毛傳：「服，思之也。」《詩經·大雅·文王有聲》：「自西自東，自南自北，無思不服。」《莊子·田子方》：「吾服女也甚忘。」郭象注：「服者，思存之謂也。」《韓

〔註33〕「辠」是「罪」的古字。秦始皇統一全國後稱始皇帝，而「辠」的字形與「皇」字相近，所以，秦始皇另造了「罪」字，廢棄「辠」字不用。參看《說文解字》「辠」字和段注（「罪」本來是從「非」聲的形聲字，訓捕魚網。代替「辠」後，成了會意字）。

〔註34〕佩還有大帶的意思，但在此詩中依據毛傳不是大帶，是佩玉。

〔註35〕參看《故訓匯纂》1057頁，商務印書館，2004年。又，《晏子春秋·內篇·雜上·曾子將行晏子送之而贈以善言第二十二》章云：「庶人不佩。」《荀子·勸學》「佩」作「服」。《史記·三王世家》：「君子不近，庶人不服者，所以漸然也」。也作「服」。《淮南子·說林》：「賢者以為佩。」注：「佩，服也。」

詩外傳》卷五：「子其勉強之，思服之。」《後漢書·章帝紀贊》：「思服帝道。」《潛夫論·救邊》：「普天思服」。謝靈運《燕歌行》：「展轉思服悲明星。」思與服互文同義。

《子衿》中的是「子」是男子還是女子？與子相對的「我」是男子還是女子？依據毛傳，佩玉的是男子。則「我」是女子。《詩經·鄭風·女曰雞鳴》這首詩的主題，經學家有不同的解釋，毛傳以為是賓客之間的應酬。但詩的本身明顯是表達男女之情〔註36〕。此詩描寫女子思念男子，將「佩」贈送給男子，分明以「佩」有表達「相思」之義：「知子之來之，雜佩以贈之。知子之順之，雜佩以問之。知子之好之，雜佩以報之。」可見「佩」可以作為男女之間表達情意的禮物。

《詩經·秦風·終南》〔註37〕曰：「佩玉將將，壽考不亡。」魯詩「將」作「鏘」，魯詩、齊詩「亡」作「忘」，當以作「忘」為正，「亡」借為「忘」。考《詩經·小雅·蓼蕭》：「其德不爽，壽考不忘。」正作「忘」字。另，《終南》「壽考」一詞，經學家以為是尋常義，多不解釋。王先謙《詩三家義集疏》對此不作訓詁。我認為「壽考」一詞是用的典故。考《詩經·大雅·棫樸》：「周王壽考。」鄭玄箋以「周王」為「周文王」，時年九十餘歲。因此可以用「壽考」一詞來代指周文王。《終南》「壽考不亡」乃謂不忘周朝先王周文王之美德。佩玉之聲可以象徵對先王恩德的「思念」。

《詩經·衛風·竹竿》序稱：「衛女思歸也。」詩曰：「巧笑之瑳，佩玉之儺。」毛傳：「瑳，巧笑貌。儺，行有節度。」〔註38〕今按：「瑳」既為巧笑貌，「儺」當是佩玉聲，以調節走路的節度。「佩玉之儺」可以表達「衛女思歸」。可知「佩」有相思之意。

《楚辭·離騷》：「溘吾遊此春宮兮，折瓊枝以繼佩。及榮華之未落兮，相下女之可詒。」屈原要用「佩」和「瓊枝」來贈送給「下女」。屈子繼續求美女，云：「吾令豐隆乘雲兮，求密妃之所在。解佩纕以結言兮，吾令蹇修以為理。」《離騷》：「何瓊佩之偃蹇兮。」《文選》六臣注引逸曰：「言我佩瓊玉，

〔註36〕 關於此詩主題的各家說，參看魯洪生主編《詩經集校集注集評》卷四 1948~1951 頁。北京：現代出版社，2015 年。

〔註37〕 參看王先謙《詩三家義集疏》452 頁。中華書局點校本，2018 年。吳格點校。

〔註38〕 參看王先謙《詩三家義集疏》299~300 頁。中華書局點校本，2018 年。吳格點校。

懷美德」。〔註39〕足證「佩」有懷思之意。曹植《洛神賦》：「願誠素之先達兮，解玉佩以要之。」陳思王解下玉佩以要約洛神，玉佩是男女交往的信物。郭景純《江賦》：「感交甫之喪佩。」《文選》李善注引《韓詩內傳》：「鄭交甫遵彼漢皋臺下，遇二女，與言曰『願請子之佩』，二女與交甫。交甫受而懷之，超然而去。十步，循探之，即亡矣。回顧二女，亦即亡矣。」請佩的意思是請求留情的信物。劉向《列仙傳》「江妃二女」條亦謂：「江妃二女者，不知何所人也。出遊於江漢之湄，逢鄭交甫，見而悅之，不知其神人也。謂其僕曰『我欲下請其佩……』云云，與《韓詩內傳》同。阮籍《詠懷詩》云：「二妃遊江濱，逍遙順風翔。交甫懷環佩，婉孌有芬芳。猗靡情歡愛，千載不相忘。」從阮步兵這首詩看，「佩」有令人相思不忘的功用。《楚辭·九歌·湘君》：「遺餘佩兮澧浦。」王逸注：「言己雖見放逐，常思念君。」足見「佩」有「思念」的寓意。《楚辭》王褒《九懷》：「撫余佩兮繽紛，高太息兮自憐。」撫佩正謂懷思不忘。顏延年《祭屈原文》：「訪懷沙之淵，得捐佩之浦。」捐佩表示思念屈原。「佩」有思念之義。

　　基於以上的考證，我們可以明確地做結論：「佩」在古文化中有寄託「思念、相思」的含義，「佩」是「服」的諧音字和雙關語，「服」訓「思念」是常訓。因此「青青子佩」可以引發「悠悠我思」。只有搞清楚了裏面的諧音和訓詁，才能真正賞析《子衿》。

　　我們考證以上《詩經》的六個具體的諧音，來闡明《詩經》的諧音藝術。這是迄今為止的《詩經》學界沒有注意到的重大學術問題，希望引起學術界的高度注意。

參考文獻舉例

1. 錢鍾書《管錐編》（中華書局，1994 年）。
2. 朱光潛《詩論》（江蘇文藝出版社，2008 年）。
3. 楊樹達《積微居小學述林全編》（上海古籍出版社，2007 年）。
4.《黃侃手批白文十三經》（上海古籍出版社，2008 年）。

〔註39〕見《宋刊明州本六臣注文選》，人民文學出版社影印本，2011 年。506 頁。今本洪興祖《楚辭補注》無此王逸注。參看《楚辭補注》40 頁，中華書局點校本，2000 年。白化文等點校。

《詩經》及《天問》中的
一則聖誕史詩考

　　《楚辭·天問》與古印度的神話和傳說有相通的地方，已不斷為一些學者舉出例證。例如：

　　蘇雪林先生《印度諸天攪海故事》〔註1〕指示出：《天問》中「白蜺嬰茀，胡為此堂？安得夫良藥，不能固藏？天式從橫，陽離爰死。大鳥何鳴，夫焉喪厥體？」諸句實源自古印度諸天攪乳海的神話。

　　季羨林先生《印度文學在中國》〔註2〕考證出《天問》中「厥利惟何，而顧菟在腹」，諸句包藏了古印度的月中有兔的神話。

　　方豪《中西交通史》〔註3〕第一篇第三章《先秦時代中國與西方之關係》第四節《南路傳入中國之學術思想》三《南路傳入之寓言及神話》指出《楚辭·天問》中「一蛇吞象，厥大何如？」的故事也脫化自古印度神話。方豪此節還指出《史記·殷本紀》、《戰國策》、《韓非子》、《呂氏春秋》、《左傳》都有情節與古印度的寓言及神話相通。

　　其他學者類似的考證還很多，這些具體的結論當然還有再檢討的餘地，但《天問》中有與古印度神話雷同之處，似無容置疑。我的研究也發現了《詩經》、《天問》中與佛典相通的故事，茲考證如下：

〔註1〕收入蘇雪林《天問正簡》第三編《神話部分》下篇 176～181 頁，武漢大學出版社，2007 年版。蘇雪林《屈賦新探》之二。
〔註2〕收入季羨林《季羨林文集》第八卷，江西教育出版社，1996 年。
〔註3〕商務印書館，2021 年版。58～60 頁。

《天問》:「稷維元子,帝何竺之?投之於冰上,鳥何燠之?」「竺」字當從蔣驥、王邦采、俞樾、王湘綺諸人之說,「竺」通「毒」,即憎害之意。

這個情節也見於《詩經》。考《詩經·大雅·生民》載稷的神話:「誕彌厥月,先生如達。不拆不副,無災無害。以赫厥靈,上帝不寧。不康禋祀,居然生子。誕置之隘巷,牛羊腓字之。誕置之平林。會伐平林,誕置之寒冰,鳥覆翼之。鳥乃去矣,后稷呱矣。」〔註4〕于省吾《雙劍誃詩經新證》〔註5〕卷三釋平借為豐,平林言豐林。然先秦書無『豐林』一詞的用例。于先生之說不足取。

《詩經》中的記載比《天問》複雜詳悉,它們必是源於同一上古傳說。這一傳說自先秦以來,有廣泛的傳播。如《史記·周本紀》:「周后稷,名棄,其母有邰氏女,曰姜原。姜原為帝嚳元妃。姜原出野,見巨人跡,心忻然說,欲踐之。踐之而身動,如孕者。居期而生子,以為不祥。棄之隘巷,馬牛過者皆辟不踐。徙置之林中,適會山林多人。遷之,則棄渠中冰上,飛鳥以其翼覆薦之。姜原以為神,遂收養之。初欲棄之,因名曰棄。」類似的故事見於《吳越春秋·吳太伯傳》、劉向《列女傳》卷一。可見其自上古以來傳衍甚廣。

中國上古故有的神話非常瑣碎,常常只有片言隻語,像《生民》這樣仔細周詳地描寫聖人誕生的故事,實在絕無僅有。例如《詩經·商頌·玄鳥》寫商的誕生只二句話:「天命玄鳥,降而生商。」《詩經·長發》:「有娀方將,帝立子生商。」《竹書紀年》:「簡狄吞玄鳥之卵而生契。」《孝經鉤命訣》:「禹母見流星貫昴,夢接意感,既而吞神珠生禹。」《帝王世紀》:「少昊字青陽,母曰女節,有大星下流華渚,女節夢接意感而生少昊。」緯書《詩含神霧》:「黃帝母附寶,見大雷繞北斗,樞星光照郊野,感而孕。」〔註6〕此外類例甚多,不勝枚舉。這些傳說所敘聖人誕生,雖多玄奇,但均簡潔。《天問》中所涉獵的神話雖多,但記錄描述也極簡切,東一下西一下,沒有體系。像《生民》一樣有細節地詳悉描寫聖人感生的神話,形式上很似古印度等外國的神話。我們可以說《詩經》、《天問》中關於稷感生的神話很可能是源於異民族。在佛典中,我們發現一個類似的故事。茲詳引於下:

〔註4〕拆一作坼。朱子注本與阮元《校勘記》以「坼」為是。《詩經·閟宮》鄭箋、孔疏,《史記·楚世家》集解,《書鈔》卷1,《白帖》卷18,《御覽》卷361所引正作「坼」。

〔註5〕收入于省吾《雙劍誃群經新證》,上海書店出版社,1999年。

〔註6〕《宋書·符瑞志上》:「黃帝軒轅氏,母曰附寶,見大電光繞北斗樞星,照郊野,感而孕。」《初學記》卷10引《帝王世紀》同。

　　《六度集經》〔註7〕卷五《童子本生》：「昔者菩薩，生於貧家。貧家不育，以襞裹之，夜無人時，默置四街。並錢一千送著其道。國俗以斯日為吉祥之日，率土野會。君子小人，各以其類，盛饌快樂。梵志睹戲贊會者曰：『嗟於，今日會者，別有如粳米純白無糅，厥香芯芬，若夫今日產生男女貴而且賢』。坐中有一理家，獨而無嗣，聞之默喜。令人四布索棄子者。使問路人曰『睹有棄子者乎？』路人曰『有獨母取焉』。使人尋之，得其所在，曰『吾四姓富而無嗣，爾以兒貢，可獲眾寶』。母曰『可』，留錢送兒。從欲索貨，母獲如志。育兒數月，而婦妊身，曰『吾以無嗣，故育異姓。天授餘祚。今以子為』？以襞裹之，夜著洴中。家羊日就而乳。牧人尋察睹兒，即歎曰『上帝何緣，落其子於茲乎？』取歸育之，以洋渾乳。四姓覺知，詰曰『緣竊渾乎？』對曰『吾獲天之遺子，以渾育之』。四姓悵悔。還育數月。婦遂產男，惡念更生。又復如前，以襞裹之，著車轍中。兒心存佛三寶，慈向其親。晨有商人數百車，徑路由茲。牛躊不進。商人察其所以，睹兒驚曰『天帝之子，何緣在茲乎』？抱著車中，牛進若流。前二十里，息牛亭側。有獨母白商人所乞曰『以兒相惠，濟吾老窮』。即惠之矣。母育未幾，四姓又聞，愴然而曰：『吾之不仁，殘天德乎』。又以眾寶，請兒歸家。哽噎自責，等育二兒。數年之間，睹兒之智，奇變縱橫，惡念又生。曰『斯明溢度，吾兒否哉，必虜之矣』。襞裹入山，棄著竹中，絕食必殞。兒興慈念曰『吾後得佛，必濟眾苦矣』。山近溪水，兒自力搖，從竹墮地。展轉至其水側。去水二十里，有擔死人鄹。鄹有人行取樵，遙見水兒，就視歎曰『上帝落其子乎』！抱歸育焉。四姓又聞，厥恨如前。以眾名寶，請歸悲泣。並教書數，仰觀俯占。眾道之術，過目即能。稟性仁孝，言輒導化。國人稱聖，儒士雲集。父凶念生，厥性惡重前。有冶師去城七里。欲圖殺兒，書敕冶師曰『昔育此兒，兒入吾家，疾疫相仍，財耗畜死。太卜占云此兒致災。書到極（即）攝，投之火中』。訛命兒曰『吾年西夕，加有重疾。爾到冶師所，諦計錢寶，是爾終年之財』。兒受命行。於城門內，睹弟與輩彈胡桃戲。弟曰『兄來吾之幸矣。為我復折』！兄曰『父命當行』。弟曰『吾請行矣』。奪書之冶師所。冶師承書投弟於火。父心忪忪而怖，遣使索兒。使睹兄曰『弟如之乎』。兄如狀對。兄歸陳之。父驛馬追兒，已為灰矣。父投躬呼天，結氣內塞，遂成

〔註7〕此經共八卷。三國時代吳國高僧康僧會在太元元年至天紀四年間（251～280）所出。又稱《六度集》、《六度無極經》、《度無極經》、《雜度無極經》。收在《大正藏》第三冊。

廢疾。又生毒念曰『吾無嗣已。不以斯子為，必欲殺之。』父有邸閣，去國千里。仍遣斯兒曰『彼散吾財，爾往計較。今與邸閣書囊藏蠟封，爾急以行』。書陰敕曰『此兒到，急以石縛腰，沈之深淵。兒受命稽首。輕騎進路，進路半道，有梵志，與父遙相被服，常相問遺，書數往來。梵志有女，女既賢明，深知吉凶天文占候。兒行到梵志所居曰『吾父所親梵志正在斯』。止，謂從者曰『今欲過修禮之，可乎？』從者曰善。即過覲禮。梵誌喜曰『吾兄子來』。便命四鄰學士儒生耆德雲集，娛宴歡樂。並諮眾疑，靡不欣懌。終日極夜，各疲眠寐。女竊睹男，見其腰帶佩囊封之書，默解取還，省讀其辭，悵然而歎曰『斯何妖厲，賊害仁子，乃至斯乎』！裂書更之。其辭曰『吾年西垂，重疾日困。彼梵志，吾之親友也。厥女既賢且明，可令任為兒匹。極其寶帛娉禮，務好小禮大娉，納妻之日，案斯敕矣』。為書畢，間關復之。明晨進路，梵志眾儒，靡不尋歡。邸閣長得書，承命具禮詣梵志家。梵志夫妻議曰『夫婚姻之儀，始之於擇行、問名、占兆。彼善禮備，即吾許焉。今現男不媒，禮娉便臻，彼豈將慢乎？』又退宴息曰『男女為偶，自古然矣。男賢女貞，誠亦難值。遂納禮會宗。九族歡曰『斯榮傳世。』納妻禮成，邸閣馳啟。四姓聞之，結疾殊篤，兒聞親疾。哽咽而言『夫命難保，猶幻非真』。梵志欲擇良日遣還。菩薩內痛，不從其云。室家馳歸，升堂稽首，妻尋再拜，垂泣而進，三步又拜，稱名曰『妾是子男某妻，親召妾為某，當奉宗嗣箕帚之使，盡禮修孝，惟願大人疾療福臻，永保無終之壽，令其展情，獲孝婦之德。』四姓結忿，內塞而殞。菩薩殯送，慈惻哀慕，一國稱孝。」云云。

佛經中的這個故事和中國上古以來就流傳的關於稷的誕生神話非常相似。這個故事既被佛教吸納，當然多說教，且既見諸之籍，時代就很晚。《六度集經》是三國時西域僧人康僧會所制。湯用彤《漢魏兩晉南北朝佛教史》〔註8〕第二分《魏晉南北朝佛教》第六章《佛教玄學之濫觴（三國）》「康僧會」節稱：「僧會譯經中，現存有《六度集經》，文辭典雅，頗援引中國理論。……審其內容，決為會所自制，非譯自胡本。此乃治漢魏佛學者最重要之材料也。」〔註9〕因此，《六度集經》中的故事，其神話氣息已很淡微，日常倫理——宣揚

〔註8〕增訂本，北京大學出版社，2011 年。參看 80 頁。

〔註9〕日本佛學大家水野弘元監修，中村元、平川彰、玉成康四郎任責任編輯的《新·佛典解題事典》（日本東京：春秋社，1968 年版。日文本）72 頁《六度集經》條（奈良康明撰）認為《六度集經》是康僧會翻譯的，不是自己編撰的，與《道

仁和孝的說教很重。這個佛教故事就沒有《生民》、《天問》中的「誕置之寒冰，鳥覆翼之」之類的神話，而增加了四姓害棄子不成，反喪親子，棄子娶梵志女為妻，四姓氣極而殞之類的情節。佛經故事之所以與《生民》、《天問》有這種差別，其原因有二：（1）《詩經‧生民》、《楚辭‧天問》成文早，易保持原始神話的氣象。佛經中的四姓害子故事成文晚，人文化的色彩自當明顯。（2）《生民》、《天問》不受佛教感染，所以不帶說教。四姓害子事既彼佛經採錄，當然要經過一些改變以服務於宗教的精神，其原始的神話色彩自然淡化。

我們現在追問：《天問》、《詩經》中的稷感生神話是否影響了《六度集經》中四姓害子的故事呢？湯用彤先生認為《六度集經》乃康僧會自造，非譯自胡本，似乎《詩經》、《天問》影響佛經的可能性較大。僧會博聞廣識，此節聖人誕生故事自上古就廣為流傳，康僧會或許取材於《詩經》、《天問》而加以編撰。

為什麼說此感生神話的最初來源不一定是華夏本土所固有呢？理由有四：

1. 我們上文已說過，稷感生神話有細緻的情節，這一特色與中國上古神話的形態大不相同。因此很可能是舶來品，不是土產。

2. 《史記‧周本紀》：「后稷卒，子不窋立。不窋末年，夏后氏政衰，去稷不務。不窋以失其官而奔戎狄之間。不窋卒，子鞠立。鞠卒，子公劉立。公劉雖在戎狄之間，復修后稷之業。……行者有資，居者畜積。民賴其慶，多徙而保歸焉。周道之興，自此始，故詩人歌樂其德」。《史記集解》引《山海經‧大荒經》曰「黑水青水之間有廣都之野，后稷葬焉。」又引皇甫謐曰：「冢去中國三萬里也。」今本《山海經‧海內經》曰：「西南黑水之間，有都廣之野，后稷葬焉。」與《史記集解》所引頗有出入，當以《史記集解》所引為長〔註10〕。可見稷並非中國本土人。《山海經‧海內西經》：「后稷之葬，在氐國西。」《淮南子‧地形》：「后稷壟在建木西。」《山海經‧海內南經》：

行般若》屬於同一系統，此書成立當在《般若經》之後，其書作者已經瞭解《般若經》。並推測其書的主體在公元 2 世紀已經成立。但《新‧佛典解題事典》將《六度集經》歸屬於印度原始佛典。劉保金《中國佛典通論》（河北教育出版社，1997 年）86～87 頁《六度集經》條稱其書為康僧會「編譯」，宣揚大乘六度的思想。我贊成湯用彤先生的觀點，《六度集經》不可能完全是從梵本翻譯來的，書中宣揚了子女盡孝、婦女守節、婚姻禮儀等思想與印度佛教思想不合。

〔註10〕神話學名家袁珂《山海經校注》（增補修訂本，巴蜀書社，1996 年版）505～506 頁未注意到《史記集解》的異文。另參看郝懿行《山海經箋疏》（欒保群點校，中華書局，2019 年）380 頁；欒保群《山海經詳注》（中華書局，2017 年）812～813 頁。

「氐人國在建木西。」關於稷的神話一定來自中國人外的傳說。自后稷以後，周民族一直處於戎狄之間，周人染有西戎的風俗。《史記‧司馬相如列傳》曰：「公劉發跡於西戎。」《史記‧匈奴列傳》：「夏道衰，而公劉失其稷官，變於西戎。」《史記‧周本紀》：「於是古公乃貶戎狄之俗，而營築城郭室房，而邑別居之。」足見古公時周人才開始脫離戎俗。《詩經‧大雅‧綿》：「古公亶父，來朝走馬，率西水滸，至于岐下。」走馬即是戎俗。顧炎武《日知錄‧騎》：「古者馬可以駕車，不可言走。曰走者，單騎之稱。古公之國鄰於戎翟，其習尚有相同者。」周人和西戎間一定有大量的神話的傳播和交流，關於稷的神話很可能是戎狄民族的神話，由周人附合到后稷身上，這種附合大概是在公劉時代。因為公劉正是發揚稷的精神和事業，才造福百姓。考《毛詩‧旱麓》小序曰：「周之先祖，世修后稷、公劉之業，大王、王季申以百福千祿焉。」百姓歌頌公劉的恩德（如《詩經‧大雅‧公劉》），當然也歌頌稷，並移用他民族的神話來形容自己的祖先，這完全是情理中事。

陳全方《周原與周文化》〔註11〕介紹了 1976 年在陝西扶風召陳的西周建築乙區遺址中，出土有兩個蚌雕人頭像，高鼻深目，為白色人種，其中一人頭上刻有「巫」字，當是胡巫。饒宗頤《胡里安（Hurrian）與「胡」之來源——上代塞種史若干問題》〔註12〕二《蚌雕白種人頭部記號與西亞 Halaf 相同》稱：「近年在甘肅靈臺白草坡西周墓所出土銅戟上有白種人特徵的人頭像，陝西扶風周原宮殿出土兩件蚌雕白種人頭像，說者認為即希臘史家所說戴尖帽的塞種人，亦有稱之為吐火羅人。最令人矚目的是周原蚌雕像上刻有✛（巫）的符號，和西亞五千年前 Halaf 女神肩上的✛號完全相同。」足見西方遠古文化曾傳入中國西北地區的周民族文化之中。

近年來，學術界有人稱著名的秦始皇兵馬俑是在古希臘人或塞種人的參與和指導下建造的，中國秦代以前的傳統文化沒有如此大規模的人體雕塑，其雕塑技術很可能是從古希臘傳來的，具體可能是由於亞歷山大大帝東征，使得中亞地區泛希臘化，從而使得古希臘的雕塑技術東傳。我認為這是很有可能的。雖然時代較晚，也是東西方文化交流的一大趣事，表明在古代的西北地區有中亞地區的文化傳入中國。

〔註11〕上海人民出版社、1988 年。
〔註12〕收入《饒宗頤二十世紀學術文集》卷一《史溯》，中國人民大學出版社，2009年。263 頁。

3. 用其他民族的神話來附合自己的古聖先賢，這在民族發展史上並不罕見，陳寅恪先生《彰所知論與蒙古源流》〔註13〕稱：「可知《蒙古源流》於《祕史》所追加之史層上，更增建天竺吐藩二重新建築，採取並行獨立之材料，列為直貫一系之事蹟。換言之，即糅合數民族之神話，以為一民族之歷史。故時代以愈推而愈久，事蹟亦因愈演而愈繁。」韓儒林《突厥蒙古之祖先傳說》〔註14〕一文稱：「蒙古人與回教民族接觸後，遂將其祖先傳說上與阿剌伯所承受之希伯來舊說相聯繫，孛兒貼赤那（蒼狼）一變而為人矣。」韓氏之文考證頗博雅。另外，日本的《古事記》中描寫自己的祖宗開國的神話並非日本本地所產，而是糅合了其他民族的傳說。西藏大史詩《格薩爾王傳》的格薩爾，據西方學者考證，乃是古羅馬大帝「凱撒」的譯音。西藏佛教活佛達賴喇嘛，其名號中的「達賴」一詞是來自蒙古語的「大海」。因此，將異民族的神話傳說，融入本民族的文化，這是文化史上很常見的事。

4. 類似稷感生的傳說，廣泛見於華夏周遭的諸戎狄民族。如《漢書·張騫傳》：「大月氏攻殺難兜靡，奪其地，人民亡走匈奴，子昆莫新生，傅父布就翕侯抱亡置草中，為求食，還，見狼乳之，又烏銜肉翔其旁，以為神，遂持歸匈奴，單于愛養之。」《史記·大宛列傳》亦言及此事而頗略。《陳寅恪集·讀書劄記二集》〔註15〕9頁在節引《史記·大宛列傳》與此相應的情節後，陳先生加案語曰：「此與後來高車、突厥、蒙古等神話相似，此殆最先者。」

《魏書·高句麗傳》：「高句麗者出於夫餘，自言先祖朱蒙。朱蒙母，河伯女。為夫餘王閉於室中，為日所照，引身避之，日影又逐。既而有孕，生一卵，大如五升。夫餘王棄之與犬，犬不食。棄之與豕，豕又不食。棄之於路，牛馬避之。後棄之野，眾鳥以毛茹之。夫餘王割破之，不能破，遂還其母。其母以物裹之，置於暖處，有一男破殼而出。及其長也，字之曰『朱蒙』，其俗言朱蒙者，善射也」。《搜神記》卷十四「東明王夫餘」一段與此類似，而文字頗有出入。《論衡·吉驗》篇闡述此二則故事。昆莫、朱蒙（東明）的誕生神話頗似稷誕生。尤其是朱蒙的故事更像。傅斯年《夷夏東西說》〔註16〕第一章引證

〔註13〕收入陳寅恪《金明館叢稿二編》（《陳寅恪集》本，三聯書店，2011年），見135頁。

〔註14〕見韓儒林《穹廬集》，河北教育出版社、2000年。350頁。

〔註15〕三聯書店，2011年。

〔註16〕收入劉夢溪主編《中國現代學術經典》之《傅斯年卷》，河北教育出版社，1996年。又收入《傅斯年全集》第三卷，湖南教育出版社，2000年。

類似的卵生神話頗為詳盡，然皆網羅舊籍，未能採集民俗學上的材料。這種聖人誕生的神話是夷人所擁有，我們因而可以說關於稷的感生神話最初極可能自外族輸入。《左傳・宣公四年》所載楚國的鬥穀於菟（子文）的神話與稷相近，但不如稷事詳悉。子文誕生的神話是否與外族相關，尚待實證。類似子文被虎所養的故事有《水經注》卷二十八：「於墓所得病，不能食，虎常乳之，百餘日卒」。

今更徵文獻以討論一個文化史上的千古之謎，那便是我國古文獻中的關於聖人或英雄是卵生的傳說，這是一個在亞洲地區的古文化中廣泛見於多民族的神話觀念。考《水經注》卷一《河水》章曰：「恒水上流有一國，國王小夫人生肉胎。大夫人妒之，言『汝之生，不祥之徵』。」夫人生下「肉胎」，是一個肉球，是類似雞蛋的一個卵。《搜神記》卷十四曰：「古徐國宮人娠而生卵，以為不祥，棄之水濱。有犬名鵠蒼，銜卵以歸，遂生兒。」亦見《博物志》卷七所引《徐偃王志》。《史記・秦本紀》《正義》引《博物志》曰：「徐君宮人有娠而生卵，以為不祥，棄於濱洲。」〔註17〕

據冉光榮《中國藏傳佛教寺院》〔註18〕第六章第一節《寺院供奉的主要神佛》（八）「載末爾」條稱：「相傳一母產雞卵七枚，後變為七兄弟，載末爾居長。」

納西族神話中的天神、地神、九兄弟、七姐妹皆是恩余恩曼生下的白蛋所變成。

魯魁山猓子族的神話說：一仙女生下一個小葫蘆，阿普把它剖成四瓣，成為人類之祖。

古印度大史詩《摩訶婆羅多・初篇》14 章稱：生主有二女，名迦德盧、毗娜達。此二女皆許配迦葉波。後迦德盧生下一千個蛋，毗娜達生下二卵。《摩訶婆羅多・初篇》14 章；「求子心切的女神，隨即敲破了一個蛋，看見蛋裏有一個兒子」。古印度大史詩《羅摩衍那》第一篇 37 章 17 首詩曰：「人們把葫蘆一打破，六萬個兒子從裏面跳出。」古印度《摩奴法典》卷一稱大梵天生於卵中。

日本學者大林太良《神話學入門》〔註19〕在開篇的「拉瓦族神話」一節中，介紹了他本人在泰國西北部的山區調查到了一則當地少數民族關於洪水

〔註17〕亦見《史記・趙世家》《正義》及《水經注》卷八《濟水》章。
〔註18〕中國藏學出版社，1994 年。
〔註19〕日文本，中公新書，昭和 61 年（公元 1986 年）。見日文版 1～2 頁。

後僅存的一對兄妹成婚生下一葫蘆的神話。後其妻用手鑿破葫蘆，從中生出了世界各族人。

據《中國各民族宗教與神話大詞典》〔註20〕之《彝族》卷《葫蘆裏出來的人》條謂天神派第三個女兒下凡與一家三兄弟的老三結為夫妻，後仙女生下一個大肉口袋。老三用刀剖開，把肉團切成百千片，遂各自飛散成百千人家。同書同卷《兄妹結夫妻》條謂兄妹成親，妹妹生下一肉塊，哥哥挑開肉，跳了九個娃娃。同書同卷《人的傳說》條謂兄妹婚配，妹妹產下一肉團。同書同卷《阿霹剎、洪水和人的祖先》條謂兄妹成親，妹妹產下一大團血肉。彝族人盛行葫蘆崇拜，自稱本民族是從葫蘆中生出來的。同書《藏族》卷《始祖神話》條謂人類的始祖是從蛋中所生。《瑤族》卷《兄妹成親》條、《洪水的傳說》條、《南打和曼打》條、《伏羲兄妹》條皆謂兄妹成婚，或男女相交後，女人生下肉團。其他各族類例甚多，不勝枚舉。另可參考吳繼文《卵生神話篇》〔註21〕。

明代小說《封神榜》稱哪吒出生為一肉團，其父李靖以劍剖開，哪吒就出現了。今詳錄其文。許仲琳《封神演義》〔註22〕第十二回《陳塘關哪吒出世》稱：「李靖聽說，急忙來至香房，手執寶劍，只見房裏一團紅氣，滿屋異香，有一肉球，滴溜溜圓轉如輪。李靖大驚，望肉球上一劍砍去，劃然有聲。分開肉球，跳出一個小孩兒來。」哪吒就這樣誕生了。

佛典如《俱舍論記》八曰：婦「有子名鹿，故云鹿母，從子為名。生三十二卵，卵出一兒。」《法苑珠林校注》〔註23〕之《六道篇第四》之《住處部第三》引《長阿含經》：「昔有光音天入海洗身，水精入身，生一肉卵。經八千歲，乃生一女。」同文又稱：「此女有時在海浮戲，水精入身，生一肉卵。」《法苑珠林校注》卷第73〔註24〕引《賢愚經》：「由其賢智，波斯匿王敬禮為妹，有時懷妊，月滿便生三十二卵，其一卵中出一男兒。」以上所引的證據皆表明在上古時，亞洲的眾多民族皆有人出生時為卵生的神話。

《詩經·生民》曰：「先生如達。」鄭箋曰：「達，羊子也。……生如達之生，言易也。」鄭注得失各半。「達」確為「羍」之借，訓羊子。然非言生之易。《詩》只言「如達」，非即是「達」。以後文「不拆不副」一句論之，則「先

〔註20〕《中國各民族宗教與神話大詞典》編審委員會編撰，學苑出版社，1993年版。
〔註21〕見馬昌儀編《中國神話學文論選萃》下。中國廣播電視出版社，1994年。
〔註22〕引文錄自浙江古籍出版社版，1997年。
〔註23〕參看周叔迦、蘇晉仁校注《法苑珠林校注》，中華書局，2006年版。167頁。
〔註24〕參看周叔迦、蘇晉仁校注《法苑珠林校注》，中華書局，2006年版。2168頁。

生如達」當是指卵生，謂稷出生時為一個肉團或一個卵，必須用刀把肉團或卵劈開，嬰兒才會從中出來。但后稷的父母害怕，不敢用刀去劈開，故《詩》稱「不拆不副」。《呂氏春秋‧行論》：「副之以吳刀。」陳奇猷注引各家之說甚詳〔註25〕。當時人人驚懼，故《詩》稱：「以赫厥靈，上帝不寧。」以為祭祀上帝不豐潔〔註26〕，結果生下一個卵來。故《詩經》曰：「不康禋祀，居然生子。」〔註27〕禋祀是為了祓除無子之疾的一種祭祀。《詩經》乃言：禋祀之祭不夠豐潔，生下一個卵子。這個「子」不是兒子，而是卵子或肉團〔註28〕。《詩經》後文稱：「鳥覆翼之。鳥乃去矣，后稷呱矣。」分明是指如孵蛋而使小鳥從蛋殼中出來一樣，后稷在鳥的體溫的護養下，終於如小雞破蛋殼而出一樣，真正的從卵中出來了，與上文所引《魏書‧高句麗傳》朱蒙的誕生極為雷同。「后稷呱矣」正指嬰兒新生的哭叫。又，《詩經》「以赫厥靈，上帝不寧」此二句相當於《天問》的「既驚帝切激」。足證「不寧」就是不安寧，與《天問》「驚帝」相對應。毛傳釋「不」為語助辭，實未審諦。《天問》：「何馮弓挾矢，殊能將之？」王注：「馮，大也；挾，持也。言后稷長大，持大強弓，挾箭矢，桀然有殊異，將相之才。」此與上引朱蒙的神話完全一致。《魏書‧高句麗傳》稱：「其俗言朱蒙者，善射也。」后稷是卵生而持大弓善射。朱蒙也是卵生而善射。二者神話必同出一源。這就是后稷誕生的神話，其實質是說后稷是卵生，可參照的例證極多，上已詳列，可惜三千年來無人能知。倒是馬瑞辰《毛詩傳箋通釋》引有陶元淳之說曰：「凡嬰兒在母腹中，皆有皮以裹之，俗所謂胞衣也。生時其衣先破，兒體手足可舒，故生之難。惟羊子之生，胞仍完具，墜地而後，母為破之，故其生易。后稷生時蓋藏於胞中，形體未露，有如羊子之生者，故言『如達』。」馬瑞辰贊成陶說。陶元淳的解說是舊注中最精湛的。但未能明確道破后稷是卵生，不知「居然生子」的子是卵或肉團，這在民族神話中分常多。

〔註25〕李實淦謂「副」、「疈」同，是也。《說文》：「副，判也。疈，籀文副也。」《白帖》卷18、《御覽》卷361引《詩》作「疈」，俗作「劈」字。

〔註26〕如《左傳‧僖公五年》：「公曰『吾享祀豐潔，神必據我』。」

〔註27〕毛傳：「不康，康也。」非是。

〔註28〕如《文選‧西京賦》李周翰注：「卵，鳥子也。」《史記‧龜策列傳》司馬貞《索隱》：「卵，雞子也。」《小學蒐佚‧考聲三》：「卵，鳥子未分也。」商朝王室之所以姓『子』，就是因為商朝的遠祖『簡狄』吞玄鳥之卵而生『契』（參看《詩經‧鳥》、《史記‧殷本紀》、《呂氏春秋‧音初》、《詩含神霧》、《楚辭‧天問》、《楚辭‧九章‧思美人》、《列女傳》、《論衡‧案書》等），商朝祖先因生為姓，所以姓「子」。這分明是以「子」與『卵』同義。

　　我的結論是：關於稷的感生神話，最初發祥於一個古老異族，後傳入中國西北諸戎族，在公劉時代又通過戎族傳入周人，被周人附會到稷的身上。雖其搖籃不可確考，但非我國土著神話則可無疑。〔註29〕

〔註29〕陳橋驛先生《酈學札記》（上海書店出版社，2000年）《雜俎》篇之《水上嬰兒》曰：「恒水上流的一國是古代竺國境內的民族之一。」見392頁。可資參考。

《論語》「有教無類」新解

提要：

　　《論語》「有教無類」的「無類」不是不分種類、不分等類，而是「不善、不符合禮法」。「有教無類」是孔子批判教育不善，不符合禮法，而不是不分等類，什麼人都教育。

關鍵詞：論語　有　無類

一

　　《論語·衛靈公第十五》：「子曰『有教無類』。」東漢大儒馬融注：「言人所在見教，無有種類。」皇侃《論語義疏》〔註 1〕曰：「人乃有貴賤，同宜資教，不可以其種類庶鄙而不教之也。教之則善，無本類之也。」〔註 2〕邢昺《論語注疏》〔註 3〕：「此章言教人之法也。類謂種類，言人所在見才教，無有貴賤種類也。」朱熹《四書章句集注》〔註 4〕稱：「故君子有教，則人皆可以復於善，而不當復論其類之惡矣。」朱熹注隨意闡發大義，無當於訓詁。劉寶楠《論語正義》〔註 5〕和程樹德《論語集釋》〔註 6〕彙集眾說，而未出新解。黃式三

〔註 1〕中華書局點校本，2013 年。415 頁。

〔註 2〕無本類之也，《齊本》、《四庫全書》本作「本無類也」，於義為長。

〔註 3〕見《十三經注疏》本，浙江古籍出版社，1998 年。

〔註 4〕中華書局點校本，1989 年版。168 頁。

〔註 5〕中華書局點校本，1990 年版。

〔註 6〕中華書局點校本，1990 年版。1126 頁。從其引述《呂氏春秋·勸學》來看，也是釋「類」為人的「輕重、尊卑、貧富」。

《論語後案》〔註7〕在此闡發「性」與「教」的關係，不做訓詁。簡朝亮《論語集注補正述疏》〔註8〕也是闡發教育義理，不做精確訓詁。楊樹達《論語疏證》〔註9〕徵引古籍以為疏證，並無新解。楊伯峻《論語譯注》〔註10〕：「人人我都可以教育，沒有（貧富、地域等等）區別。」這在訓詁學上是增字解經，也無新意。黃懷信等《論語彙校集釋》〔註11〕稱：「言教師對於受教育者唯有教育，而無有等類之分。即一視同仁，不分三六九等。」完全同於舊說。楊逢彬《論語新注新譯》〔註12〕詮釋為：「人人我都教育，沒有（貧富、地域）的區別。」並且說：「有教無類，句式同於『有備無患』，指教育學生一視同仁。」這也是傳統的見解。楊逢彬還專門批評了趙紀斌《論語新探》對「有教無類」的解釋。

二

今按：眾說均非，「類」字在此不可作「種類」、「類別」之義，當解作「法」或「善」，「法」與「善」義近。「有」為接頭詞，無意義。「有教」如同「有政」〔註13〕。「有教無類」的句式斷不同於「有備無患」，二者不可相牽連〔註14〕。因為「有備無患」可以擴展為「有備則無患」，「無患」是「有備」的結果。而「有教無類」的「無類」絕不可能是「有教」的結果，從古到今都無此解釋，

〔註 7〕鳳凰出版社點校本，2008 年。457～458 頁。
〔註 8〕趙友林、唐貴明校注，華東師範大學出版社，2013 年版。1104～1105 頁。
〔註 9〕上海古籍出版社，2006 年。416～417 頁。
〔註 10〕中華書局，2007 年。238 頁。
〔註 11〕上海古籍出版社，2008 年。1440～1441 頁。
〔註 12〕北京大學出版社，2016 年。311～312 頁。
〔註 13〕在上古漢語中，「有」作接頭辭用在名詞之前很常見。參看王力《漢語語法史》（商務印書館，1989 年）第二章《名詞》4～5 頁；謝紀鋒《虛詞詁林》（修訂版，商務印書館，2015 年）232 頁引王引之《經傳釋詞》、236 頁引楊樹達《詞詮》。諸家舉例甚多。裴學海《古書虛字集釋》（中華書局，2004 年版）161 頁。
〔註 14〕另外一種解釋是可以認為「有」或字通「域」，即是古「國」字。《國語·魯語上》：「共工氏之伯九有也。」公序本韋注：「有，域也」。《詩·玄鳥》：「正域彼四方」。鄭箋：「域，有也」。《郭店楚簡·緇衣》「國」作從「或」從「卩」（左右結構）。《說文》：「或，邦也。」段注：「蓋或、國在周時為古今字」。高亨《古字通借會典》（齊魯書社，1997 年）引證甚多。國即諸侯國。孔子此語謂：「諸侯國的教育不合禮法（或不善）」。但這種解釋不如將「有」直接解釋為接頭辭更加簡潔明瞭。

不能說「有教則無類」。楊逢彬先生自己也不是這樣解釋的。因此，楊逢彬之說的困難十分明顯。本文認為孔子之意是：（當今）教育不善，或教育不合禮法。今徵引舊籍以證鄙說。

　　《爾雅・釋詁》：「類，善也。」《逸周書・諡法解》與《左傳・昭公二十八年》：「勤施無私曰類。」類即善。《書・太甲中》：「自底不類。」孔傳：「類，善也。」《尚書・說命上》：「怠惟恐德弗類。」傳：「類，善也。」《詩經・皇矣》：「克明克類。」箋：「類，善也。」《詩經・既醉》：「永錫爾類。」毛傳：「類，善也。」《詩經・蕩》：「而秉義類。」箋：「類，善也。」《詩・桑柔》：「貪人敗類。」毛傳：「類，善也。」意思是貪污的人敗壞美德。《國語・楚語上》：「心類德音，以德有國」。韋注：「類，善也」。《孟子・萬章下》：「充類至義之盡也」。「充類」與「至義」同義反覆，「類」同於「義」，訓善，「充類」即「盡善」。《國語・晉語四》：「正名充類。」韋注：「類，善也」。《國語・晉語五》：「若內外類。」韋注：「類，善也」。《子華子》〔註15〕卷上《孔子贈第二》：「明族善類，而誅鋤醜屬者，法之正也。」而《叢書集成初編》本第 602 冊、《四庫全書》「族」作「旌」，當以作「旌」為長〔註16〕。「明旌」即是高調地表彰。善與類同義，猶如醜與屬義近。例證眾多。

　　更考經典有「不類」一語，故訓從來沒有訓為「不同種類、不分種類、不類同」。考（1）《詩經・瞻卬》：「威儀不類。」毛傳：「類，善也。」「不類」就是「不善」，與《論語》的「無類」正同。（2）《左傳・襄公十七年》：「使諸大夫舞，曰『歌詩必類』。齊高厚之詩不類。」杜注類為義類。義與類同義，皆訓善。不類即不善、不法。（3）《左傳・僖公二十四年》：「召公思周德之不類。」杜注：「類，善也」。則不類即不善。（4）《左傳・昭公八年》：「民心不一，事序不類。」杜注「不類」為「有變易」。有變易即是不循法度，則「類」當訓「法」。不類即不法。（5）《呂氏春秋・重言》：「以余一人正四方，余唯恐言之不類也。」高注：「類，善。」「不類」即「不善」。（6）《左傳・成公二年》：「若以不孝令於諸侯，其無乃非德類也乎？」類與德近，訓善或法。「非德類」就是《論語》的「無類」。（7）《荀子・富國》：「誅賞而不類」。不類即不善，或不合法度。（8）《禮記・緇衣》：「身不正，言不順，則義不一，而行無類也。」

〔註15〕　《百子全書》本（浙江古籍出版社，1998 年）703 頁。又《百子全書》（點校本，嶽麓書社，1993 年版）2334 頁同。

〔註16〕　此條重要異文承蒙畏友蕭旭兄提示，特此申謝。

注以「類」為「比式」，不確，當雲行不善、行不法。這個「無類」正是《論語》的「無類」。《禮記》的「無類」無論如何不能解釋為「不分種類」，這樣解釋絕對不能通。（9）《逸周書·文政解》：「九慝：一、不類，二、服。」不類即不法，為九慝之首。（10）《韓詩外傳》卷五：「若夫無類之說，不形之行，不贊之辭，君子慎之。」無類之說即不善之說、不合法度之說。（11）《漢書·五行志下》：「事序不類，官職不則。」不類、不則皆為不法之義。「無類」與「不則」互文同義，若解「無類」為「不分種類」，就與「不則」不能相對應，而且意思不通。（12）《逸周書·官人解》：「規諫而不類，道行而不平，曰竊名者也。」「不類」與不平互文，即不善、不法。（13）《荀子·非十二子》：「甚僻違而無類。」楊注：「乖僻違戾而不知善類也。」則唐朝的楊倞尚知「類」同「善」。王念孫《讀書雜志》解「類」為「法」，駁楊注。其實，善與法義近，二說皆通〔註17〕。可見「無類、不類」是先秦常用語。中古時代的佛典《雜阿含經》卷50：「不善不類。」不類即不善，也可釋為「不法」。

以訓詁學言之，「類」訓「善」當以雙聲與「利」同源。在語源學上，「類」也與「賴」同源。《廣雅》：「賴，善也。」〔註18〕《集韻》：「賴，善也。」《孟子·告子上》：「子弟多賴。」趙注：「賴，善也。」《呂氏春秋·離俗》：「則必不之賴。」高注：「賴，善也。」〔註19〕《戰國策·衛策》：「為魏則善，為秦

〔註17〕 王念孫《讀書雜志》曰：「楊說非也。「僻」「違」皆邪也，說見《修身篇》。類者，法也，言邪僻違而無法也。《方言》「類，法也（《廣雅》同），齊曰類」，《楚辭·九章》「吾將以為類兮」，王注與《方言》同。《太玄·毅》「次七，觓羊之毅，鳴不類。《測》曰『觓羊之毅。』言不法也」，是古謂「法」為「類」。《儒效篇》「其言有類，其行有禮」，謂言有法也。楊注「類，善也，謂比類於善」，失之。《王制篇》「飾動以禮義，聽斷以類」，謂聽斷以法也。楊注「所聽斷之事，皆得其善類」，失之。《富國篇》「誅賞而不類」，謂誅賞不法也。楊注「不以其類」，失之。「類」之言「律」也，「律」亦「法」也。故《樂記》「律小大之稱」，《史記·樂書》「律」作「類」，《王制篇》曰「其有法者以法行，無法者以類舉」，蓋「法」與「類」對文則異、散文則通矣。」又，王氏《廣雅疏證》曰：「類者，《方言》：『類，法也。齊曰類。』《緇衣》『身不正，言不信，則義不壹，行無類也』鄭注云：『類，謂比式。』《釋文》云：『比方法式也。』《楚辭·九章》『吾將以為類兮』王逸注云：『類，法也。』《荀子·儒效篇》云：『其言有類，其行有禮。』『類』之言『律』也。律亦法也。《樂記》『律小大之稱』，《史記·樂書》作『類』。是『類』與『律』聲義同。相似謂之『類』，亦謂之『肖』；法謂之『肖』，亦謂之『類』，義亦相近也。」

〔註18〕 參看徐復《廣雅詁林》（江蘇古籍出版社，1998年版）12～13頁。

〔註19〕 王力《同源字典》（商務印書館，1987年）不收此組同源詞，尚應補苴。又《同源字典》491頁根據阮元之說以「賴」與「懶、懶」為同源詞，則是另外一組

則不賴矣。」高注：「賴，利也。」〔註20〕「賴」與「善」互文同義。王念孫《廣雅疏證》又稱「賴」與訓「善」的「戾」同源，其言曰：「故利謂之戾，亦謂之賴。善謂之賴，亦謂之戾。戾、賴語之轉耳。」〔註21〕王念孫闡發的同源詞當屬可信。

<h1 style="text-align:center">三</h1>

在訓詁學中，「類」又常訓為「法」，其實在這個意思上與「善」義近。《方言》卷七：「類，法也。」《太玄》卷三《毅》次七：「鳴不類。」注：「類，法也。」《楚辭·懷沙》：「吾將以為類兮。」注：「類，法也。」《廣雅·釋詁上》：「類，法也。」

《易傳》稱伏羲「俯則取法於地。」《史記·天官書》引作：「俯則法類於地。」則「法」與「類」同義反覆。

《荀子·非十二子》又曰：「多言而類，聖人也。少言而法，君子也。」類與法同。《荀子·王制》：「飾動以禮義，聽斷以類。」即聽斷以法。《荀子·儒效篇》：「其言有類，其行有禮。」有類即有法。

類訓法，蓋與法律的律同源。《史記·樂書》：「類小大之稱」。《禮記·樂記》作「律小大之稱」。類與律同源。律同法，合言「法律」。「律」在上古文獻中最早是表示「音律」，在戰國時代開始用「律」為「法律」，〔註22〕在東方六國的魏國李悝《法經》開始以「律」為法律、律條。後來商鞅將李悝《法經》帶往秦國，在秦國推行商鞅變法，於是秦國以「律」為法律。

古書中常有「不法」之說，就是「不類」的意思。考《國語·魯語上》：「祀又不法。」《史記·天官書》：「其文國籍机祥不法。」《吳越春秋·闔閭內傳第四》：「不法之物，無益於人。」「無類」、「不類」在《尚書》還有同義詞作「不迪」。《尚書·泰誓下》：「功多有厚賞，不迪有顯戮」。「不迪」言不道、

同源詞，與本文所論無關（參看焦循《孟子正義》759～761頁，中華書局點校本，1996年版。《新編諸子集成》本）。《同源字典》491頁將《孟子正義》的作者歸為劉寶楠，當屬筆誤，應是焦循。

〔註20〕 參看何建章師《戰國策注釋》（中華書局，1996年版）1224～1225頁。

〔註21〕 見王念孫《廣雅疏證》（陳雄根標點，中文大學出版社出版，1978年）第一冊18頁。

〔註22〕 例如《史記·秦始皇本紀》：「趙高故嘗教胡亥書及獄律令法事，胡亥私幸之。」其中的「律」明顯是法律。《爾雅》：「律，常也。」無論是音律的「律」還是法律的「律」都訓為「常」，與「法」義近。

不法。迪訓道〔註23〕，與法義近。《尚書‧盤庚中》：「乃有不吉不迪」。孔傳：「不善不道，謂凶人。」訓不迪為不道，指凶人，與不類、不法義近〔註24〕。

可知「類」訓「善、法」，「無類」、「不類」訓「不善、不法」，常見於典籍。孔子說的「有教無類」正是批評當時的教育不善、不合乎禮法。這才是「有教無類」的正確解釋。

古書中有沒有正確理解「有教無類」的意思的例子呢？我們找到了一個例子。《漢書‧地理志下》：「巴、蜀、廣漢本南夷，……景武間，文翁為蜀守，教民讀書法令，未能篤信通德，反以好文刺譏，貴慕權勢。及司馬相如遊宦京師諸侯，以文辭顯於世。鄉黨慕循其跡。後有王褒、嚴遵、揚雄之徒，文章冠天下。繇文翁倡其教〔註25〕，相如為之師。故孔子曰『有教亡類』。」這段文章分明是說巴蜀廣漢之地的教育很壞，讀書人不信道德，好文刺譏，貴慕權勢。司馬相如也是有文無行。所以《漢書》這裡引用的「有教亡類」只能是說「教育不善，教育不合禮法」，才能與全篇意思相協調，絕不是說「教育不分人群種類，只要是人都可以教育」。《漢書》所引「有教亡類」作「亡」，不作「無」，這是依據了孔壁中書的古文經《論語》，不是西漢流行的今文《論語》。

四

如果按照傳統的解釋，將「類」解釋為「種類、等類」，說孔子認為無論什麼人都可以教育。這明顯不符合《論語》中孔子的教育觀和人性觀。因為孔子明確認為有的愚蠢的人是不可教育的，很多小人也不可能通過教育而成為君子。這正是孔子思想高明之處。如《論語‧陽貨》：「子曰：唯上知與下愚不移。」可見孔子認為「下愚」之人是不可教育的，是用教育改變不了的（也就是「不移」）。《陽貨》：「子曰：唯女子與小人為難養也，近之則不孫，遠之則怨。」「小人難養」似乎也包含難以教育的意思。《論語‧公冶長》：「宰予晝寢。子曰：朽木不可雕也，糞土之牆不可杇也，於予與何誅？」「朽木不可雕，糞土之牆不可杇」正是說素質太差的人不可能通過教育而成才，正如同杇難的樹

〔註23〕《說文》：「迪，道也」。同樣的訓詁常見於經典，參看《故訓匯纂》（商務印書館，2004年）2278～2279頁。

〔註24〕但《尚書‧西伯戡黎》曰：「不迪率典」。孔傳：「所行不蹈循常法」。其中的「不迪」是「不道、不遵循」的意思，「迪」是動詞，訓為「蹈」，參看《故訓匯纂》（商務印書館，2004年）2279頁。孫星衍訓為「修」，亦通，屬隨文釋義，沒有訓為「蹈」正宗（迪、蹈古音相通）。用法稍有不同。

〔註25〕繇，讀為「由」。

木不可能加工雕鏤成精美的器物。這正是反映了孔子認為不是所有的人都可以教育的。《論語》中常常以「君子」與「小人」相對舉，可見在孔子心中「君子」與「小人」的分界是鮮明的，不可混同的。如果所有的「小人」都可以通過教育而成為「君子」，那為什麼《論語》中為什麼沒有講到「小人」成長為「君子」的事例和方法呢？所以，孔子實際上認為有很多小人都不可能向善從而修煉為君子，許多小人是教育不了的。孔子的這個教育思想至今有重大的現實意義。西漢董仲舒《士不遇賦》：「聖賢亦不能開愚夫之違惑。」說即使聖賢也不能教育好愚夫，正是繼承了孔子的「下愚不移」的人性觀和教育觀。

五

「無類」一語在古書中還有一種用法，與《論語》的「無類」不同。《史記‧酈食其傳》：「陳留令『秦法至重也，不可以妄言。妄言者無類，吾不可以應』。」《漢書‧周勃傳》：「今已滅諸呂，少帝即長用事，吾屬無類矣。」師古注：「云被誅滅無遺種。」〔註26〕《史記‧魏其侯傳》云：「是自明揚主上之過，有如兩宮螫將軍，則妻子毋類矣。」《索隱》注曰：「謂見誅滅無遺類」。「遺類」一詞見於《左傳》、《莊子》、《史記》。更考《呂氏春秋‧當染》：「宗廟不血食，絕其後類。」《呂氏春秋‧明理》：「其殘亡死喪，殄絕無類。」《呂氏春秋‧禁塞》：「若令桀紂知必國亡身死，殄無後類。」這樣的「無類」就是「無後類、沒有子孫」的意思，即滿門抄斬，不留後代。

畏友蕭旭在電郵兄對我說：這裡的「無類」言滅種，都死了。《管子‧樞言》：「十日不食，無疇類，盡死矣。」單言曰類，復言曰疇類，就是種類，顏師古說不誤。《呂氏春秋‧審為》：「重傷之人無壽類矣。」章太炎曰：「壽借為疇。無疇類，言殃及子孫。漢人多作『疇類』，疇亦疇字。」馬敘倫從其說，馬氏又曰：「章氏云云。倫按：無壽類，猶言無遺類。壽借為續，織餘也。」馬讀為續，非是。譚戒甫曰：「壽當讀儔，義與類同。《淮南‧道應篇》作『疇』，亦儔之借。高讀如字，文義似可承接，然實非也。」沈延國曰：「章說云云。譚氏『壽當讀儔』亦是。《管子‧樞言篇》作『疇類』，《淮南》、《文子》皆作『壽類』（譚氏以《淮南》作『疇』，誤。），疇、儔同音通叚，壽乃儔之省。」朱起鳳曰：「疇、儔同音通用，壽乃儔字之省。儔字叚作儕，此方音之變。」

〔註26〕亦見《史記‧呂太后本紀》：「今皆已夷滅諸呂，而置所立，即長用事，吾屬無類矣。不如視諸王最賢者立之。」

許維遹曰：「『壽』即『疇』之借字，『疇』亦作『噍』，《漢書・高帝紀》：『襄城無噍類矣。』注：『青州俗呼無子遺為無噍類。』青州古屬齊國，此齊言也。」北大藏漢簡《蒼頡篇》簡8：「胡無噍類。」字亦作醜，《爾雅》：「醜，眾也。」《廣雅》：「醜，類也。」〔註27〕以上是蕭旭兄給我的電郵，有參考價值，所引附錄於此。但無論如何，這樣的「無類」與《論語》的「有教無類」沒有任何關聯。

〔註27〕筆者按，訓「眾」的「醜」就是美醜的醜，與干支的「丑」無關。

《論語》訓詁學新考五篇

提要：

　　本文研究《論語》的三個訓詁學難題。考證《論語》「溫故而知新」的「溫」當訓為「蘊」，意思是積累、蘊涵。《論語》「巧言令色」的「令」當讀為「佞」，訓為「諂媚」。《論語》「民可使由之」的「由」讀為「迪」，訓「道」或「導」。《論語》「南人」為「商人」之誤。《論語》「怪力亂神」當斷句為「怪力、亂神」，而不是「怪、力、亂、神」。

關鍵詞：溫　令　論語　由之　怪力亂神

一、《論語》「溫故而知新」新考

　　《論語・為政》：「子曰：溫故而知新，可以為師矣。」這是一句人們耳熟能詳的名言，但這句話的本來意義是什麼？卻不是一個簡單的問題。成問題的是「溫故而知新」中的『溫』和『而』是什麼意思？《辭海》、《辭源》、《漢語大詞典》、《漢語大字典》都釋這裡的『溫』為溫習。只有《辭源》同時還附有『尋繹』一解。我們認為以上的解釋是不確切的。在這裡，我們有必要考察一下前人的訓詁，可以發現前人的意見並不一致。而上舉的幾種詞典恰好選擇了錯誤的解釋。

　　關於其中的『溫』字，在古人的訓詁中有三種不同的意見：

　　一種意見認為『溫』當訓『尋繹』。如何晏《論語集解》：「溫，尋也。尋繹故者，又知新者，可以為人師也。」朱子《四書集注》從其說。這種看法並不可取。清代學者劉寶楠《論語正義》便明確批評《集解》的觀點：「然『溫』

無『繹理』之訓。溫為尋者，尋與燖同，即與㷋同，不謂繹理也。此注蓋誤。」劉寶楠的批評是對的。

第二種意見是皇侃《論語義疏》：「故，謂所學已得之事；所學已得者則溫燖之，不使忘失。此是月無忘其所能也。新，謂即時所學新得者也。知新，謂日知其所亡也。若學能日知所亡，月無忘所能，此乃可為人師也。」皇侃能以《論語》本身自相貫通，實比《集解》要高明。《論語・子張》：「子夏曰：日知其所亡，月無忘其所能，可謂好學也已矣。」但皇侃的解釋中仍然有個問題。我們認為『故』並非是『謂所學已得之事』，而是泛指傳統的學問。皇侃解釋「溫」為「溫燖」。

宋代的邢昺《論語注疏》所選擇的不是《集解》的意見，而是皇侃疏的觀點。邢昺的解釋較詳：「『溫，尋也』言舊所學得者溫尋使不忘，是溫故也；素所未知，學使知之，是知新也。既溫尋故者，又知新者，學使知之，是知新也。既溫尋故者，又知新者，則可以為人師矣。案《中庸》云『溫故而知新』。鄭注云：溫讀如燖溫之溫，謂故學之熟矣。後時習之謂之溫。案：《左傳・哀十二年》『公會吳於橐皋。大宰嚭請尋盟。子貢對曰：盟可尋也，亦可寒也』。賈逵注云『尋，溫也。』又《有司徹》云：『乃爇尸俎。是尋為溫也。言人舊學已精熟，在後更習之，猶若溫燖故食也。』」邢昺的闡釋實是採取了皇侃之說和《中庸》的鄭玄注，與何晏的《集解》頗有不同。因為何晏解『溫』為『尋繹』；邢昺據鄭玄說，解『溫』為『燖溫』。皇侃、邢昺之說頗值得注意。後來的清儒大都傾向於皇侃、邢昺的解釋，如朱駿聲《說文通訓定聲》「溫」字注認為『溫故知新』的『溫』當是『熅』之借，『熅』是溫燖的溫的本字。劉寶楠《論語正義》、黃式三《論語後案》，也採取這種解釋。這一派的影響較大。

第三種意見比較為人們所忽視，那便是《漢書》的顏師古注。《漢書・成帝紀》：「溫故知新，通達國體，故謂之博士。」師古曰：「溫，厚也。謂厚積於故事也。」《漢書・百官公卿表上》：「故略表舉大分，以通古今，備溫故知新之義云。」師古曰：「《論語》稱孔子曰『溫故而知新，可以為師矣』。溫猶厚也，言厚蓄故事，多識於新，則可為師。」《漢書・史丹傳》：「凡所謂材者，敏而好學，溫故知新，皇太子是也。」師古曰：「溫，厚也。溫故，厚蓄故事也。」《漢書》引用『溫故知新』一語的地方還有《蕭望之傳》。我們不禁要問顏師古為什麼要把『溫』解釋為厚、厚蓄、厚積之類的意思呢？這有訓詁學上的根據嗎？

在以上三種解釋中，我們認為顏師古的注解是正確的。顏師古之說訓「溫」為「厚」，實際上是認為『溫』是『蘊』或『藴』的假借字〔註1〕。今舉證如下：

《詩經·雲漢》：「蘊隆蟲蟲。」毛傳：「蘊蘊而暑。」《正義》：「溫字定本作蘊。」另參考王先謙《詩三家義疏》953頁（中華書局點校本，2018年版）。

《詩經·小宛》：「飲酒溫克。」《正義》：「蘊藉者，定本及《箋》作溫字。舒瑗云苞裹曰蘊，謂蘊藉自持，含容之義。經中作『溫』者，蓋古字通用。」

《荀子·榮辱》：「其溫厚矣。」楊注：「溫猶足也。言先王之道於生人，其為溫足也亦厚矣。」董治安等《荀子匯校匯注（附考說）》〔註2〕引郝懿行曰：「溫與蘊同。蘊者積也。《左傳》『蘊利生孽』。〔註3〕經典通作『蘊』，此作『溫』，借假借耳。如《禮器》云『溫之至也』。文讀為蘊，亦其例。楊注非。」同書207頁引孫詒讓《札迻》：「溫，當讀為蘊。……溫厚與積厚義同。注望文生訓，不足據。」〔註4〕

《禮記·內則》：「柔色以溫之。」《釋文》：「溫本又作蘊。」

而「蘊、藴」字正好訓為積蓄、積藏，為訓詁常談，無需舉證〔註5〕。《論語》「溫故而知新」的『溫故』應是厚積舊學之義。這個『溫』斷不可如鄭玄、皇侃、邢昺所說的那樣解為燖溫。我們為什麼能得出這樣的結論呢？那是因為我們通檢《十三經》、《史記》、《漢書》及先秦諸子書，沒有發現『溫』可確切訓為溫習的例子，未能發現燖溫的溫用於讀書學習上的例子。因此我們不能據此孤例就說『溫故』的溫訓為燖溫。我們既然把『溫』解釋為『蘊積』，那麼『故』就不可能如皇侃所說是『謂所學已得之事』，而應該就是泛稱的傳統文化。《後漢書·班彪傳下》：「今論者但知誦虞、夏之《書》，詠殷、周之《詩》，講義、文之《易》，論孔氏之《春秋》，罕能精古今之清濁，究漢德之所由。唯子頗識舊典，又徒馳騁乎末流。溫故知新已難，而知德者鮮矣。」這裡說的「誦

〔註1〕「藴」是「蘊」的俗字，可參看王觀國《學林》卷十《蘊》條。中華書局點校本，2006年。346～347頁。此文詳細論述了「蘊、藴」訓為「積藏」，舉證頗豐。

〔註2〕鳳凰出版社，2018年。上冊206～207頁。

〔註3〕光華案，《左傳·昭公十年》：「蘊利生孽。」《十三經注疏》（浙江古籍出版社，1998年）下冊2066頁的《校勘記》有詳細的校勘，「蘊」在石經、宋本、宋殘本、淳熙本、岳本、足利本、《說文》引《春秋左傳》都作「蘊」。

〔註4〕又見孫詒讓《札迻》（中華書局點校本，1989年）卷六182頁。

〔註5〕參看《故訓匯纂》「蘊、藴」條，商務印書館，2004年。

虞、夏之《書》，詠殷、周之《詩》，講羲、文之《易》，論孔氏之《春秋》」與
「頗識舊典」就是說的「溫故」，顯然是說對舊學深有研究。古人很強調既知
古又知新。考《論衡·謝短》：「夫知古不知今，謂之陸沉。」《論衡·程材》：
「是以世俗學問者，不肯競經明學，深知古今，急欲成一家章句。」同篇：「博
學覽古今。」《論衡·效力》：「不能覽古今，守信師法，雖辭說多，終不為博。」
《論衡·別通》：「章句之生，不覽古今，論事不實。」

　　另一個問題是「溫故而知新」的『而』字到底做何解釋？我從前有一個錯
誤的想法，認為這裡的『而』當為『能』之借（『而』與『能』相通乃訓詁常
識）。《論語》乃言『溫故能知新』，即是說從溫習已學得的知識中能夠得到新
的啟發。現在看來，這種理解是錯誤的。因為正如上文所論證，這裡的『溫』
並非溫習之義，而是『厚積』的意思。『溫故』是說對於舊有的學問深有修養。
還有一項證據可以說明『溫故而知新』的『而』不能訓為『能』。那就是上舉
《漢書》的四處引用《論語》的地方皆作『溫故知新』，並無『而』字。《後漢
書·班彪傳上》：「溫故知新，論議通明，廉清修潔，行能純備。」《班彪列下》
亦同。《論衡·謝短篇》與《別通篇》也都是引作『溫故知新』，沒有『而』字。
足見這裡的『而』不能訓為『能』，因為訓為『能』的『而』是不能省略的，
否則句子的意思會發生變化。這裡的『而』就是簡單的『而且』的意思，不可
克意求深。孔子這句格言的意思是說：既厚積舊傳統學問，又有新的知識，就
可以為人之師了。我們認為這才是正確的訓詁。

　　我在完成了此文的考證後，偶讀羅振玉《存拙齋札疏》〔註6〕2《溫故而知
新》條已經提到「溫」即「蘊」字，批評訓「溫」為「尋」，列舉了《詩經·雲
漢》的異文為證。結論稱：「溫故而知新者，謂已得之學，蓄積不忘，又能日有
新得，猶子夏所云『日知其所亡，月無忘其所能』是也。舊注太鑿，為證明之。」
羅振玉先生對「故」的解釋與我們不合，我認為是泛指傳統學術文化。但羅先
生對「溫」的訓詁這與我的結論相同，先我而發，但我的論證有漢語史的方法，
考察更為完備。當然，我和羅振玉先生的觀點在客觀上都是承襲了顏師古的訓
詁。羅雪堂先生的學術貢獻確實是驚人！我無限緬懷先賢羅振玉先生！

二、《論語》「巧言令色」新考

　　《古文尚書·冏命》：「無以巧言令色。」孔傳：「令色無質。」《論語·陽

貨》王注同。《論語・學而》：「子曰『巧言令色，鮮矣仁』。」《大戴禮記・曾子立事》：「巧言令色，難於仁矣。」舊注均訓「令」為善。包咸注《論語》：「令色，善其顏色。」朱子《四書集注》亦曰：「令，善也。」唯王肯堂《筆塵》曰：「令色者，色取仁而行違者也。」此說稍新，而於訓詁則無據。劉寶楠《論語正義》亦謂令訓善，取《爾雅》、《尚書》為證。《尚書・皋陶謨》：「何畏乎巧言令色孔壬。」《史記・夏本紀》：「何畏乎巧言善色佞人？」司馬遷亦以「善」釋「令」。故「令色」作「善色」。《逸周書・官人解》：「華廢而誣，巧言令色，皆以無為有者。」《管子・任法》：「美者以巧言令色請其主。」「巧言令色」應該是最早來自《古文尚書・冏命》，其餘各書都是沿襲了《古文尚書》的典故。今本《古文尚書》不可能是魏晉人偽造的〔註7〕。

今按：舊注均非。巧言令色之「令」當為「佞」之借。令為來母耕部，佞為泥母耕部，二者同部，旁紐為雙聲，例得通借。「佞」訓「諂媚」。《論語》中多有「佞」與「仁」對舉之例。

《論語・公冶長》：「或曰『雍也仁而不佞』。」同章又曰：「子曰『不知其仁，焉用佞』？」《論語・衛靈公》：「子貢問仁，子曰『……友其士之仁者……。』顏淵問為邦，子曰『……放鄭聲，遠佞人。鄭聲淫，佞人殆』。」觀此三例，知孔子以仁與佞不相容，都是以「仁」與「佞」對舉。《淮南子・人間》：「聞倫為人，佞而不仁。」又曰：「佞人得志則使晉國之武捨仁而從佞。」也是「佞」與「仁」對舉。孔子言「巧言令色，鮮矣仁。」正以「令色」與「仁」對舉，以古音與辭例論之，「令色」正言「佞色」。「佞色」與「仁」無緣。「鮮矣仁」是加強語氣的倒裝句，尋常言「鮮仁矣。」另如《大戴禮記・公符》：「遠於佞，近於義。」「義」與「仁」同類，與「佞」相反。

更考《說文》：「佞，巧讇高材也。」「讇」就是「諂」字異體。《韓詩外傳》卷四：「佞，諂也。」《廣韻》：「佞，諂也。」《爾雅・釋詁》邢昺疏：「佞，謂諂佞也。」可知「佞」與「巧、諂」義近。「佞色」就是諂媚之色，不是單純的善色。古書中多「巧」與「佞」對舉連言之例。考《史記・周本紀》：「石父為人佞巧」。《商君書・賞刑》：「雖曰聖知、巧佞」。《列子・力命》：「巧佞愚直……。」《論衡・恢國》：「三苗巧佞之人，或言有罪之國。」《淮南子・主術》：

〔註7〕參看本書《關於〈古文尚書〉及孔傳的考證》、《今本〈古文尚書・說命〉非偽書新考》；龐光華《今本〈尚書・說命〉非偽書新考》，見《傳統中國研究集刊》第22輯，上海社會科學院出版社，2020年。

「或佞巧小具。」《漢書・嚴安傳》:「上篤厚,下佞巧。」《後漢書・崔駰傳》:「崔篆兄發以佞巧幸於莽。」《史記・汲黯列傳》:「務巧佞之語。」《漢書・彭祖傳》:「彭祖為人巧佞。」《北史・高允傳》:「性巧佞,為崔浩信待。」《白虎通・鄉射》:「示服猛,遠巧佞。……示當服天下巧佞之臣也。」《史記・滑稽列傳》:「願陛下遠巧佞。」《漢書・李尋傳》:「佞巧依勢。」《漢書・王商傳》:「其人佞巧。」《漢書・杜鄴傳》:「遷不忠巧佞。」《漢書・匡衡傳》:「則佞巧之奸因時而動。」《漢書・王尊傳》:「即以佞巧廢黜。」《漢書・京房傳》:「巧佞之人也」。《漢書・酷吏傳》:「而造佞巧」。《漢書・佞倖傳》:「質性巧佞」。《漢書・孔光傳》:「侍中駙馬都尉遷巧佞無義」。《漢書・京房傳》又曰:「而所任者巧佞。」又曰:「知其巧佞而用之邪」。《管子・水地》:「巧佞而好利」。《楚辭・七諫・初放》:「巧佞在前兮,賢者滅息」。《荀子・臣道》:「然而巧敏佞說,善取寵乎上」。《說苑・談叢》:「佞而不巧,則不能信」。《呂氏春秋・情慾》:「巧佞之近,端直之遠」。同書《審分》曰:「諛諂詖賊巧佞之無所竄其奸矣」。唐代的陳鴻祖《長恨傳》亦曰:「善巧便佞,先意希旨」。以上各證皆以「巧」與「佞」對舉,合觀《論語》「巧言令色」一語以「巧」與「令」對舉,可知「令」當為「佞」之借,訓為「諂媚」。孔子說,表情態度很諂媚的人,很少能「仁」。

《尚書》有《呂刑》有一個「佞」字:「非佞折獄,惟良折獄。」「佞」訓為「口才好」。《冏命》與《呂刑》是不同的作者,也許不同作者因為方音的不同,《呂刑》作者的方言讀泥母,在《冏命》作者的方言讀為來母作「令」。在現代漢語方言中,眾多方言的來母和泥母都可以相通〔註8〕,這是方言學常識,無需舉證。

三、《論語》「民可使由之」新考

《論語・泰伯》:「子曰『民可使由之,不可使知之』。」何晏曰:「由,用也。」《後漢書・方術傳》注引鄭玄曰:「由,從也。」我認為何晏之說非,鄭玄之說近是。馬王堆帛書《十六經・三禁》:「民知所由」(帛書原本不是『由』字,但通假作『由』)。這裡的『由』顯然訓『從』,言『民知所從』〔註9〕。此

〔註8〕參看曹志耘主編《漢語方言地圖集・語音卷》(商務印書館,2008年)057《泥來母的分合》、058《腦—老|南—藍聲母的異同》、059《泥—梨|年—連(泥來細)聲母的異同》。

〔註9〕參看陳鼓應《黃帝四經今注今譯》第二篇《十大經・三禁第十》300頁。商務印書館,2013年。陳鼓應此書題為《十大經》。今題為《十六經》。裘錫圭主編

可證鄭玄之說〔註10〕。

　　然而以古證古，我們也可認為『由』為『迪』之借，訓導（或道）。《郭店楚墓竹簡・尊德義》：「民可使道之，而不可使智（知）之。民可道，而不可強也。」〔註11〕「由」正作「道。」裘錫圭先生以「由」釋「道」。我覺得當以「道」釋「由」。「由」訓道，「由」為「迪」之借。「迪」從「由」聲，例可假借。《文子・上義》：「聖人所由曰道。」以訓詁學言之，這實際上是以「由」音訓為「道」。《說文》：「迪，道也」。《爾雅・釋詁》：「迪，道也。」《書・大禹謨》：「惠迪吉」。傳：「迪，道也。」《禮記・緇衣》：「播利之不迪」。注：「迪，道也。」《楚辭・九章・懷沙》：「易初本迪兮。」《史記》迪作由。王注：「變易初行，遠離常道。」亦以道釋迪。《書・盤庚下》：「乃有不吉不迪。」孔傳：「不善不道謂凶人。」以「不道」釋「不迪」。因為古書多言『道民』或『導民』，故我認為釋『由』為『道』於古有徵。如《論語・雍也》：「務民之義。」王肅曰：「務所以化道民之義。」稱「道民」，即「導民」。《文子・微明》：「大正不險，故民易導。」《文子・自然》：「故聖人立法以導民之心。」《文子・上義》：「其導民也，不貴難得之貨。」《春秋公羊傳・宣公十三年》：「吾以不詳道民。」《國語・晉語二》：「唯知哀怒喜樂之節，是以導民。」同篇又稱「何以導民」、「民不我導」。道與導通。《管子・君臣上》：「上之所以道民也。」道一本作導〔註12〕。《文子・自然》：「其導民也，水處者漁。」《淮南子・齊俗》：「其導萬民也，水處者漁。」《晏子春秋・內篇諫下第二》曰：「騶虞不可以導眾民。」故知《論語》乃言「民可使導之，不可使知之。」

　　　　《長沙馬王堆漢墓簡帛集成》（中華書局，2014 年）第四冊《十六經》116 頁也釋為：「民知所由。」但沒有專門的注解。

〔註10〕關於《論語》此句的前人注釋可參看黃懷信等《論語彙校集釋》上 697～699頁，上海古籍出版社，2008 年。

〔註11〕見《郭店楚墓竹簡》174～175 頁，文物出版社，1998 年；劉釗《郭店楚簡校釋》131 頁，福建人民出版社，2003 年。陳偉等《楚地出土戰國簡冊十四種》213 頁和 217 頁，經濟科學出版社，2009 年。陳偉、龐樸都讀「道」為「導」。龐樸《初讀郭店楚簡》（原載《歷史研究》1998 年第 4 期，收入《龐樸學術思想文選》，上海古籍出版社，2013 年）稱：「道之就是導之，也就是教之。這是沒有問題的。」見《龐樸學術思想文選》157 頁。我認為龐樸的後一句發揮有問題，「導之」是引導、指導人民，而不是教育人民。既然不可使知之，則是認為很多民眾是教育不了的，不可能讓民眾明白為什麼要這樣做的道理。

〔註12〕「道」與「導」相通，是訓詁學常識，參看《故訓匯纂》2302 頁，商務印書館，2004 年。

睡虎地秦墓竹簡《語書》：「凡法律令者，以教道（導）民。」這是都「道民、導民」的用例。

綜上所述，「民可使由之」當訓為「民可使導之」。楊逢彬先生《論語新注新譯》〔註13〕沒有注解，翻譯為「老百姓，可以使他們照著我們的道路走去」，似乎不完全精確，應當翻譯為「只可能引導民眾去做」。「不可使知之」的意思是「不可能使民眾明白其中的道理」。黃懷信等《論語彙校集釋》上699頁〔註14〕解釋為：「由，指沿著所指之路而行。」黃懷信先生的解釋是對的，但是沒有從訓詁學指出「由」讀為「迪」，訓「導」或「道」，是引導的意思。要注意的是，這個「道」是動詞，是引導或指導，不是名詞的道路。楊逢彬、黃懷信似乎都將「道」理解成了「道路」，因為他們的解釋中都有「道路」一詞，顯然是名詞。所以，他們似乎沒有真切理解「由」的含義。劉寶楠《論語正義》引述凌嗚鳴《論語解義》稱：「謂《詩》、禮、樂可使民由之，不可使知之。」明確將其「由之、知之」的內容闡釋為儒家的《詩》、禮、樂，這是可為一說的，也許是正確的。劉寶楠引證《史記·孔子世家》、《大戴禮記》、《荀子·王制》、《春秋繁露》、《韓詩外傳》等支持凌嗚鳴《論語解義》之說。如果凌嗚鳴、劉寶楠是正確的，那麼《論語》此句完全沒有「道路」的意思。

四、《論語》「南人有言」新考

《論語·子路》：「子曰『南人有言曰：人而無恒，不可以作巫醫』。」孔曰：「南人，南國之人」。《禮記·緇衣》引此文略有異同：「南人有言曰：人而無恒，不可以為卜筮。古之遺言與。龜筮猶不能知也，而況於人乎。」

今按：《論語》、《禮記》中的「南」字當為「商」之誤。上海博物館所藏簡本《緇衣》和郭店楚簡本《緇衣》引「南」作「宋」，宋與商相通，詳見王國維《觀堂集林》卷十二《說商》，王氏論證詳盡。以楚簡《緇衣》校今本，可知今本「南」當為「商」之誤。正因為此言為商代人之遺語，所以才稱為古之遺言。若直視為南人之言，則與「古之遺言」不相配應。

在古書中，商與南確實易互訛。《呂氏春秋·古樂》：「商人服象。」而《漢書·司馬相如傳·上林賦》注引張揖之言曰：「南人服象」。宋翔鳳《過庭錄》

〔註13〕北京大學出版社，2016年。152～155頁。
〔註14〕上海古籍出版社，2008年。

卷十三《商人服象》〔註15〕條據此以為「商人」當為「南人」之誤。陳奇猷《呂氏春秋校釋》〔註16〕、王利器《呂氏春秋注疏》〔註17〕皆取宋翔鳳之說。可知「南」與「商」形近而誤。

五、《論語》「怪力亂神」新考

　　《論語・述而》:「子不語怪力亂神。」舊注皆以「怪、力、亂、神」點讀。今按:舊讀均非。當點為「怪力、亂神」。孔子非不言力,乃不言怪力。非不言神,乃不言亂神。考《論語・八佾》孔子曰:「祭神如神在。」《述而》孔子曰:「禱爾於上下神祇。」《泰伯》:「菲飲食而致孝乎鬼神。」《雍也》:「子曰:務民之義,敬鬼神而遠之,可謂知矣。」觀此數證,則孔子焉不語神?但孔子不言「亂神」,如《山海經》中的神怪,孔子從來不談,也從來不信。而且儒家經典《禮記》談祭祀和鬼神的地方很多。《論語》言力甚多,一覽即明。如《里仁》:「有能一日用其力於仁矣乎?我未見力不足者。蓋有之矣,我未之見也。」《泰伯》:「卑宮室,而盡力乎溝洫。」《憲問》:「子曰:桓公九合諸侯,不以兵車,管仲之力也。如其仁!如其仁!」《憲問》:「子曰:驥不稱其力,稱其德也。」《季氏》;「孔子曰:求!周任有言曰:陳力就列,不能者止。」可知,孔子並非不言「力」,但不言「怪力」。

〔註15〕中華書局點校本,1986 年版。
〔註16〕學林出版社,1995 年版。
〔註17〕巴蜀書社,2002 年。

《論語》的民眾觀及治民學說

提要：

　　《論語》的民眾觀以及其治民學說是很有價值的學術思想。本文列舉出六條主要的民眾觀和七條主要的治民思想加以分析討論，充分肯定其學術價值和對當代治理社會的價值，並與先秦相關的思想予以比較。本文討論的「民」，不包含聖人、賢人、君子、小人、逸民，就是指占絕大多數的普通民眾。

關鍵詞：孔子　治民　德　中庸　鬼神　民心

　　《論語》承認人在道德境界和修養上是分為不同類型和等級的，有聖人、賢人、君子、小人、民、隱士。其中的「聖人、賢人、君子」屬於少數，大多數的人是「民、小人」，這些人可以代表一般的民眾，但是為了聚焦主題，本文不討論《論語》對於「小人」的論述。本文的討論範圍限於《論語》的民眾觀，以及《論語》對如何治理「民」的論述。《論語》的治民學說並不僅僅是孔子的觀點，也包含了孔門賢哲的觀點，因此本文只能名為《〈論語〉的民眾觀及治民學說》，而不是《孔子的民眾觀及治民學說》。為了要研究其治民學說，我們要先研究其民眾觀。

一

　　以孔子為主要代表的儒家聖賢對人民的缺點有很深的觀察和認知，其民眾觀值得我們高度重視，今分條討論如下：

（一）人民難以做到中庸

　　《雍也》子曰：「中庸之為德也，其至矣乎！民鮮久矣。」孔子非常看重

「中庸」，認為這是極為重要的行為準則，主張行事不能過分，也不能不足，要恰到好處，不多不少。例如，《論語・先進》子貢問：「師與商也孰賢？」子曰：「師也過，商也不及。」曰：「然則師愈與？」子曰：「過猶不及。」「過猶不及」正是孔子的中庸思想，這是中國文化中非常重要的思想，對後世文化有極大的影響，戰國時代的儒家編撰了《中庸》一書，到了宋代成為《四書》之一，地位與五經齊列，元明清三代更是成為科舉考試的主要內容之一。孔子認為當時的人民已經很久沒有「中庸」之德了。可見，孔子認為民眾難以做到「中庸」這樣的大德，要麼過分，要麼不夠，做不到恰到好處。這是孔子對人民很深刻的觀察。

（二）人民難以理解做事的道理

《泰伯》子曰：「民可使由之，不可使知之。」〔註1〕這是孔子對民眾的一個重要的判斷，「由」訓「遵循」或訓「引導」，可以讓人民有所遵循或得到引導，但不可能讓一般的民眾懂得為什麼要這樣遵循？為什麼要被如此引導？孔子認為不可能使得普通民眾明白深層次的道理。應該說，孔子對民眾的這個判斷是正確的，法家也是如此主張。

（三）人民難以理解聖人之德

孔子似乎認為一般民眾難以理解聖人的明德和偉業。《泰伯》子曰：「大哉，堯之為君也！巍巍乎！唯天為大，唯堯則之。蕩蕩乎！民無能名焉。巍巍乎！其有成功也；煥乎，其有文章！」對於堯的明德，人民也不知道該怎樣描述。

《憲問》子貢曰：「管仲非仁者與？桓公殺公子糾，不能死，又相之。」子曰：「管仲相桓公，霸諸侯，一匡天下，民到於今受其賜。微管仲，吾其被髮左衽矣。豈若匹夫匹婦之為諒也，自經於溝瀆，而莫之知也。」當時一般人不能理解管仲的仁德，認為管仲不能如同召忽一樣為其主公公子糾殉死，是苟且偷生，有虧於仁德。但孔子認為有大德於民者不必拘泥於小節。管仲輔佐齊桓公稱霸諸侯，匡正了天下諸侯的行為規範〔註2〕，並且反擊北狄的入侵，保衛了華夏文化，這是大仁大義，不能如一般的民眾講究小小的誠信而喪失了生命，沒有人知道，也無益於天下。

〔註 1〕關於這句話的訓詁，參看楊逢彬《論語新注新譯》（北京大學出版社，2016 年版）152～155 頁。
〔註 2〕《論語》「一匡天下」的意思有不同的解釋，此不詳論。

　　《論語‧憲問》子路曰：「桓公殺公子糾，召忽死之，管仲不死。」曰：
「未仁乎？」子曰：「桓公九合諸侯，不以兵車，管仲之力也。如其仁！如其
仁！」〔註3〕孔子認為管仲有大功於民，是仁愛之人。孔子這種成大功而不拘
小節的觀點是非常通達的。在《子張》篇中，子夏說：「大德不逾閑，小德出
入可也。」這也是與孔子一脈相承的思想。齊桓公果斷重用在私德上有污點的
管仲、寧戚，建立霸業，被孔子贊為「正而不譎」。

　　但是人民會稱頌古代賢人的氣節。《季氏》：「伯夷叔齊餓於首陽之下，民
到於今稱之。」孔子說人民一直稱頌伯夷的氣節。孔子本人也讚美伯夷叔齊
的氣節，稱之為「求仁得仁」。雖然伯夷叔齊是愚忠於腐朽暴虐的殷紂王，不
與周朝統治者合作，但是其忠於前朝的氣節，孔子還是稱讚的。春秋時代的
人民也稱頌伯夷叔齊忠貞不渝的氣節，不看作是冥頑不靈的老頑固或死硬
派。這是中國文化的重要價值觀，在其後的二千多年歷史中一直在存續，成
為正史的價值觀，例如司馬遷《史記》的第一個列傳就是《伯夷列傳》，而且
對伯夷叔齊的品行有很高的讚譽。後來享有盛譽的名著《三國演義》對忠貞
的氣節一概予以讚美，不分敵我，這其實是承襲了伯夷叔齊的文化傳統和忠
義的價值觀。

　　又，《泰伯》子曰：「泰伯，其可謂至德也已矣！三以天下讓，民無得而稱
焉。」關於「民無得而稱焉」的訓詁，楊逢彬先生《論語新注新譯》〔註4〕稱：
「老百姓卻因不知道這事而沒有稱頌他。」楊先生對此還有詳細的考證。但是
考《論語‧季氏》：「齊景公有馬千駟，死之日，民無德而稱焉。伯夷叔齊餓於
首陽之下，民到於今稱之。」《季氏》的「民無德而稱焉」與《泰伯》「民無得
而稱焉」，是完全相同的句式，楊先生也意識到上古漢語「得」與「德」相通
（這是訓詁學常識）。因此，《泰伯》「民無得而稱焉」的「得」應該訓為「德」，
而不是如字。「無德而稱」應該讀為「無——德而稱」，「德」是動詞，「以為有
德」的意思，「德而稱」是連動結構。「無——德而稱」的意思是「不認為有美
德從而不稱頌他」。孔子認為泰伯至德，可是人民不能理解其至德，所以不稱
頌泰伯的高尚品德。當然，如果按照楊逢彬先生的解釋，《論語》此言就與本
文的主旨無關。

〔註3〕這裡的「如」訓「乃」，言「乃其仁」。
〔註4〕北京大學出版社，2016年版。148頁。

　　法家在這個問題上與儒家有同樣的觀點。《商君書・更法》明確表示了對民眾的不信任：「且夫有高人之行者，固見負於世；有獨知之慮者，必見訾於民。語曰『愚者闇於成事，知者見於未萌。民不可與慮始，而可與樂成。』郭偃之法曰『論至德者，不和於俗；成大功者，不謀於眾』。」這是非常明確地認為人民群眾不可能理解聖人之德，在國家大事上不能與人民商量，因為人民不懂真正的政治。

（四）不莊嚴則民不敬

　　《衛靈公》：「不莊以涖之，則民不敬。」如果君子不以莊嚴的態度來面對人民，那麼人民是不會尊敬君子或執政者的。孔子深刻意識到，執政者或君子對待人民的態度必須要莊嚴，要莊重，不能太隨便，否則得不到人民的尊重，要被人民輕視。《論語・學而》子曰：「君子不重則不威。」也是說的同樣的意思。

（五）民眾遠離「仁」

　　《衛靈公》：「子曰：「民之於仁也，甚於水火。水火，吾見蹈而死者矣，未見蹈仁而死者也。」關於這幾句的解釋，參看楊逢彬《論語新注新譯》〔註5〕。民眾不願意接近「仁」，更甚於不願意接近水火。孔子說，我看見水會淹死人，火會燒死人，但是接近「仁」卻不會讓人丟掉生命。考《左傳・昭公十三年》：「眾怒如水火焉，不可為謀。」《左傳》此處的「水火」明顯是不可接近的意思，是處於敵對的一方。《孟子・梁惠王下》：「豈有他哉？避水火也。如水益深，如火益熱，亦運而已矣。」孟子說的是「避水火」，非常清楚地顯示不是儒家談到水火，不是以水火為生命之必須，恰恰相反，是要遠離的危險。《孟子・梁惠王下》：「民以為將拯己於水火之中也。」《孟子・滕文公下》：「救民於水火之中，取其殘而已矣。」可見「水火」在先秦人的觀念中是危險的，是痛苦的。當然「水火」一詞在《孟子》中也有生活必需品的意思，但在《論語》中「水火」只能是令人痛苦的、有危險的東西，不能作生活必需品解釋。楊逢彬先生的考證很清楚。孔子明確指出了民眾的本性是要遠離「仁」，民眾認為「仁」比水深火熱更加危險，更加令人痛苦。這是孔子對民眾觀的重要思想，必須高度重視。

〔註 5〕北京大學出版社，2016 年版。308～309 頁。

（六）人民有三個缺點

孔子認為執政者應該注意教化人民，人民也是可以教化的，不是冥頑不化的。《子路》子曰：「善人教民七年，亦可以即戎矣。」《子路》子曰：「以不教民戰，是謂棄之。」孔子認為人民並非自身具有完美的道德，是有很多缺點的。古代的人民和孔子當代的人民有不同的缺點。孔子對比性地考察了三點。《陽貨》子曰：「古者民有三疾，今也或是之亡也。古之狂也肆，今之狂也蕩；古之矜也廉，今之矜也忿戾；古之愚也直，今之愚也詐而已矣。」孔子的這三點比較研究非常敏銳，似乎認為當今的人民比起古代的人更加墮落了，更加缺乏道德。孔子說：古代的人民狂，但是敢於放言無忌；現在的人民狂，但是放蕩不羈。古代人矜持，但是方正；現在的人雖然矜持，但是容易忿怒乖僻。古代人愚昧，但是正直；現代人愚昧，但是狡詐。所以古代人民雖然有缺點，但是現在的人民更加墮落。這是孔子對於人民的重要觀點，顯然並不認為人民是淳樸善良的，更不認為人民是富有智慧的。孔子的這個見解今天也有重要價值。因為當今社會都以民主政治為理念，似乎以為人民都是理性的、公正的、淳樸的，動不動要還政於民，要全民公決。但是孔子告誡我們，人民的品性並非如此理性和單純，人民不是完美的，是有很多缺點的。

另外，孔子對於民眾的特性有一個很明顯的觀點：民眾都是以執政者為榜樣，他們是根據執政者的道德行為，來確定自己的行為方式，所謂上行下效。因此，執政者必須高度注意自己的道德修養和行為規範，這是孔子的治民學說的重要觀點，我們下面詳說。要注意的是《論語》沒有「民為貴」的思想。《孟子‧盡心下》：「民為貴，社稷次之，君為輕。」這樣的思想是孔子所不具有的，是孟子對孔子思想的發展和變易，也是戰國時代民本主義思想的發展〔註6〕。雖然很早已經有「民為邦本」的思想，但是沒有「民為貴」的思想。「民為貴」

〔註6〕《戰國策‧齊策四》：「齊王使使者問趙威後。書未發，威後問使者曰：「歲亦無恙耶？民亦無恙耶？王亦無恙耶？」使者不說，曰：「臣奉使使威後，今不問王，而先問歲與民，豈先賤而後尊貴者乎？」威後曰：「不然。苟無歲，何以有民？苟無民，何以有君？故有問舍本而問末者耶？」這也是典型的戰國時代的民本主義的思想，與《孟子》的思想相通。另參看蕭公權《中國政治思想史》（中國人民大學出版社，2014年。《蕭公權文集》本。59頁）第三章《孟子與荀子》第二節《民為貴》：「蓋孔子民可使由，不可使知之說略含輕民之意，而其君子行仁由近及遠之理想復傾向於視君民為一體。孟子始暗示君民之對立，而大明民主君僕、民體國用之旨。」蕭公權的這個觀察是深刻的。

的思想是戰國時代才有的。考《尚書·五子之歌》〔註7〕：「皇祖有訓，民可近，不可下，民惟邦本，本固邦寧。」只是說「民不可下」，人民是不能被蔑視的，不能被輕侮的，但沒有說「民為貴」。非常重要的是《論語》基本上看不到對民眾的讚美，這是需要特別關注的現象。《論語》並沒有現在的所謂民主思想，因為包括孔子在內的春秋時代的賢人君子都認為民眾沒有參政決策的知識和能力。考《左傳·哀公十一年》冉求回答季孫氏：「君子有遠慮，小人何知？」冉求是孔門弟子。冉求說的「君子」，顯然與一般的人民不同。《左傳·襄公十四年》定姜曰：「捨大臣而與小臣謀，一罪也。」國家大事尚且不能與小臣商議，更何況普通的人民哪能參與朝政呢？《左傳·襄公八年》子國怒之曰：「爾何知？國有大命，而有正卿。童子言焉，將為戮矣。」鄭國大臣子國憤怒地教訓兒子子產不得議論國政，否則有殺身之禍。國家大事要由正卿決定，貴族子弟的子產由於年幼，其父親不准其發表意見。《墨子·親士》稱：「非賢無急，非士無與慮國。緩賢忘士，而能以其國存者，未曾有也。」明確提出了國家存亡取決於「賢士」，稱「非士無與慮國」，即一般人民不能參與謀劃國政，只有作為國家精英的「士」才能謀劃國事。可見，先秦時代的精英幾乎都認為一般群眾不懂政治，不能參與國政，政治是精英的事情。

仔細通讀《論語》，我們絲毫不能發現有對民眾的讚美。儒家的民眾觀似乎並不認為人民有什麼美德，也絕不認為民眾是英雄或推動歷史發展的力量，這是孔子學派非常重要的思想，要予以高度重視。

另外，《論語》有些地方不是專門討論民眾，但是也包括了民眾，這些論述也值得注意。例如：

（1）《論語·子罕》子曰：「吾未見好德如好色者也。」這樣的泛論也包含了對民眾的認知，即民眾好美色超過好美德。

（2）《論語·里仁》子曰：「富與貴是人之所欲也，貧與賤是人之所惡也。」孔子認為人的本性都是欲求富貴而厭惡貧賤，這是對民眾非常客觀的見解。

（3）《里仁》子曰：「我未見好仁者、惡不仁者。」孔子認為「好仁者、惡不仁者」太少了，幾乎見不到。可見民眾的本性並不好仁愛而厭惡不仁，這是孔子的非常深刻的觀察，人的本性並不是向善的。因此，《孟子·告子上》孟子曰：「水信無分於東西。無分於上下乎？人性之善也，猶水之就下也。人

〔註7〕暫且不談《五子之歌》的真偽問題，但絕非魏晉人偽造，確實是先秦文獻。

無有不善，水無有不下。」孟子主張的「性善論」與孔子的觀點不相符合。孔子明稱「我未見好仁者，惡不仁者。」而《孟子‧告子上》孟子卻說：「惻隱之心，人皆有之；羞惡之心，人皆有之；恭敬之心，人皆有之；是非之心，人皆有之。惻隱之心，仁也；羞惡之心，義也；恭敬之心，禮也；是非之心，智也。仁義禮智，非由外鑠我也，我固有之也。」孔子和孟子對人性的觀點有明顯的區別。孔子的觀點似乎比孟子更加深刻合理，孟子對民眾和人性的觀察有明顯的主觀主義色彩。

（4）《論語‧學而》子貢曰：「貧而無諂，富而無驕，何如？」子曰：「可也。未若貧而樂，富而好禮者也。」子貢認為民眾很難做到「貧而無諂，富而無驕」，孔子認為民眾很難做到「貧而樂，富而好禮」。

（5）《論語‧憲問》子曰：「貧而無怨難，富而無驕易。」孔子人為民眾在貧困中會有很多抱怨和憤懣，富貴之後能夠相對容易做到不傲慢。

二

《論語》既有對民眾的特性有深刻的觀察，更有對如何治理民眾的系統闡述。其觀點雖然分散在《論語》各處，但是薈萃起來，十分清晰明瞭，深刻精警，至今給人們巨大的啟迪。

（一）權力者在道德上要為民楷模

《論語‧為政》孔子曰：「為政以德。」孔子的治民理念更多地是體現在對權力者的比較高的道德要求，而不是一味責難人民，不是埋怨人民刁蠻不好治理。他認為要治理好人民，權力者的道德修養極端重要，權利者必須以身作則，在道德修養上為民楷模，如此才能感化教育人民。

《學而》子曰：「道千乘之國：敬事而信，節用而愛人，使民以時。」統治集團治理民眾，不能隨心所欲，要遵守規律：做事情要敬業，要有誠信，要注意節儉，不能太奢侈，對人民要有愛心，要愛惜民力，要按照農業社會的生產生活的規律來治理人民。

《學而》曾子曰：「慎終追遠，民德歸厚矣。」如果統治集團能夠做到「慎終追遠」，人民的德行就會歸於醇厚，不會澆薄。這點很重要，曾子「慎終追遠」的意思其實是推崇孝道，要善始善終地孝敬父母，對逝去的祖先也要常常懷念，即要懂得感恩父母，侍奉父母，對自己的祖先不要忘本，但這是對於權力者的要求，不是要求普通民眾。

　　《為政》季康子問：「使民敬、忠以勸，如之何？」子曰：「臨之以莊則敬，孝慈則忠，舉善而教不能，則勸。」孔子認為要讓人民「敬、忠、勸」〔註8〕的方法是統治者要做到對人民要「莊重」，要「孝慈」，要「舉善而教不能」。這些都是要求統治者要以身作則，要注意自己的道德修養，不要在態度上蔑視人民。孔子具體指出：權力者對人民的態度要莊重，人民才會有敬畏之心；自己要「孝慈」，人民才會忠於職守，做好自己的本分；自己要旌表善行來教育人民，則人民就會努力向上。孔子的這些思想都是要求權力者要教化人民，則自己必須在道德上為民楷模，不能只是發號施令。

　　《公冶長》：「子謂子產有君子之道四焉：其行己也恭，其事上也敬，其養民也惠，其使民也義。」孔子讚美子產的四種行為方式和美德：行為恭順，對上司虔敬，對人民多加恩惠，遵循道義來治理人民。孔子完全強調的是權力者在治理人民時自身的道德修養和行為規範。

　　《雍也》子曰：「雍也可使南面。」仲弓問子桑伯子，子曰：「可也簡。」仲弓曰：「居敬而行簡，以臨其民，不亦可乎？居簡而行簡，無乃大簡乎？」子曰：「雍之言然。」「簡」的意思是不要過分拘束於繁文縟節，比較隨便。仲弓認為權力者應該「居敬而行簡，以臨其民」，但是如果「居簡而行簡」，這是太過分了，隨便得過度了。孔子對此深表贊同。可見孔子和仲弓認為平素居家都要注意養成恭敬的行為態度。這對權力者的道德修養是有比較高的要求的。

　　《雍也》子貢曰：「如有博施於民而能濟眾，何如？可謂仁乎？」子曰：「何事於仁，必也聖乎！堯舜其猶病諸！夫仁者，己欲而立人，己欲達而達人。能近取譬，可謂仁之方也已。」孔子認為權力者應該實施仁政，能夠博施於民，對人民廣布恩德，不僅可以成為「仁」，而且能稱為「聖」，不讓於堯舜。這是要求權力者要有「仁」和「聖」的美德。

　　《泰伯》子曰：「恭而無禮則勞，慎而無禮則葸，勇而無禮則亂，直而無禮則絞。君子篤於親，則民興於仁；故舊不遺，則民不偷。」孔子深刻分析了在社會生活中「無禮」的危害，要求權力者自己要孝敬父母，人民才會懂得仁愛；自己發達之後，不要忘了貧窮時的老朋友，那麼人民就不會人情淡薄。這都是要求權力者要有仁愛孝慈，要重情重義，從而以身教來引導人民。

　　《顏淵》仲弓問仁。子曰：「出門如見大賓，使民如承大祭。己所不欲，勿施於人。在邦無怨，在家無怨。」權力者要做到「己所不欲，勿施於人」，

〔註8〕「以」訓「且」，表示並列。

任何地方都沒有人怨恨自己。「使民如承大祭」，這是要求執政者在治民的問題上要非常莊重嚴肅，要有敬畏之心，如同要做好隆重的祭祀。這是對權力者很高的人格要求。

《子路》樊遲請學稼，子曰：「吾不如老農。」請學為圃。曰：「吾不如老圃。」樊遲出。子曰：「小人哉，樊須也！上好禮，則民莫敢不敬；上好義，則民莫敢不服；上好信，則民莫敢不用情。夫如是，則四方之民繦負其子而至矣，焉用稼？」孔子認為「上好禮，則民莫敢不敬；上好義，則民莫敢不服；上好信，則民莫敢不用情」，執政者必須自己愛好禮，愛好義，愛好信，則人民都會跟著學好，養成虔敬、馴服、真誠的品行。

《子張》子夏曰：「君子信而後勞其民，未信則以為厲己也；信而後諫，未信則以為謗己也。」這是要求君子要有「誠信」的美德〔註9〕。只有具備了誠信，人民才會認為你的行為是為人民立功，否則會被認為是折磨人民。只有具備了誠信，上司才會認為你是為了他好而勸阻他，否則會被認為是誹謗上司。所以，君子是否具備「誠信」的品德，他的言行會產生不同的後果。

再如《論語·顏淵》：「季康子問政於孔子。孔子對曰：政者，正也。子帥以正，孰敢不正？」又：「季康子患盜，問於孔子。孔子對曰：苟子之不欲，雖賞之不竊。」《論語·子路》子曰：「其身正，不令而行；其不正，雖令不從。」這完全是對權力者的品行的嚴格要求，而不是責難人民。

以上可知，孔子非常強調執政者個人的道德修養和示範作用，身教重於一切，必須為人楷模，才能教化人民。執政者空談道德或權力高壓都不可能得到人民的信任和擁戴〔註10〕。孔子的這種治民思想至今有重大意義。例如，在當代日本，日本政府宣傳核洩漏地區的糧食水產品沒有毒，可以放心飲食。日本民眾要求政府高官，甚至總理帶頭飲食，才能相信政府。於是政府高層首先飲食核洩漏地區的糧食和水產品，這樣人民才放心飲食。又如，日本政府要在城市建立垃圾焚燒場，對民眾宣傳沒有污染，於是人民要求將垃圾焚燒場建在政府官邸旁邊，政府答應了，結果就建在政府部門旁邊，這樣民眾就相信政府。日本政府的行為就符合孔子的執政思想。我國先聖孔子早已有官員要為民楷

〔註 9〕有人解釋「信」為「得到信任」，與「誠信」意思相通。

〔註10〕另參看蕭公權《中國政治思想史》（河北教育出版社，1999 年。《中國現代學術經典·蕭公權卷》）第一編第二章《孔子》第五節《君子》。劉澤華主編《中國政治思想史·先秦卷》（修訂本，浙江大學出版社，2020 年版）第五章《儒家以倫理為中心的政治思想》第二節《孔子以禮仁為中心的政治思想》。

模、以身作則的寶貴思想，具有高度的現代性，這對治理官僚主義有重大的現實意義。孔子的思想不是約束人民，更多的是約束權力者。誰能說孔子的思想陳腐呢？

孔子的這種嚴格要求權力者的思想其實是西周春秋時代的政治文化傳統。劉申叔先生《讀左劄記》〔註11〕稱：「《左傳》一書，責君特重，而責臣民特輕。《宣公四年傳》云『凡弒君，稱君，君無道也；稱臣，臣之罪也。』杜《注》謂『稱國以弒，言眾所共絕』。《釋例》申其說曰『君，所以繫民命也。』然本無父子自然之恩，未有家人習玩之愛，高下之隔懸殊，壅塞之否萬端，是以居上者降心以察下，表誠以感之，然後能相親也。若崇高自肆，群下絕望，情誼絕隔，是為路人，非君臣也。人心苟離，則位號雖存，無以自固。……惟寶應劉氏叔俛《春秋說》引《史記・自序》之文，以證《左氏》『君無道』之旨，以為君失禮義，則失其所以為君。予按，《襄十四年》師曠曰『天之愛民甚矣，豈其使一人肆于民上，以縱其淫，而棄天地之性？』即《孟子》『殘賊之人，謂之獨夫』之旨，足證『弒君，稱君，君無道』之義。是《左氏》此句之義，重於責君，而非所以責臣也。」劉申叔先生曠世大儒，這段論述極為精闢，更考《左傳・哀公十年》：「吳延州來季子救陳，謂子期曰：二君不務德，而力爭諸侯，民何罪焉？我請退，以為子名，務德而安民。」當時人主張「務德而安民」，要求權力者必須修德，才能安民。可知《左傳》有嚴格要求君王而不是苛責臣民的政治思想。這也是自《尚書》以來的民本主義的傳統，並不是發端於春秋時代。《尚書》譴責暴君荒淫無道，認為昏君就該被推翻，《尚書》沒有君王神聖的思想，君王必須修德。孔子為首的儒家學派繼承了這個傳統並加以發揚光大。這是儒家重要的民本思想，與法家崇尚君主專制不同。

（二）依靠「德」與「禮」才能治民

《為政》子曰：「道之以政，齊之以刑，民免而無恥；道之以德，齊之以禮，有恥且格。」這是孔子極為重要的治民思想。孔子這裡將「政刑」與「德禮」相對舉，認為以行政來引導人民，以刑罰來規範人民的行為，人民就會只求逃避行政和刑罰的處罰，喪失廉恥之心。可是，如果以美德來引導人民，以禮儀來規範人民的行為，那麼人民就會有羞恥心，而且懂得敬畏〔註12〕。孔子

〔註11〕見劉師培著、萬仕國整理《儀徵劉申叔遺書》第二冊831～832頁，廣陵書社，2014年。

〔註12〕《論語》此文中的「免」訓「逃避、避免」，後面往往接不吉利意思的詞；考

《論語‧公冶長》子謂南容：「邦有道，不廢；邦無道，免於刑戮。」《左傳‧莊公二十二年》：「及於寬政，赦其不閑於教訓而免於罪戾。」稱「免於罪戾」。《左傳‧桓公六年》：「君姑修政而親兄弟之國，庶免於難。」稱「免於難」。《左傳‧莊公二十三年》：「若免於罪，猶有先人之敝廬在，下妾不得與郊弔。」稱「免於罪」。《左傳‧襄公二十六年》：「懼不免於戾。」稱「免於戾」。《易經‧解卦》象辭：「險以動，動而免乎險。」稱「免乎險」。《尚書‧囧命》：「思免厥愆。」稱「免厥愆」。《禮記‧鄉飲酒義》：「斯君子所以免於人禍也。」稱「免於人禍」。《孟子‧梁惠王上》：「是故明君制民之產，必使仰足以事父母，俯足以畜妻子，樂歲終身飽，凶年免於死亡。」稱「免於死亡」。《孟子‧告子下》：「免死而已矣。」稱「免死」。《莊子‧人間世》：「方今之時，僅免刑焉！」稱「免刑」。《戰國策‧齊策四》：「狡兔有三窟，僅得免其死耳。」《戰國策‧秦策四》：「免於國患，大利也。」《戰國策‧秦策五》：「趙王曰：前日秦下甲攻趙，趙賂以河間十二縣，地削兵弱，卒不免秦患。」《戰國策‧趙策一》：「然則韓可以免於患難。」《為政》的「免」就是《公冶長》「免於刑戮」的意思，或「免於難」、「免於罪」、「免於人禍」、「免死」、「免乎險」。再如《戰國策‧燕策二》：「齊王逃遁走莒，僅以身免。」（見何建章《戰國策注釋》1160 頁，中華書局，2011 年版。即樂毅《報燕惠王書》）。還有「不免」。如《左傳‧僖公十五年》：「秦伯曰：『國謂君何？』對曰：『小人慼，謂之不免。君子恕，以為必歸』。」這裡的「不免」就是「不免於死」或「不免於禍」。晉惠公背秦國之恩德，恩將仇報，與秦穆公大戰於韓原，卻被秦軍所虜獲，晉國一部分人認為晉惠公忘恩負義，咎由自取，會被秦穆公處死於秦國，這就是「謂之不免」。《左傳‧定公十三年》史鰍曰：「無害。子臣，可以免。富而能臣，必免於難，上下同之。」前單說「免」，後說「必免於難」，前面的「免」就是「免於難」之義。《左傳》「不免」一詞甚多，都是「不免於禍」之義。上古漢語常常有這樣的縮略語，參看陳偉武《商代甲骨文中的縮略語》、《兩周金文中的縮略語》、《出土戰國秦漢文獻中的縮略語》（均收入陳偉武的學術論文集《愈愚齋磨牙集》，中西書局 2014 年）；龐光華等《尚書新考三篇》（見《揚州大學學報》2017 年第 6 期）。楊逢彬教授《論語新注新譯》（北京大學出版社 2016 年）17 頁的注釋已經指明先秦典籍中單獨的一個「免」字多是「免罪、免刑、免禍」的意思，先於我而發，本文為考證而收集了具體的例證。臺灣學者梅廣《上古漢語語法綱要》（上海教育出版社，2018 年 10 月）第九章《論元結構（1）》（369～370 頁），對上古漢語的「免」字的語法功能略有論述：「免官這個施動用法是戰國晚期才興起的。在這以前，『免』是免於災難的意思，是不及物狀態動詞。又有致動用法：使免於災難（又發展出赦免及其他免除的引申義）。」「格」讀為「恪」或「愙」，訓「敬」。朱駿聲《說文通訓定聲》（中華書局，1998 年版。460 頁）在解釋「有恥且格」時，稱「格」通假為「愙」。《說文》：「愙，敬也。」王引之《經義述聞》（鳳凰出版社，2013 年版。455～456 頁）卷十九《陟恪》條討論了「恪」與「格」相通的問題。《經義述聞》提到《論語》「有恥且格」，《漢山陽太守祝睦碑》「格」作「恪」。更考《漢書‧貨值傳》正作：「道之以德，齊之以禮，故民有恥而且敬。」班固正是訓「格」為「敬」，則班固明顯認為「格」讀為「恪」。何晏《論語集解》訓格為正，也可備一說。楊逢彬教授《論語新注新譯》17 頁訓「格」為「來」不妥。楊逢彬此書和楊樹達《論語疏證》（上海

的這段話十分精湛，是孔子的極端重要的政治思想。自從商鞅以來的法家一貫主張依法治國，「一斷於法」﹝註13﹞，用刑罰或行政處分來規範和引導人民，孔子在此前就明銳地看到：國家完全依靠嚴屬的刑罰和行政處分，只會敗壞民風民德，結果是讓老百姓千方百計躲避各種懲處，不顧良心，喪失道德底線。如果用德和禮來引導和規範人民的行為，人民就會有道德感，有羞恥心，有敬畏心，這樣才是積極地教化人民。孔子的這個思想至今有不可磨滅的價值﹝註14﹞，告訴政府治理人民，以德和禮教化人心，效果高於刑罰。

《左傳·昭公二十五年》鄭國的子太叔對趙簡子闡釋「禮」的功用和重要性極為透闢：「吉也聞諸先大夫子產曰：『夫禮，天之經也。地之義也，民之行也。』天地之經，而民實則之。則天之明，因地之性，生其六氣，用其五行。氣為五味，發為五色，章為五聲，淫則昏亂，民失其性。是故為禮以奉之：為六畜、五牲、三犧，以奉五味；為九文、六采、五章，以奉五色；為九歌、八風、七音、六律，以奉五聲；為君臣、上下，以則地義；為夫婦、外內，以經二物；為父子、兄弟、姑姊、甥舅、昏媾、姻亞，以象天明，為政事、庸力、行務，以從四時；為刑罰、威獄，使民畏忌，以類其震曜殺戮；為溫慈、惠和，以傚天之生殖長育。民有好、惡、喜、怒、哀、樂，生於六氣。是故審則宜類，以制六志。哀有哭泣，樂有歌舞，喜有施捨，怒有戰鬥；喜生於好，怒生於惡。是故審行信令，禍福賞罰，以制死生。生，好物也；死，惡物也；好物，樂也；惡物，哀也。哀樂不失，乃能協於天地之性，是以長久。」簡子曰：「甚哉，禮之大也！」對曰：「禮，上下之紀，天地之經緯也，民之所以生也，是以先王尚之。故人之能自曲直以赴禮者，謂之成人。大，不亦宜乎？」子太叔引述子產的思想，對「禮」的重要功能做了詳盡的

古籍出版社，2006年）37～40頁都沒有注意到《說文通訓定聲》和《經義述聞》的解釋，也忽視了《漢書·貨殖傳》。

﹝註13﹞ 這是《史記·太史公自序》中司馬談《論六家要旨》對法家的評論。

﹝註14﹞ 另參看蕭公權《中國政治思想史》（河北教育出版社，1999年。《中國現代學術經典·蕭公權卷》。看55～58頁）第一編第二章《孔子》第四節《德禮政刑》稱：「孔子以養民為要務，蓋亦仁愛思想之一種表現。故博施濟眾，孔子認為認為聖人之業。而古今從政者之優劣，亦視其能養民與否而定。……孔子之論養民，以民生裕足為目的。」這是對的。另陶希聖《中國政治思想史》（中國大百科全書出版社，2009年）上第三遍的第一期《由氏族到國家的過渡期》第二章《孔子》五《德與刑》。劉澤華主編《中國政治思想史·先秦卷》（修訂本，浙江大學出版社，2020年版）第五章《儒家以倫理為中心的政治思想》第二節《孔子以禮仁為中心的政治思想》。

闡發，是我國極為重要的禮學思想和政治思想。這為後來漢代的儒家精英猛烈批判法家政治做出了先導。

例如，漢武帝時代的董仲舒精習公羊春秋，力主以儒家的德教治國，在其對漢武帝的對策中，他嚴厲批判了法家專任刑罰治國的思想。《漢書‧董仲舒傳》董仲舒對漢武帝說：「諸侯背畔，殘賊良民以爭壤土，廢德教而任刑罰。刑罰不中，則生邪氣，邪氣積於下，怨惡畜於上，上下不和，則陰陽繆盭而妖孽生矣，此災異所緣而起也。……以此見天之任德不任刑也。……王者承天意以從事，故任德教而不任刑罰。刑者不可任以治世，猶陰之不可任以成歲也。為政而任刑罰，不順於天，故先王莫之肯為也。今廢先王德教之官，而獨任執法之吏治民，毋乃任刑之意與！……法出而奸生，令下而詐起。」董仲舒明確指出「刑者不可任以治世」，並說「法出而奸生」，法律不但不能禁止奸邪，反而能產生奸邪。「法出而奸生，令下而詐起」這是一個深刻的思想，也是對法家純粹依法治國的治國理念的尖銳抨擊。這個深刻的思想其實是孔子思想的繼承和發展。

西漢末期劉向編撰的《說苑》卷五《貴德》篇就是收集各種材料闡明在治國方法上貴德的重要。且舉二例。孝宣皇帝初即位，守廷尉史路溫舒上書言「尚德緩刑」：「臣昧死上聞，願陛下察誹謗，聽切言，開天下之口，廣箴諫之路，改亡秦之失，遵文武之嘉德，省法制，寬刑罰，以廢煩獄，則太平之風可興於世，福履和樂，與天地無極，天下幸甚。」路溫舒的「尚德緩刑」論明顯是針對秦帝國滅亡的教訓而發出的。同篇又如：「晉平公春築臺，叔向曰『不可。古者，聖王貴德而務施，緩刑辟而趨民時。今春築臺，是奪民時也；夫德不施，則民不歸；刑不緩，則百姓愁。使不歸之民，役愁怨之百姓，而又奪其時，是重竭也。」春秋時代晉國賢臣叔向主張貴德而緩刑辟，這明顯是針對法家政治的。

類例尚多，難以詳舉。桓寬《鹽鐵論》是儒家思想對法家思想的嚴厲批判，最為深刻精闢。孔子以精練的格言高度概括了用德禮來教化人民比用政刑來規範人民更加有效，這個政治思想非常正確，也是對現代依法治國的理念的匡補。《顏淵》季康子問政於孔子曰：「如殺無道，以就有道，何如？」孔子對曰：「子為政，焉用殺？子欲善，而民善矣。君子之德風，小人之德草。草上之風，必偃。」孔子強調權力者要以身作則，做好人民的表率，從而教化人民，不必使用殺戮等刑罰。

（三）得民心的方法

《陽貨》子張問仁於孔子。孔子曰：「能行五者於天下，為仁矣。」請問之。曰：「恭、寬、信、敏、惠。恭則不侮，寬則得眾，信則人任焉〔註15〕，敏則有功，惠則足以使人。」這是孔子推尊的五行「恭、寬、信、敏、惠」，這五行都是得民心的好辦法，其中強調了對人民要寬惠。《子路》仲弓為季氏宰，問政。子曰：「先有司，赦小過，舉賢才。」孔子說的「赦小過」就是「寬」，是為政之道。

《為政》哀公問曰：「何為則民服？」孔子對曰：「舉直錯諸枉，則民服；舉枉錯諸直，則民不服。」孔子認為國君要得民心，必須要是非分明，要將正直的人放在比邪惡的人更高的位置上，則得民心。如果將邪惡的人放在比正直的人更高的位置上，則不得民心。因此，孔子強調國君要重用正直的賢臣，不要讓姦臣的地位高於正直的賢臣。這關係到民心的向背，這種賢人政治任何時候都是很正確的。《論語·顏淵》對此有進一步的闡釋：樊遲問仁。子曰：「愛人。」問知。子曰：「知人。」樊遲未達。子曰：「舉直錯諸枉，能使枉者直。」樊遲退，見子夏。曰：「鄉也吾見於夫子而問知，曰，『舉直錯諸枉，能使枉者直』，何謂也？」子夏曰：「富哉言乎！舜有天下，選於眾，舉皋陶，不仁者遠矣。湯有天下，選於眾，舉伊尹，不仁者遠矣。」子夏的解釋很中肯。

《堯曰》：「謹權量，審法度，修廢官，四方之政行焉。興滅國，繼絕世，舉逸民，天下之民歸心焉。所重：民、食、喪、祭。寬則得眾，信則民任焉，敏則有功，公則說。」要「寬則得眾」〔註16〕，這與法家的嚴刑峻法的治民觀

〔註15〕《堯曰》作「信則民任焉」。作「民」不是「人」，當以作「民」為古本，在唐朝避唐太宗諱而改「民」為「人」。

〔註16〕蕭公權《中國政治思想史》（河北教育出版社，1999年。《中國現代學術經典·蕭公權卷》。看54頁。）第一編第二章《孔子》第三節《仁》稱孔子的以「寬」治民的思想是來自商代文化的傳統。商代政治崇尚以「寬」治民。甚至為商紂王平反，說紂王的暴虐是周人加的，是誇大之詞。《尚書·微子之命》：「撫民以寬。」《論語·子張》子貢曰：「紂之不善，不如是之甚也。是以君子惡居下流，天下之惡皆歸焉。」且舉宋襄公以仁義喪師，其仁也是源自商朝文化。頗有舉證，其言可信。同書55頁稱堯舜治國之道也是崇尚「寬簡」。孔子「祖述堯舜」，也是崇尚堯舜的寬大治民的精神。這應該也是對的。另參看劉澤華主編《中國政治思想史·先秦卷》（修訂本，浙江大學出版社，2020年版）第五章《儒家以倫理為中心的政治思想》第二節《孔子以禮仁為中心的政治思想》。

念完全相反。要有誠信，人民才會信任你〔註17〕。執政者要有公心，要公正無偏，人民才會心悅誠服。要注意的是《論語》特別提到收服人心的一個政府行為是「舉逸民」，要讓德才兼備的人得到重要，做到野無遺賢。《論語》的這個觀點很重要，認為有才能而不願意做官，一定是因為朝廷黑暗。所以把這些隱居山野的「逸民」找出來做官，就可以收服人心。也從此可以看出，《論語》對「逸民」是持正面評價的。《微子》：「逸民：伯夷、叔齊、虞仲、夷逸、朱張、柳下惠、少連。」可見《論語》提到的這些「逸民」都是有高尚品德的有氣節的人。孔子子評價道：「不降其志，不辱其身，伯夷、叔齊與！」謂：「柳下惠、少連，降志辱身矣。言中倫，行中慮，其斯而已矣。」謂：「虞仲、夷逸，隱居放言。身中清，廢中權。」孔子對他們分別作了評論，雖有等級的不同，但都是予以肯定的。當然，孔子也表示了自己不願意做「逸民」。《述而》子貢曰問孔子曰：「伯夷、叔齊何人也？」曰：「古之賢人也。」曰：「怨乎？」曰：「求仁而得仁，又何怨。」孔子明確評價伯夷是「古之賢人」，而且「仁而得仁」。《季氏》：「伯夷叔齊餓於首陽之下，民到於今稱之。」孔子認為人民一直稱頌伯夷的氣節。

反過來，如果人民背叛政府，《論語》認為是政府的責任。《子張》孟氏使陽膚為士師，問於曾子。曾子曰：「上失其道，民散久矣。如得其情，則哀矜而勿喜。」曾子的觀點很重要，認為人民離散，不服從政府，是因為「上失其道」，是政府不好造成的，政府的責任，並不認為人民就是刁民。《季氏》：「天下有道，則庶人不議。」何晏《集解》引孔安國曰：「無所非議。」皇侃《義疏》：「（天下）若無道，則庶人共有所非議也。」朱子《集注》：「上無失政，則下無私議，非箝其口使不敢言也。」〔註18〕反過來，如果「庶人有議」，則是「天下無道」，不是庶民的責任，要歸罪於天下無道。通觀《論語》，雖然承認人民有缺點，但沒有發現孔子及其弟子認為人民是不可治理的。

在先秦政治思想中，《管子》也是非常注意收攬民心的。考《管子·牧民》：「政之所興，在順民心。政之所廢，在逆民心。民惡憂勞，我佚樂之。民惡

〔註17〕這裡的「信」和「任」意思很接近。故訓常訓「任」為「信」，參看《故訓匯纂》（商務印書館，2004 年版）96 頁。這個「任」不是「任用」。春秋時代，人民不可能任用官員。

〔註18〕參看程樹德《論語集釋》（中華書局點校本，1990 年版。程俊英等點校）第四冊 1144～1145 頁；黃懷信等《論語彙校集釋》（上海古籍出版社，2008 年）下冊 1470～1471 頁。

貧賤，我富貴之，民惡危墜，我存安之。民惡滅絕，我生育之。能佚樂之，則民為之憂勞。能富貴之，則民為之貧賤。能存安之，則民為之危墜。能生育之，則民為之滅絕。故刑罰不足以畏其意，殺戮不足以服其心。故刑罰繁而意不恐，則令不行矣。殺戮眾而心不服，則上位危矣。故從其四欲，則遠者自親；行其四惡，則近者叛之。」這種「順民心」的思想與《論語》是一脈相通的。一般人以為《管子》屬於法家，其實從其「順民心」的思想看，屬於儒家的成分較大。

（四）既往不咎

《八佾》哀公問社於宰我。宰我對曰：「夏后氏以松，殷人以柏，周人以栗，曰使民戰慄。」子聞之曰：「成事不說，遂事不諫，既往不咎。」宰我解釋周朝用「栗」為社樹，是為了讓人民「戰慄」，即時時刻刻要有恭敬之心，不能任性。但孔子聽說後說對人民的過錯要「既往不咎」，不要老是盯著以往的過錯而加以責怪。這是孔子寬仁的治民思想，也是孔子「仁者愛人」的一貫思想。仁政的治民思想不限於《論語》。《管子》也有很多「仁政」思想，這其實是西周以來的治國理念。管仲擁戴周王室，所以有仁政的治民思想。

（五）不能以鬼神治民

孔子本來就對鬼神之事沒有信心。《論語‧八佾》孔子稱：「祭如在，祭神如神在。」孔子搞不清楚鬼神的事情，保持有理性的精神，認為既然禮儀有祭神，那就當做有神存在吧。《八佾》孔子稱：「獲罪於天，無所禱也。」禱就是向神祈求保佑，可見孔子不怎麼相信神能保佑有罪的人。《論語‧述而》：「子疾病，子路請禱。子曰：『有諸？』子路對曰：有之。誄曰：『禱爾於上下神祇』。」子曰：「丘之禱久矣。」可見孔子根本不相信生病了向神祈禱會有什麼效驗。正因為如此，孔子從不以鬼神之道來治民。

《雍也》樊遲問知。子曰：「務民之義，敬鬼神而遠之，可謂知矣。」《先進》季路問事鬼神。子曰：「未能事人，焉能事鬼？」這是孔子極為重要的政治思想。我國先秦文化在商代自從巫咸以來採用神道設教，以鬼神觀念來治國理政，整個商朝的政治充滿了鬼神的觀念。西周依靠「德」來治國，不再迷信鬼神，而且周人相信皇天將保佑有德之人。

例如：《尚書‧周書‧君陳》周成王對君陳說：「我聞曰：『至治馨香，感於神明。黍稷非馨，明德惟馨爾』。」明德的芳香會感通神明。《君陳》「至治馨香，感於神明」可通於《尚書‧大禹謨》：「益贊於禹曰：惟德動天。」

《左傳‧僖公五年》：（虞）公曰：「吾享祀豐潔，神必據我。」對曰：「臣聞之：鬼神非人實親，惟德是依。故《周書》曰：『皇天無親，惟德是輔。』又曰：『黍稷非馨，明德惟馨。』又曰：『民不易物，惟德繄物。』如是，則非德，民不和，神不享矣。神所馮依，將在德矣。若晉取虞而明德以薦馨香，神其吐之乎？」虞國的賢大夫宮之奇的這段話可以清晰表明春秋時代的哲人認為在治國上「德」高於「神」。天帝只會幫助有德之人。

《左傳‧莊公十年》曹劌回答魯莊公：「小惠未遍，民弗從也。」魯莊公曰：「犧牲玉帛，弗敢加也，必以信。」曹劌對曰：「小信未孚，神弗福也。」曹劌說國君對人民只有小誠信，沒有大誠信，神不會賜福於國君。可見，曹劌認為國君必須要有大德於民，神才會賜福。

《左傳‧莊公三十二年》：秋七月，有神降於莘。惠王問諸內史過曰：「是何故也？」對曰：「國之將興，明神降之，監其德也；將亡，神又降之，觀其惡也。故有得神以興，亦有以亡，虞、夏、商、周皆有之。」王曰：「若之何？」對曰：「以其物享焉，其至之日，亦其物也。」王從之。內史過往，聞虢請命，反曰：「虢必亡矣，虐而聽於神。」內史過認為有神從天而降，難以斷定是禍是福，可能是禍，可能是福。他判斷虢國實行虐政，殘害人民，而將希望寄託於神，必定亡國。內史過顯然認為神是靠不住的。

《左傳‧成公元年》叔服曰：「背盟而欺大國，此必敗。背盟，不祥；欺大國，不義；神人弗助，將何以勝？」叔服認為違背道義，神人弗助。即神人只會輔助有道義之人。

《左傳‧宣公三年》：「天祚明德。」上天只會保佑有德之人。另參看《左傳‧襄公十四年》師曠對晉侯之言。

《禮記‧表記》孔子稱：「殷人尊神，率民以事神。先鬼而後禮，先罰而後賞，尊而不親，其民之敝，蕩而不靜，勝而無恥。周人尊禮尚施，事鬼敬神而遠之。」周朝人是「事鬼敬神而遠之」，並不將命運寄託於鬼神。《禮記‧王制》甚至稱：「假於鬼神、時日、卜筮以疑眾，殺。」

郭沫若《先秦天道觀的進展》〔註19〕詳細論述了殷人尊鬼神，周人尊道

〔註19〕見郭沫若《青銅時代》，收入《郭沫若全集‧歷史編》1，人民出版社，1982年。另參看陶希聖《中國政治思想史》（中國大百科全書出版社，2009年）上第二遍的第一章《商族》第三節《神權思想的勢力》和第四章《德與刑》。陶希聖在討論周代的重德思想時，多舉有周代的金文為證。劉澤華主編《中國政治思想史‧先秦卷》（修訂本，浙江大學出版社，2020年版）第一章《商代神佑王

德，可以參看。因此孔子「務民之義，敬鬼神而遠之」的思想是西周以來的傳統思想，並不是孔子自己的發明或獨到的見解。這種思想的實質上就否定了商代的神道設教的治民傳統，不能用鬼神之道來役民，尤其不能將國家的興衰寄託於鬼神，而是要注重修德。《國語·吳語》：「君王捨甲兵之威以臨使之，而胡重於鬼神而自輕也？」這是越王派使臣對吳王說的話，明顯有在國際關係上輕視「鬼神」的意思。這是沿襲了西周以來的文化傳統。

孔子繼承西周以來的人本主義的治民理念，從而為我國以後兩千多年的民本主義和人文主義的政治形態和治國理念樹立了堅定的根基，確定了我國兩千多年的政治始終沒有任何宗教佔據主導地位，因此深刻地影響了我國的歷史文化和政治生活。

（六）治民先要正名

《顏淵》齊景公問政於孔子。孔子對曰：「君君，臣臣，父父，子子。」公曰：「善哉！信如君不君，臣不臣，父不父，子不子，雖有粟，吾得而食諸？」孔子認為君臣父子各有自己的名分，因此必須履行自己的職責和禮儀。各自的行為德操要與自己的名分相應。孔子的這個思想其實是重視名分，也得到了齊景公的認可。

孔子認為要治理好人民，權力者必須要「正名」，要有一個正當的有權威的名分，這樣才能正當地行使自己的職權，不會越位。如果沒有適當的名分，自己的話就沒有人聽，沒有人服從，進而辦不成事。甚至會導致禮樂不興，刑罰不中。而禮樂不興盛，刑罰不合理，人民就會喪失行為規範，不知道該怎樣為人處事。《子路》子路曰：「衛君待子而為政，子將奚先？」子曰：「必也正名乎！」子路曰：「有是哉，子之迂也！奚其正？」子曰：「野哉由也！君子於其所不知，蓋闕如也。名不正，則言不順；言不順，則事不成；事不成，則禮樂不興；禮樂不興，則刑罰不中；刑罰不中，則民無所措手足。故君子名之必可言也，言之必可行也。君子於其言，無所苟而已矣。」這可比對《左傳·桓公二年》（公元前 710 年）晉國的師服曰：「夫名以制義，義以出禮，禮以體政，政以正民。是以政成而民聽，易則生亂。」師服的推論邏輯與孔子很類似，都看重「名」的功能，「正名」絕不是迂腐無聊的事情，因為要依據名以制義。所以孔子的「正名」思想是有淵源的，也許與師服有關。

權的政治觀念》。蕭公權《中國政治思想史》（中國人民大學出版社，2014 年。《蕭公權文集》本）第二章《孔子》第二節《從周與正名》。

　　蕭公權《中國政治思想史》〔註20〕二章《孔子》第二節《從周與正名》討論「正名」頗詳，且頗有獨見：「正名必借具體制度以為標準。孔子所據之標準，即盛周之制度。就狹義之政制言，則為文武之方策；依文武之致以正名，故曰『憲章文武』；就廣義之制度言，則為『周禮』；依周公之典章以正名，故曰『吾學周禮』。而孔子所謂禮者固不限於冠婚喪祭、儀文節式之末。蓋禮既為社會全部之制度，『克己復禮』則『天下歸仁』矣。孔子正名之術若行，則政逮大夫者返於公室，國君征伐者聽於天王。春秋之衰亂，可以復歸於成康之太平。戰國可以不興，始皇莫由混一。」蕭公權先生討論「正名」頗有創見，以為「正名」的意思包含有「名門正派、根正苗紅」，並非出自旁門左道的意思。這個觀點很新穎，可為一家之言。當然，「正名」的含義豐富，不僅限於此。

　　後來《荀子‧正名》篇發展了孔子的「正名」的學說，詳細闡述了「正名」對治民的極端重要性，十分精闢：「故王者之制名，名定而實辨，道行而志通，則慎率民而一焉。故析辭擅作名，以亂正名，使民疑惑，人多辨訟，則謂之大奸。其罪猶為符節度量之罪也。故其民莫敢託為奇辭以亂正名，故其民愨；愨則易使，易使則公。其民莫敢託為奇辭以亂正名，故壹於道法，而謹於循令矣。如是則其跡長矣〔註21〕。跡長功成，治之極也。是謹於守名約之功也。今聖王沒，名守慢，奇辭起，名實亂，是非之形不明，則雖守法之吏，誦數之儒，亦皆亂也。若有王者起，必將有循於舊名，有作於新名。然則所為有名，與所緣以同異，與制名之樞要，不可不察也。」這段話有幾個要點：（1）「王者之制名，名定而實辨」，名代表了實。名要有王者才能制定，不是普通人都能夠制作的。（2）如果「亂正名」，就會「使民疑惑，人多辨訟」，對治民有害。（3）「民莫敢託為奇辭以亂正名，故其民愨；愨則易使，易使則公」〔註22〕，只要人民不敢利用奇辭以亂正名，那人民就會忠厚誠實。忠厚誠實就會指揮，人民容易智慧就會辦成事。（4）人民如果不敢利用奇辭以亂正名，就會專心遵守君王的道法，而嚴格尊循政府的命令。（5）這樣就會事業增長，功績成就，達到治民的最高成就。這一切都是嚴守「名約」之功〔註23〕。（6）一旦「奇辭起，

〔註20〕中國人民大學出版社，2014年。《蕭公權文集》本。39頁。
〔註21〕「跡」通「績」。
〔註22〕「公」通「功」，能辦成事，有所成功。
〔註23〕「名約」即「正名」，王者制定的統一的名分和名號。

名實亂」，結果會導致「是非之形不明」，以至於「守法之吏，誦數之儒，亦皆亂也。」後果極其嚴重，要導致國家大亂。（7）如果有王者興起，「必將有循於舊名，有作於新名」，可見聖王對於「正名」是非常重視的。從以上各點可以看出，《荀子》對「正名」的重要性有非常精湛的研究，極大地發展了孔子的「正名」思想。

時代在荀子之前的《尸子・發蒙》〔註24〕篇對「名分」的重要性有清晰的闡發：「若夫名分，聖之所審也。明王之所以與臣下交者少，審名分，群臣莫敢不盡力竭智矣。天下之可治，分成也；是非之可辨，名定也。……故有道之君其無易聽，此名分之所審也。」「審名分」就是孔子說的「正名」的重要內容，只有「審名分」，就會「群臣莫敢不盡力竭智，天下可治，是非可辨」，可見「審名分」太重要了。《尸子・分》篇也是對「名分」問題的研究，頗為精闢，不再引述。《尸子》的「審名分」思想是對孔子「正名」思想的繼承和發揚。

（七）要讓人民信任執政者

孔子素來強調「信」的高度重要性。《論語・為政》子曰：「人而無信，不知其可也。大車無輗，小車無軏，其何以行之哉？」《陽貨》子張問仁於孔子。孔子曰：「能行五者於天下，為仁矣。」請問之。曰：「恭、寬、信、敏、惠。恭則不侮，寬則得眾，信則人任焉，敏則有功，惠則足以使人。」「信」是五行之一，孔子認為「信則人任」〔註25〕，你有誠信，人民就會信任你。《論語》中討論「信」的地方很多，孔子以為「信」是做人的根本之一，在治民上「信」也非常重要。《顏淵》子貢問政。子曰：「足食，足兵，民信之矣。」子貢曰：「必不得已而去，於斯三者何先？」曰：「去兵。」子貢曰：「必不得已而去，於斯二者何先？」曰：「去食。自古皆有死，民無信不立。」子貢向孔子詢問

〔註24〕 朱海雷《尸子譯注》，上海古籍出版社，2007 年版。依據劉向《別錄》、班固《漢書・藝文志》，尸佼是商鞅同時代的人，或以為秦相商鞅的門客，深受商鞅的器重。

〔註25〕 楊逢彬《論語新注新譯》（北京大學出版社，2016 年）332 頁翻譯為：「誠實就會得到別人任用。」這個翻譯可以商榷。我認為「任」不當訓「用」。這裡的「信」和「任」意思很接近。故訓常訓「任」為「信」，參看《故訓匯纂》（商務印書館，2004 年版）96 頁。這個「任」不是「任用」。春秋時代，人民不可能任用官員。「信則人任焉」的「人」在作《陽貨》「民」，當以作「民」為古本，避唐太宗諱，改「民」為「人」。

該如何執政？孔子認為人民對執政者的信任至關重要，否則任何事情都不能幹不成。人民信任執政者，這比國家足食足兵還要重要。強調以「信」治民，這是春秋時代很多賢人的共識。考《左傳・桓公十三年》鄧曼對楚王曰：「其謂君撫小民以信。」楚王的夫人鄧曼尚且知道國君應該「撫小民以信」。魯桓公十三年是公元前699年，早於孔子出生150年左右。《左傳・僖公二十七年》（公元前633年）：「晉侯始入而教其民，二年，欲用之。子犯曰『民未知義，未安其居。』於是乎出定襄王，入務利民，民懷生矣，將用之。子犯曰『民未知信，未宣其用。』於是乎伐原以示之信。」晉侯是一代明君晉文公，接受大臣狐偃的建議，伐原示信。可知《左傳》「民未知信」，不是人民不懂得「信」，而是人民不知道國君是否有「信」。這仍然是以「信」治民的思想。因此，孔子以信治民的思想是繼承了春秋時代的一個長久的傳統。

以上七點是孔子主要的治民學說。可以看出孔子對於治民之道有深刻的研究和闡發，強調執政者必須要有深刻的道德修養，為民楷模，而不能對人民只是進行政治高壓或空頭說教，這是非常可貴的思想。《論語・堯曰》子張問於孔子曰：「何如斯可以從政矣？」子曰：「尊五美，屏四惡，斯可以從政矣。」子張曰：「何謂五美？」子曰：「君子惠而不費，勞而不怨，欲而不貪，泰而不驕，威而不猛。」子張曰：「何謂惠而不費？」子曰：「因民之所利而利之，斯不亦惠而不費乎？擇可勞而勞之，又誰怨？欲仁而得仁，又焉貪？君子無眾寡，無小大，無敢慢，斯不亦泰而不驕乎？君子正其衣冠，尊其瞻視，儼然人望而畏之，斯不亦威而不猛乎？」子張曰：「何謂四惡？」子曰：「不教而殺謂之虐；不戒視成謂之暴；慢令致期謂之賊；猶之與人也，出納之吝，謂之有司。」孔子說的尊五美屏四惡，依然是對執政者自身行為規範的要求，要特別注意掌握自己的行為分寸，千萬不能過分，而沒有苛責人民。孔子特別強調了要「因民之所利而利之」，這樣既能有恩惠於人民，又不會耗費政府的財力。孔子還解釋了「勞而不怨」的方法是「擇可勞而勞之」，不能不加區別地加重人民的徭役，要考慮人民的實際承受能力。

總結本文的研究，我們發現《論語》中孔子及其弟子對人民的行為方式和缺點有深刻的認識，對於如何治理人民非常完整的系統的思想，這些思想學說不僅對於理解孔子的政治思想有重大意義，對於當今社會的治理也有重要借鑒價值。二千多年前的儒家哲人的民眾觀和治民學說，至今有不可磨滅的光輝。

《論語》「君子不器」新解

提要：

　　《論語》「君子不器」的「不」不能解釋為否定詞，而應該通假為「丕」，訓為「大」，意思是「君子大器」。我國古代文化從來沒有否定「器」的功用。儒家反對「小器」，主張「大器」。

關鍵詞：論語　君子　不　器

　　《論語・為政》：「子曰：『君子不器』。」注：「包曰『器者各周其用，至於君子，無所不施』。」邢昺《論語正義》申述此說，無新解。劉寶楠《論語正義》也與舊注相同，而加以疏證，沒有其他解釋。楊逢彬《論語新注新譯》[註1]翻譯為：「君子不像器皿一樣，只有一定的用途。」楊先生注釋：「古代知識有限，故孔子認為應該無所不通。後人曾說，一事不知，儒者之恥。不，表一般性的否定，不能譯為『不要』『不該』。」黃懷信主撰《論語彙校集釋》[註2]在引述眾說後，稱：「不器，謂不應如器祇有一用，舊說不誤。」

　　我們認為舊注未諦。「君子不器」當讀為「君子丕器」。「不」借為「丕」，訓為「大」意，即君子大器。孔子謂君子器量當大，此為確詁。《論語・為政》云：「子曰：『管仲之器小哉』。」《集解》注曰：「言其器量小也。」可見，孔子主張君子應大器，管仲尚稱小器。《論語》此段頗多孔子對管子的批評。《後漢書・郤詵傳》：「夷吾淪於小器，功止於霸。」《法言・先知》：「齊得夷吾而

〔註1〕北京大學出版社，2016年。26頁。
〔註2〕上海古籍出版社，2008年。148頁。

霸，仲尼曰小器。」《法言·先知》又曰：「先自治而後治人之謂大器。」俞理初《癸巳存稿》〔註3〕卷二《管仲器小義》條別出新解，稱「管仲器小」是說管仲身泰意侈，即譏刺管仲富比君王。此解甚新，尚需確證。

《論語·公冶長第五》：「子貢問『賜也何如？』子曰『女，器也』。曰『何器也？』曰『瑚璉也』。」何晏《論語集解》：「包曰『瑚璉之器，夏曰瑚，殷曰璉，周曰簠簋，宗廟之器貴者』。」〔註4〕據包咸注瑚璉為貴器，『大』與『貴』義近。孔子以為子貢是大器。《文選·任彥升·王文憲集序》曰：「瑚璉之宏器。」亦以瑚璉為大器，「宏」正是大義。李善注引《論語》之「女」作「汝」。又《文選·任彥升·為蕭揚州薦士表》曰：「瑚璉之茂器。」茂器、宏器同於貴器、大器。李善注引《論語》之「女」亦作「汝」。〔註5〕《高士傳》卷下《贊恂》條：「公卿薦恂行侔顏、閔，學擬仲舒，文參長卿，才同賈誼，實瑚璉器也，宜在宗廟，為國碩輔。」分明以瑚璉為貴重之器。根據《論語》中孔子此言，我們可知孔子是把子貢比作『器』，而且是『貴器』。如果把孔子『君子不器』之言中的『不』理解為否定詞，那就是說孔子認為子貢不是君子。可是當孔子比子貢為瑚璉的時候，顯然是在讚賞子貢，而不是在批評他。因此，把『君子不器』中的『不』理解為否定詞，那將與孔子的思想不相符合。

更考《禮記·明堂位》：「夏后氏之四連、殷之六瑚，周之八簋」，與包咸注相反，且璉作連。俞樾《古書疑義舉例》〔註6〕卷六《上下兩句互誤例》條謂《禮記》倒誤，應從包咸、鄭玄注《論語》，賈、服、杜注《左氏》，作夏瑚殷璉。總之，器不是貶義詞，孔子不會不加分別地說：君子不（不可、不應）器。《周易·繫辭下》云：「君子藏器於身。」又《繫辭上》云：「乘也者，君子之器也。小人而乘君子之器，盜思奪之矣。」《韓非子·喻老》：「此寶也，

〔註3〕參看《俞正燮全集》貳，黃山書社，2008年。89～90頁。

〔註4〕高明《中國文字學通論》96年版序言稱《論語》中此處的『璉』為『簋』之誤字，恐難憑信。北京大學出版社，1996年版。

〔註5〕《古逸叢書》本《論語集解》亦作「汝器」。《左傳·僖公二十二年傳》：「鄭文夫人羋氏、姜氏勞楚子於柯澤，楚子使師縉示之俘馘。君子曰『非禮也，婦人送迎不出門，見兄弟不逾閾，戎事不邇女器』。」杜注：「言俘馘非婦人之物。」顧亭林云：「戎事當嚴，不近女子所御之物，況使婦人至軍中，又示俘馘乎？」此「女器」當連讀（此『女』為女人，不是『汝』的借字），為一詞，與《論語》中「女，器也」決為二義。因為《論語》中的『女』又作『汝』，訓『你』，非女人之義。

〔註6〕參看俞樾等《古書疑義舉例五種》，中華書局，2005年。

宜為君子器，不宜為細人用。」《法言・先知》：「使人有士君子之器者也。」
足見君子有君子的器，不能一概說「君子不能像器」。

　　考《舊唐書・姚璹傳》：「史臣曰：天子有諍臣七人，雖無道不失其天下。
致盧陵復位，唐祚中興，諍由狄公，一人以蔽。或曰：許之太甚。答曰：當革
命之時，朋邪甚眾，非推誠竭力，致身忘家者，孰能與於此乎。仁傑流死不避，
骨鯁有彰，雖逢好殺無辜，能使終畏大義。竟存天下，豈不然乎。王方慶干城
南海，羽翼東宮，臺閣樞機，無不功濟，所謂君子不器者也。」史臣讚賞狄仁
傑「流死不避，骨鯁有彰，雖逢好殺無辜，能使終畏大義，竟存天下」，讚賞
王方慶「無不功濟」，史臣認為狄仁傑、王方慶都是孔子說的『君子不器』。我
們細讀這段文字，可以比較清楚地看到在《舊唐書》的作者是把孔子『君子不
器』解釋為『君子大器』，而不是把『不』理解為否定詞。狄仁傑的『竟存天
下』，王方慶的『無不功濟』，顯然都應該是『君子大器』的表現，也就是說他
們都具有博大的、多方面的才能，足以經天緯地，修齊治平，而不是僅僅有點
雕蟲小技。

　　先秦文籍中頗多「宗器」、「重器」之語，不煩舉例。丕器、不器在結構上
與重器、宗器為一律。更舉證如下：（1）《史記・伯夷列傳》：「示天下重器。」
《索隱》：「言天下者是王者之重器，故《莊子》云『天下大器』是也。則大器
亦重器也。」（2）《老子》：「大器晚成。」（3）《三國志・諸葛亮傳》裴注引《蜀
記》曰：「大器無方。」古人以『大器』與『重器』義近，正同於《論語》的
「不器（丕器）」。（4）《子華子・晏子問黨》：「有天下者，大器也。」（5）《宋
史・蘇軾傳》：「軾之才，遠大器也。」（5）《宋史・蕭振傳》：「此兒，遠大器
也。」（6）《漢書・薛廣德傳》：「薛廣德字長卿，沛郡相人也。以《魯詩》教
授楚國，龔勝、捨師事焉。蕭望之為御史大夫，除廣德為屬，數與論議，器之」。
師古曰：「以為大器也。」蕭望之以薛廣德為『大器』。（7）《三國志・龐統傳》：
「先主領荊州，統以從事守耒陽令，在縣不治，免官。吳將魯肅遺先主書曰：
『龐士元非百里才也，使處治中、別駕之任，始當展其驥足耳。』諸葛亮亦言
之於先主，先主見與善譚，大器之，以為治中從事。」劉備以龐統為『大器』。
〔註7〕（8）《晉書・皇甫真載記》：「王猛入鄴，真望馬首拜之。明日更見，語
乃卿猛。猛曰：『昨拜今卿，何恭慢之相違也？』真答曰：『卿昨為賊，朝是國
士，吾拜賊而卿國士，何所怪也。』猛大嘉之，謂權翼曰：『皇甫真故大器也』。」

〔註7〕只是《三國志》中此處的『大器』活用為動詞。

王猛稱皇甫真為大器。（9）《宋史・曹彬傳》：「節帥武行德見其端愨，指謂左右曰：『此遠大器，非常流也』。」武行德稱曹彬為「遠大器」。足證古人有稱才智之士為大器的慣例。（10）據《梁書》，梁武帝的皇孫就取名為「大器」。（11）《後漢書・孔融傳》：「高明必為偉器。」（12）《後漢書・黃允傳》：「卿有絕人之才，足成偉器。」「偉器」就是「大器」。（13）《墨子・親士》：「聖人者，事無辭也，物無違也，故能為天下器。」此以聖人為「天下器」。「天下器」正是說「大器」。足證「君子不器」必當釋為「君子大器」。

我們還找到了類似的例子，如《文心雕龍・程器》：「《周書》論士，方之梓材，蓋貴器用而兼文采也。」又曰：「雕而不器，貞幹誰則」。《文心雕龍》中的這個「不器」的「器」只能是褒義詞，「不器」一詞倒是貶義詞，意思是「沒有現實的（或實際的）用處」，與《論語》「君子不器」的「不器」毫無關係。難道能說《論語》「君子不器」的意思是「君子無用」嗎？如把《文心雕龍》中的「不器」和《論語》「君子不器」相比附，那麼《文心雕龍》和《論語》各自的意思都不可通。正如陸機《文賦》所說：「離之則雙美，合之則兩傷。」

古人常常比才智之士為器，例證甚多。《三國志・吳志・陸遜傳》載陸抗上疏稱：樓玄、王蕃、李勖「皆當世秀穎，一時顯器。《晉書・石苞傳》：「苞子雋，少有名譽，議者稱為令器。」令器即美器。《南史・沈演之傳》：「此童終為令器。」《隋書・李德林傳》高隆之稱李德林「必為天下偉器。」儒學絕不貶「器」。《後漢書・鄭玄傳》：「玄稱淵為國器。」《荀子・大略》：「身能行之，國器也。」《史記・晉世家》：「成王曰『晉公子賢而困於外久，從者皆國器』。」《漢書・韓安國傳》：「唯天子以為國器。」《漢書・匡衡傳》：「匡衡經學絕倫，貢之朝廷，必為國器。」古書言「國器」甚多，國器與大器義近。《漢書・薛宣傳》稱翟方進「有宰相器。」《漢書・韋賢傳》：「朝廷稱有宰相之器。」《南史・蕭思話傳》稱鄭鮮之，羊徽乃「一時美器，世論猶在。」《世說新語・賞譽》載王導稱周凱為「雅流弘器」。班固《離騷序》：「雖非明智之器，可謂妙才也。」《鶡子・道符五帝三王傳政甲第五》：「凡萬物皆有器，故欲有為不行其器者，雖欲有為不成。諸侯之欲王者亦然，不用帝王之器者不成。」

又，「丕」字在先秦文獻中可用於名詞前，如「丕時」、「丕績」之類。《尚書・大禹謨》：「予懋乃德，嘉乃丕績。」注：「丕，大也。」《尚書・立政》：「其在四方，用丕式見德。」丕式猶言大法、猶言洪範。又同篇：「嚴惟丕式，

克用三宅三俊。」又《君奭》：「在讓後人于丕時。」鄭注「丕時」為「大旦」，則「丕」可作形容詞用於名詞之前，昭然不爽。

但是有個麻煩的現象，就是《禮記‧學記第十八》：「君子曰『大德不官，大道不器，大信不約，大時不齊』。」此為漢初人或戰國時人之語。這裡的『大道不器』中的『不』明顯是否定詞。究竟該如何解釋這樣的現象呢？我們認為《禮記》「大道不器」與《論語》「君子不器」義各有當，彼此沒有牽連。《禮記》「大道不器」中的『器』是指『形』或『有形之物』，『不器』猶言『無形』，《禮記》乃言『大道無形』。今舉證如次：《周易‧繫辭上》：「形乃謂之器。」韓康伯注：「成形曰器。」同篇又曰：「形而下者謂之器。」《素問‧六微旨大論》：「是以升降出入，無器不用。」張志聰《集注》曰：「凡有形者謂之器。」《文選‧袁宏‧三國名臣序贊》：「器同生民。」呂向注：「器，形也。」可知『器』常常用於指『形』或『有形之物』。古書中有言『大道無形』之處甚多。如《尹文子‧大道上》：「大道無形，稱器有名。名也者，正形者也。」正是言道無形而器有形。此文可為《禮記》「大道無形」作注腳。又《淮南子‧詮言》：「大道無形。」《老子》四十一章：「道隱無名。」稱『道隱』正是說『道無形』。《關尹子》上卷：「惟道無形無方。」《韓詩外傳》卷五：「孔子抱聖人之心，彷徨乎道德之域，逍遙乎無形之鄉。」此以『道德』與『無形』互文對舉。《管子‧心術上》：「虛無無形謂之道。」同篇又曰：「天之道，虛其無形。」《淮南子‧俶真》：「夫秋毫之末，淪於無間，而復歸於大矣。」高注：「言道無形。」同篇又曰：「通於無圻。」高注：「道無形。」同篇又曰：「又況未有類也。」高注：「未有形象，道之所尚。」《廣弘明集》卷二：「夫至道無形，虛寂為主。」《太平御覽》卷668引《集仙籙》：「道無形，因術以濟人。」同書卷673引《太上經》：「道實無形，隱為化本。」同篇又曰：「大道無形。」甚至有用『無形』為『大道』的同義詞的例子。如《史記‧太史公自序》：「道家使人精神專一，動合無形，贍足萬物。」[註8]『動合無形』就是說『動合於道』。『無形』是『道』的同義詞。《禮記》「大道不器」正是說「大道無形」，乃是出典於《周易‧繫辭上》：「是故形而上者謂之道，形而下者謂之器。」『形而上』正是『無形』，同時說「器」有形。類例如《梁書‧昭明太子傳》：「識洞機深，量苞瀛海。立德不器，至功弗宰。」《隋書‧許善心傳》：「太素式肇，大德資生，功玄不器，道要無名。」此二例中的『不器』都是『無形』的意思。《禮記》「大

〔註8〕亦見《漢書‧司馬遷傳》。

道不器」中的『器』並不是指『器用』或才智而言〔註9〕，與《論語》『君子不器』完全不同，難道我們能說《論語》『君子不器』的意思是『君子無形』嗎？古書中常常有一個詞表示多種意思，彼此不一定有關係。

〔註 9〕楊樹達《論語疏證》（上海古籍出版社，2006 年版）48 頁在引述《禮記‧學記》「大道不器」之後稱：「此與不器之君子異矣。」

《論語》「學而時習之」新解

提要：

　　《論語》「學而時習之」的「學」的意思是模仿、仿傚。「習」不是複習、溫習，而是實習、練習，用之於實踐。

關鍵詞：學　習

　　《論語・學而》：「學而時習之，不亦說乎？」關於「習」字的解釋，邢昺《論語注疏》與程樹德《論語集釋》皆引王肅之言釋為「誦習」。劉寶楠《論語正義》亦以「習」為「誦習」。朱子《四書集注》：「習，鳥數飛也。學之不已，如鳥數飛也。」朱子注頗為無稽，似乎解釋為不斷重複學習，像鳥多次練習飛翔一樣。但大多數《論語》注家皆將「習」字置之不問，以為明白易曉。我們認為前人釋「習」的種種說法均不正確。我們在這裡要特別強調古人關於「習」的觀念與今人不同。我對先秦文獻中的『習』字的用例作過窮盡式的調查，得出的結論是先秦時的「習」主要有三義：（一）為「精通、通曉」；（二）為「練習」、「實行」、「實踐」；（三）為《說文》所說的鳥數飛。但從無「誦習」之義。在此各舉數例以明之。

　　《禮記・月令》：「溫風始至，蟋蟀居壁，鷹乃學習。」此「習」為「鳥數飛」之「習」。《詩經・齊風・還》小序曰：「習於田獵謂之賢，閑於馳逐謂之好焉。」「習」與「閑」互文同義，謂「擅長、通曉」。《禮記・燕義》：「天子將祭，必先習射於澤。」《禮記・月令》：「天子乃命將帥講武、習射、角力。」習射即訓練射擊。《禮記・玉藻》：「既服、習容、觀玉聲。」孔疏解「習容」

為「私習儀容又觀容」。《左傳・莊公二十八年》：「先君以是舞也，習戎備也。」此處的舞是萬舞，為一種武舞。「習戎備」指練兵。《左傳・僖公十五年》：「安其教訓，而服習其道。」服與習乃同義反覆，訓為「實行、實踐」，謂「行其道」。《左傳・昭公十六年》：「君幼弱、六卿強而奢傲，將因是以習，習實為常。」孔疏：「以習奢傲之事，既習奢傲，實以為常。」孔疏亦以「習」為「實行、實踐」之義。〔註1〕《穀梁傳・昭公八年》：「因搜狩以習用武事。」「習」即「練習、訓練」。《穀梁傳・莊公八年》：「出曰治兵，習戰也。入曰振旅，習戰也。」「習戰」猶言「練兵備戰」。《論語・陽貨》：「性相近也，習相遠也。」「習」謂「服行」，義為「行為習慣」。

我們以上略舉數證，可知先秦的經典中從無以「習」為「誦習」之例。孔子以「學」與「習」對舉，明是「學」與「習」不同。〔註2〕《禮記》中也有「學習」合稱之例。如《月令》：「命樂正入學習吹。」此實當讀為「入學，習吹」。「學」為名詞。「習」為動詞，義即「訓練」。楊伯峻《論語譯注》雖然意識到舊注不太合理，但未能從漢語史與訓詁學的角度予以辨析。

但在郭沫若《卜辭通纂》〔註3〕之《別錄之一》何氏第 12 片曰：「癸未卜：習一卜。習二卜。」有學者認為這裡的兩個「習」是「重複、反覆」之義。並舉《尚書・金滕》：「乃卜三龜，一習吉」之言為例。今考《尚書・金滕》：「乃卜三龜，一習吉。」孔傳曰：「習，因也。」《尚書・大禹謨》：「卜不習吉。」孔傳曰：「習，因也。」《尚書》中的與「卜」有關的「習」，舊注皆以為訓「因」，並非訓「重複、反覆」。故知上舉甲骨文中的「習」字不當訓為「重複、反覆」。因為不能從上古文獻上找到證據。在甲骨文中有表示「重複」的字是「尋」，可參看李學勤先生《續釋「尋」字》〔註4〕。

另外，在《包山楚簡》、《天星觀楚簡》等楚系竹簡上出現有大量的與占筮貞卜有關的「習」字。如《包山楚簡》第 223 號簡就說：「屈宜習之……」云云。滕壬生《楚系簡帛文字編》294～296 頁引錄有關文例頗詳。古文字學者指出這是古人常用的「習占」。但我們較仔細地考察楚簡中的「習」，就知道絕

〔註1〕唯孔疏釋「實」則非。此處的「實」當為「是」之借，訓「乃」，謂「既習之後，乃以為常」。

〔註2〕于鬯《香草校書》卷五十二以「學」與「習」同義，非是。

〔註3〕見《郭沫若全集・考古編》第二卷，科學出版社，1982 年。新頁碼 586 頁。

〔註4〕見《故宮博物院院刊》，2000 年 6 期。又見李學勤《中國古代文明研究》第三輯，華東師範大學出版社，2005 年。176～179 頁。

不能簡單地把那些「習」字解釋為重複、反覆。實際上，楚簡中的習字是特殊的占筮術語，有專門的占筮上的涵義〔註5〕，或許釋為「因」較為穩妥。在包山簡和天星觀簡中的「習」絕大多數是以「習之」的形態出現。「習之」就是繼續著上次、接著上次的意思。用現代漢語解釋，這裡的「習」是「因習」之義，與「襲」相通。《左傳·襄公十三年》：「先王卜征五年，而歲習其祥，祥習則行，不習則增修德而改卜。」楊伯峻注：「習一本作襲。歲習其祥，謂五年之中每年卜貞都吉。」知「習」應當有「繼續」的意思。「習之」就是「繼續它」，與「重複」不同〔註6〕。以此解釋《尚書》、楚簡中的相關文句，無不貫通。

　　古人本來是很注重知行合一的。《老子》七十八章：「弱之勝強，柔之勝剛。天下莫不知，莫能行。」《老子》四十二章：「上士聞道，勤而行之；中士聞道，若存若亡；下士聞道，大笑之」云云。《老子》七十章：「吾言甚易知，甚易行。天下莫能知，莫能行。」《荀子·儒效》：「知之而不行，雖敦必困。」《韓詩外傳》卷一：「憲聞之：無財之謂貧，學而不能行之謂病。」《國語·晉語四》：「文公學讀書於臼季，三日，曰『吾不能行也咫，聞則多矣』。對曰『然多聞以待能者，不猶愈也。』韋注：「使能者行之，不猶愈於不學乎。」這裡以「學」與「行」對舉，晉文公尚且從書本上學了知識而不能用之於實踐，胥臣說學了雖不能「行」，還是勝於不學。《老子》、《荀子》以「知、行」對舉，《晉語》以「學、行」對舉，《論語》以「學、習」對舉，「習」即是「行」。《淮南子·俶真》：「孔、墨之弟子，皆以仁義之術教導於世，然而不免於僬，身猶不能行也。又況所教乎？」後世文獻如唐代的柳冕《謝杜相公論房杜二相書》〔註7〕曰：「然荀孟之學困於儒墨，賈生之才廢於絳灌。道可以濟天下而莫能行之。」

　　考《史記·孔子世家》：「諸生以時習禮其家。」《史記·樂書》：「散軍而郊射。」《集解》引王肅曰：「郊有學宮，可以習禮也。」《史記·孔子世家》：「孔子去曹適宋，與弟子習禮大樹下。」《史記·儒林列傳》：「魯中諸儒尚講誦習禮樂。」這裡的講、誦、習分別是三種方式。《論語》中孔子之言意謂學了知識（或禮文），如能時時付之實踐，那多麼令人高興啊。這就是「學而時習之」的真義。

───────────

〔註5〕上舉甲骨文和《尚書》中的『因』都與占卜緊密相關。
〔註6〕楊伯峻釋『習』為『重複』。
〔註7〕見《唐文粹》卷七十九。

　　我們還補充一個可以參證的例子。如《韓非子・說難》：「昔者鄭武公欲伐胡，故先以其女妻胡君以娛其意。因問於群臣，『吾欲用兵，誰可伐者？』大夫關其思對曰：『胡可伐。』武公怒而戮之，曰：『胡，兄弟之國也。子言伐之，何也？』君聞之，以鄭為親己，遂不備鄭。鄭人襲胡，取之。宋有富人，天雨牆壞。其子曰：『不築，必將有盜。』其鄰人之父亦云。暮而果大亡其財。其家甚智其子，而疑鄰人之父。此二人說者皆當矣，厚者為戮，薄者見疑，則非知之難也，處知則難也。故繞朝之言當矣，其為聖人於晉，而為戮於秦也，此不可不察」。《韓非子》在這裡以『知』與『處』難以統一而對舉，也就是《論語》所言的『學』與『行』的關係。

海昏侯墓本《論語》「易易」考

提要：

　　海昏侯墓出土的《論語》有《知道》篇，其中的「王道之易易」，可對應傳世本《禮記》「王道易易」。經考證，今本《禮記》的「易易」應該是「易易」的形近而訛，當以「易易」為古本。

關鍵詞：海昏侯《論語》　易易　易易　蕩蕩

一

　　在江西南昌考古發掘的西漢海昏侯劉賀墓出土竹簡 5000 支左右，其中包含有《論語》。經學者鑒定為《齊論》，中有《知道》篇，為今本《論語》所無。楊軍等人的《西漢海昏侯劉賀墓出土〈論語·知道〉簡初探》〔註1〕對《知道》篇首章的 24 字有所考釋。原文如次：

　　　　（孔）字智（知）道之易（易）也。易（易）易（易）云者三日。子曰：「此道之美也，莫之御也。」

　　這段簡文可以比對肩水金關簡 73EJT22：6「孔子知道之易易也。易易云者三日。子曰，此道之美也。」

　　要注意的是這兩段漢代的竹簡都是坐「易易」，不是作字形相近的「易易」。而《禮記·鄉飲酒義》有與此相對應的文字作：「孔子曰：吾觀於鄉，而知王道之易易也。」鄭玄注：「鄉，鄉飲酒也。易易，謂教化之本，尊賢尚齒

〔註 1〕見《文物》2016 年 12 期，文物出版社。

而已。」《釋文》：「易易，皆以豉反。注及下易易同。」可見東漢的鄭玄注和陸德明《經典釋文》所看到的《禮記》原文都是作「易易」，而不是作「易易」。《禮記》同篇又曰：「故曰：吾觀於鄉，而知王道之易易也。」也是作「易易」。孔穎達疏：「謂孔子先觀鄉飲酒之禮，而稱知王道之易易。……不直云易，而云易易者，取其簡易之義，故重言易易，猶若《尚書》『王道蕩蕩』、『王道平平』，皆重言，取其語順故也。」也是作「易易」，不是「易易」。可見傳世文本的《禮記》自西漢以來就是作「易易」，而不是「易易」。朱彬《禮記訓纂》〔註2〕注稱：「重言『易易』，猶若『王道蕩蕩』、『王道平平』。」明顯採取孔穎達疏。孫希旦《禮記集解》〔註3〕：「愚謂禮行於鄉，而人無不化，故可以知王道之易行也。」王文錦《禮記譯解》〔註4〕解釋「易易」謂「相當容易推行」。錢玄等學者《禮記今注今譯》〔註5〕的解釋與王文錦相同，都同於孔穎達《正義》。可見從古到今的學者看到的《禮記》原文都是「易易」。但海昏侯墓和肩水金關的竹簡都明顯是「易易」，而不是「易易」。而楊軍等人的《初探》直接將漢簡的「易易」解釋為「易易」，並採取傳統的說法，不加任何考辨。

二

我們認為海昏侯墓和肩水金關的竹簡都作「易易」，而不是「易易」，這個異文至關重要，不能模糊，不可不加以考論。從文字學上看，「易」與「易」只是字形相近，但音義皆殊，判然二字，萬無相通的道理。決不能直接將漢簡本的「易」解釋為今本的「易」。我們認為古本的《禮記》應該是作「易易」，而不是作「易易」。傳世本作「易易」是「易易」的傳寫之訛，幸虧有海昏侯墓和肩水金關的竹簡都作「易易」，才能校正今本「易易」之誤。

考《尚書·洪範》：「無偏無黨，王道蕩蕩；無黨無偏，王道平平；無反無側，王道正直。」《左傳·襄公三年》引述《洪範》「王道蕩蕩」。杜預注：「蕩蕩，平正無私。」《呂氏春秋·貴公》引《鴻範》「王道蕩蕩。」東漢高誘注：「蕩蕩，平易也。《詩》云『魯道有蕩』。」〔註6〕高誘認為「魯道有蕩」的「蕩」

〔註2〕中華書局點校本，1996年版。887頁。
〔註3〕中華書局點校本，1989年。1430頁。
〔註4〕中華書局，2001年。924頁。
〔註5〕收入《十三經今注今譯》，嶽麓書社，1994年。見1005頁。
〔註6〕參看陳奇猷《呂氏春秋新校釋》47頁，上海古籍出版社，2011年版。錢大昭《廣雅疏義》「蕩蕩」引《呂氏春秋》此文為《書》，今根據原文實為《鴻範》。劉永華《廣雅疏義校注》（社會科學文獻出版社，2015年）666頁未能校正。

與「王道蕩蕩」的「蕩蕩」都訓「平易」。《楚辭‧九歎‧離世》：「路蕩蕩其無人兮。」〔註7〕東漢王逸注：「蕩蕩，平易貌。《尚書》『王道蕩蕩』。」王逸也認為《洪範》「蕩蕩」的意思是「平易」。《漢書‧王莽傳上》引述《洪範》「王道蕩蕩」。顏師古注：「蕩蕩，廣平之貌。」《漢書‧東方朔傳》引述《洪範》「王道蕩蕩」。顏師古注：「蕩蕩，平坦之貌。」《廣雅》：「蕩蕩，平也。」王念孫《廣雅疏證》〔註8〕正是舉了《洪範》的「王道蕩蕩」為例。可見一代訓詁學宗師王念孫也認為《洪範》的「蕩蕩」當訓「平坦」。《洪範》描述「王道」，用的是「蕩蕩、平平、正直」，根本沒有「容易推行」的意思，而是說「王道」廣遠平坦，光明正大，沒有偏私，不會反覆無常。所以海昏侯墓本《論語》後面緊接著有孔子的評論：「此道之美也，莫之御也。」孔子評論「王道」的話完全沒有「容易推行」的意思，而是讚美王道廣遠平坦。

類例如《詩經‧齊風‧南山》：「魯道有蕩，齊子由歸。」王先謙《詩三家義集疏》〔註9〕稱「有蕩」相當於「蕩蕩」，猶如「有洸」相當於「洸洸」，「有潰」相當於「潰潰」。毛傳：「蕩，平易也。」因此，《南山》的「魯道有蕩」就相當於「魯道蕩蕩」。《南山》的意思是魯國的道路平坦寬敞，驅車行路都很方便，齊國的文姜於是嫁到魯國〔註10〕。要注意的是《南山》的用詞並不是「魯道有易」。

三

「易」的上古音是余母陽部，「蕩」是定母陽部，上古音餘母與定母完全可以相通，即曾運乾所說的「喻四歸定」。且「蕩」從「易」得聲，二者必能相通。因此漢簡本的「王道之易易」就是《尚書‧洪範》的「王道蕩蕩」，絕不是「王道易易」。更考（1）《論語‧述而》：「子曰：君子坦蕩蕩，小人長戚戚。」鄭玄注：「坦蕩蕩，寬廣貌也。」朱子《集注》：「蕩蕩，寬廣貌。」（2）《論語‧泰伯》：「子曰：「大哉，堯之為君也！巍巍乎！唯天為大，唯堯則之。蕩蕩乎！民無能名焉。巍巍乎！其有成功也；煥乎，其有文章！」《集解》引

〔註7〕見洪興祖《楚辭補注》287頁，中華書局點校本，2000年。錢大昭《廣雅疏義》「蕩蕩」引《楚辭》此文為《九歌》，失於檢點。劉永華《廣雅疏義校注》（社會科學文獻出版社，2015年）666頁未能校正。

〔註8〕陳雄根標點，香港中文大學出版社，1978年。671頁。

〔註9〕中華書局點校本，2009年。384頁。

〔註10〕根據毛傳鄭箋，《南山》的主題是諷刺齊襄公與魯桓公夫人文姜通姦淫亂。

包氏曰：「蕩蕩，廣遠之稱也，言其布德廣遠，民無能識名焉。」包咸解釋《論語》的「蕩蕩」極為精確，孔子用「蕩蕩」形容「堯」，而堯是效法上天。「蕩蕩」一詞本是對「天」的形容，說「天」很廣遠。而「天」與「上帝」在先秦文獻中常常互訓，此為訓詁學常識，不煩舉證〔註11〕。《孟子・滕文公》引述孔子此言，趙岐注：「天道蕩蕩乎大，無私生萬物，而不知其所由來。堯法天，故民無能名堯德者也。」「蕩蕩」是「大」的意思，趙岐此注很正確。朱子《集注》：「蕩蕩，廣大之貌。」（3）《詩經・蕩》：「蕩蕩上帝，下民之辟。」鄭玄箋：「蕩蕩，法度廢壞之貌。」孔穎達疏：「蕩蕩，是廣平之名。」朱熹《集傳》：「蕩蕩，廣大貌也。」今按，鄭玄之說誤，當以孔穎達和朱子為確。在《論語》中，孔子用「蕩蕩」形容堯和天，必是褒義。《詩經》用「蕩蕩」形容「上帝」，斷不可能是貶義的「法度廢壞」，而應該如包咸注《論語》「蕩蕩」的意思：「廣遠之稱也，言其布德廣遠，民無能識名焉。」「下民之辟」的「辟」當從毛傳鄭箋訓「君」。正因為上帝或天廣遠難測，所以古人也認為天命難測，不可捉摸。因此《蕩》下文接著說：「疾威上帝，其命多辟。」這裡的「辟」，《說苑・至公》引作「僻」，當訓「邪僻」。王先謙《詩三家義集疏》〔註12〕稱《說苑》所引為魯詩，《說苑》且釋曰：「言不公也。」王先謙解釋道：「惟其不公，是以命多邪僻。」「蕩蕩上帝」是說上帝廣遠，難以測度，「疾威上帝」是說上帝也會危害人間，這是遞進式的描寫上帝。《詩經》的「蕩蕩上帝」猶如《詩經・閟宮》和《論語・堯曰》的「皇皇后帝」，「蕩蕩」、「皇皇」都訓「大」。（4）《荀子・不苟》：「君子易知而難狎，易懼而難脅，畏患而不避義死，欲利而不為所非，交親而不比，言辯而不辭，蕩蕩乎其有以殊於世也。」〔註13〕楊注：「與俗人有異。」《荀子》用「蕩蕩」來形容君子與眾不同的美德，顯然是褒義詞，意思是「正大」。（5）《左傳・襄公二十九年》：「美哉蕩乎，樂而不淫，其周公之東乎？」杜注：「蕩乎，蕩然也。」孔穎達《正義》：「蕩蕩，寬大之意。」（6）《漢書・禮樂志》：「大海蕩蕩水所歸。」顏師古注：「蕩蕩，廣大貌也。」（7）《白虎通・號》：「蕩蕩者，道德至廣大之貌也。」（8）《尚書・堯典》：

〔註11〕 參看《故訓匯纂》667 頁～668 頁「帝」字的 49～56 條。商務印書館，2004 年版。

〔註12〕 中華書局點校本，2009 年。933 頁。

〔註13〕 《荀子》此文又見於《韓詩外傳》卷二，文字有異同。如「知」，《韓詩外傳》作「和」。當以作「不辭」，《韓詩外傳》作「不亂」，當以作「亂」為確。參看《荀子集解》，中華書局點校本，2016 年精裝本。46 頁。

「蕩蕩懷山襄陵。」孔穎達疏：「蕩蕩，廣平之貌。」蔡傳：「蕩蕩，廣貌。」
（9）《荀子·非十二子》：「蕩蕩然。」楊注：「蕩蕩，恢夷之貌。」而「恢夷」
正是「廣平」之義。

四

總之，海昏侯墓本《論語》「王道之易易」的「易易」當讀為「蕩蕩」，是
廣遠平坦的意思，也可簡單地釋為「正大」，而不是「易行、容易推行」的意
思。今本《禮記》的「易易」是「易易」之誤。

參考文獻

1. 楊軍等《西漢海昏侯劉賀墓出土〈論語·知道〉簡初探》，見《文物》2016
   年 12 期，文物出版社。
2. 宗福邦等《故訓匯纂》，商務印書館，2004 年。
3. 劉永華《廣雅疏義校注》，社會科學文獻出版社，2015 年。
4. 陳奇猷《呂氏春秋新校釋》，上海古籍出版社，2011 年版。
5. 洪興祖《楚辭補注》287 頁，中華書局點校本，2000 年。
6. 王先謙《荀子集解》，中華書局點校本，2016 年精裝本。

《論語・學而》「言可復也」新考

提要：

　　《論語》「言可復也」的「復」的含義是「效驗、兑現、實現」，以梁代學者皇侃訓為「驗」最精審，而不是一般意思上的「踐行」。但在某些文脈中理解為「踐行」也是可以的，朱熹訓「復」為「踐言」也不算錯，只是不精確而已。在表示「誠信」的意思時，「孚」是比「信」更尊貴的詞，可以說「小信為信，大信為孚」。

關鍵詞：復　驗　孚

　　《論語・學而》：「有子曰：『信近於義，言可復也』。」其中的「言可復」的意思似乎很難理解，前人的注釋可以分為兩派：

一

　　一派是宋代以前的注釋，從三國時代的何晏《論語集解》開始。何晏《集解》：「復，猶覆也。義不必信，信不必義也。以其言可反覆，故曰『近義』也。」何晏訓「復」為「反覆」，關鍵是這個「反覆」是什麼意思呢？梁代的皇侃《論語義疏》[註1]稱：「復，猶驗也。夫信不必合宜，合宜不必信。若為信近於合宜，此信之言乃可復驗也；若為信不合宜，此雖是不欺，而其言不足復驗也。」《論語義疏》在闡發何晏注時明確稱何晏注的「復」就是「覆驗」。我們認為皇侃疏對何晏注的這點解釋是最精確的。但仔細比對，皇侃闡釋性的話「若為信近於合宜，此信之言乃可覆驗也；若為信不合宜，此雖是不欺，而其言不足覆驗也」，與何晏注的意思有所不同，明顯曲解了何晏。因為何晏的意思是：

〔註1〕中華書局點校本，2013年。18頁。

即使「信」不合於「義」，但是因為「信」畢竟是誠信，重信用守然諾，沒有欺騙，所以還是近於「義」。而皇侃的闡釋是：只有「信」合於「義」時，這樣的「信」才能「覆驗」；如果「信」不合於「義」，這樣的「信」就不值得「復驗」。皇侃這樣的闡釋明顯不符合何晏的原意。

宋代邢昺《論語注疏》明顯承襲了何晏的解釋，對皇侃疏有所修正〔註2〕。邢昺《論語注疏》〔註3〕：「言雖非義，義其言可反覆不欺，故曰近義。」從邢昺疏的「反覆不欺，故曰近義」一語可以看出邢昺對何晏注的解釋一脈相承，與皇侃不同。但這個「覆」在一般訓詁中有「翻覆、傾覆」之義，所以在後代也導致了一些學者的誤解。劉寶楠《論語正義》〔註4〕雖然表面上也是取何晏之說：「鄭注云『復，覆也。言語之信可反覆』。案：『復』、『覆』古今語。」仔細觀察劉寶楠的解釋，其注與何晏、皇侃、邢昺有微妙的區別。《論語》的何晏注、皇侃疏都講得很清晰，何晏的「復」是覆驗或驗，即是「有效驗的、有結果的，不是空談。」而劉寶楠只是承襲前人說的「覆」是「反覆」，很可能對「復」的真義已有誤解。因為劉寶楠引述了《孟子·離婁下》：「大人者，言不必信，唯義所在。」劉寶楠闡釋道：「是信須視義而行之，故此言近於義也。」可見，劉寶楠將何晏的「反覆」理解為「反覆無常」，〔註5〕重要的是唯義所在。這顯然不符合何晏注、皇侃疏的觀點。我們認為皇侃疏訓「復」為「驗、覆驗」即「效驗」才是對何晏「反覆」最正確的解釋，也最符合《論語》的精神。事實上，將「復」訓為「覆」，何晏也是承襲了鄭玄的觀點。劉寶楠對何晏注的闡釋已經誤解了「覆、反覆」，不知是「覆驗、效驗」的意思，而是根

〔註2〕晁公武《郡齋讀書志》（孫猛《郡齋讀書志校證》134頁，上海古籍出版社，2011年）《論語正義十卷》條：「閒事梁皇侃采衛瓘、蔡謨等十三家之說為《疏》，昺等因之成此書。」《四庫提要》卷三十五《論語正義二十卷》條：「今觀其書，大抵剪皇氏之枝蔓，而稍傅以義理。漢學、宋學，茲其轉關。是疏出而皇疏微。」實際上，邢昺疏的闡釋與皇侃疏並不完全相同，不僅僅是剪除了皇侃疏的枝蔓而已，而是有自己的見解，有些地方更接近何晏注原意，所以何晏疏出而皇侃疏漸漸不為學者所重，這是有道理的。

〔註3〕《十三經注疏》本2458頁，浙江古籍出版社，1998年。《新編小四庫》本。

〔註4〕中華書局點校本，1990年。30頁。

〔註5〕考《詩經·小明》：「豈不懷歸？畏此反覆？」箋云：「反覆，謂不以正罪見罪。」《周禮·廬人》：「車不反覆謂之國工。」《尚書大傳·洪範五行傳》：「令禹推演天道，謂觀得失反覆也。」還有《孟子·萬章下》：「君有大過則諫；反覆之而不聽，則易位。」這樣的「反覆」是其常用義，這樣的常用義很容易讓學者對何晏注的「反覆」產生誤會。

據《孟子》的話，解釋為唯「義」之所在而變化，不必死守「信」。劉寶楠對舊注的理解是錯誤的。程樹德《論語集釋》〔註6〕引述的桂馥《札樸》、劉寶楠《論語正義》都贊成何晏之說，但並未指出劉寶楠之說其實不符合何晏的原意。程樹德稱：「『復』訓反覆，漢唐以來舊說如此，從無『踐言』之訓，《集注》失之。」明確反駁了朱熹的觀點。從此可見何晏、皇侃的解釋一直是主流。楊逢彬《論語新注新譯》〔註7〕繼承皇侃之說，稱：「復有實現、履行之義。……『言可復』即說話能夠兌現。」這是正確的。

二

　　宋代學者疑古之風盛行，往往對經典獨標新見，所以產生了第二派的注釋，那便是朱熹的《四書章句集注》。朱熹不取何晏、皇侃的解釋，也有可能是因為對何晏注中的「覆、反覆」有錯誤的理解。朱熹《四書章句集注》〔註8〕：「復，踐言也。」黃懷信《論語彙校集釋》〔註9〕上冊 78 頁引《戴氏注》：「復，反也。信必反身踐其言，故近於義。」是採取朱熹的觀點。黃懷信本人在按語中釋「復」為「踐復」，將朱熹的「踐」與《論語》原文的「復」混合在一起，實際上並沒有清楚解釋「復」的意思，只是更接近朱熹的觀點。楊樹達《論語疏證》〔註10〕也採取朱熹之說，更引證三例：（1）《左傳‧宣公十五年》：「解楊曰『信載義而行之為利』。」（2）《左傳‧成公八年》：「季文子曰『信以行義』。」（3）《大戴禮記‧曾子立事》：「君子行必思言之，言之必思復之；思復之，必思無悔言。亦可謂慎矣。」楊樹達先生雖然自己沒有下明斷，但從其引證可知他是訓「復」為「行」，同於朱子。後來，楊伯峻《論語譯注》〔註11〕：「《左傳》僖公九年荀息說：『吾與先君言矣，不可以貳，能欲復言而愛身乎？』又哀公十六年葉公說：『吾聞勝也好復言，……復言，非信也。』這『復言』都是實踐諾言之義。《論語》此義當同於此。朱熹《集注》云『復，踐言也。』但未舉證，因之後代訓詁家多有疑之者。童第德先生為我舉出《左傳》為證，足補古今字書之所未及。」但楊伯峻沒有提及其叔父楊樹達先生的書。畏友蕭旭兄贊同朱熹和楊

〔註 6〕中華書局點校本，1990 年。第一冊 49～52 頁。
〔註 7〕北京大學出版社，2016 年。13 頁。
〔註 8〕中華書局點校本，1989 年版。《新編諸子集成》本。52 頁。
〔註 9〕上海古籍出版社，2008 年。
〔註10〕上海古籍出版社，2006 年。28～29 頁。
〔註11〕中華書局，2007 年版。11 頁。

伯峻之說，也訓「復」為「實行、踐行」，且對我說：《左傳‧僖公九年》：「荀叔曰：『吾與先君言矣，不可以貳，能欲復言而愛身乎？』」《國語‧晉語二》作「吾言既往矣，豈能欲行吾言而又愛吾身乎？」此「復」訓「行」之確證。《左傳》的「復言而愛身」與《楚語下》的「復言而不謀身」正可對讀。蕭兄的考證很有見地〔註12〕，然而也還可以進一步研究。因為只有朱子注才開始認為「復」訓「踐言」，在宋以前的訓詁學中並沒有根據。《左傳》、《晉語二》雖與《楚語下》可以比對，但也可以有其他的解釋，未必一定要過分拘泥。黃式三《論語後案》〔註13〕對「復、覆、反覆」沒有自己明確的見解。

三

概括以上的討論，可知前人關於何晏注的「復、覆」的解釋可分為兩類：1. 皇侃、邢昺為一派，釋為「覆驗、驗」，意思是「效驗、有效果的、有結果的」〔註14〕；2. 朱熹等人為一派，釋為「踐言、實行」。這兩派的觀點實際上差別不是很大，應該說在實質上是很接近的，也可以說兩種意見都是對的。但從訓詁學的角度來看，皇侃、邢昺一派顯然更精確，更符合訓詁學的原理。因為復驗、覆驗，即效驗，這是有訓詁學上的根據的，且更符合《論語》的精神；而「復」訓為踐言或實行，在訓詁學上沒有明確的根據，屬於隨文解釋，並不是精確的訓詁，只是意思也沒有大錯。

我們新考如下：從訓詁學角度上看，何晏、皇侃的意見是精確的。我們可以將古書中類似的語句排比在一起，予以考察。

（1）《孔子家語‧王言解》：「其禮可守，其言可覆，其跡可履。」四庫本、范家相本、寬永本、宗智本「覆」作「復」，《肇論疏》卷2引作「復」。《大戴禮記‧主言》「覆」作「復」。這也可以看出「覆、復」與「行」不同，因為後面的「履」就是「踐、行」之義，此為訓詁常談〔註15〕，合言「踐履、履行」，《孔子家語》以「覆」與「履」對舉，二者應該有所不同。「其言可覆」的意思是「其言可以兌現」。

〔註12〕蕭旭的觀點是其在電郵中寫給我的話，並不見於其論著。
〔註13〕鳳凰出版社，2008年。18頁。
〔註14〕《廣韻》：「驗，效也。」徐鍇《說文繫傳》：「驗，今亦云效也。」《呂氏春秋‧察傳》高注：「驗，效也。」《淮南子‧主術》高注：「驗，效也。」則分明是「效驗」，即有結果、有效果的意思，與「踐行」有微妙的不同。
〔註15〕參看《故訓匯纂》（商務印書館，2004年）626頁「履」字條，「履」訓「踐」，訓「行」都很普通。

（2）《大戴禮記・曾子立事》：「君子行必思言之，言之必思復之；思復之，必思無悔言。亦可謂慎矣。」從《大戴禮記》此言觀察，「行」與「復」對舉連言，應該有所區別，「復」訓「驗」，意思是「產生效驗、有效果、不止於說空話」的意思。黃懷信主撰《大戴禮記匯校集注》〔註16〕對此注釋為：「復，謂實現、兌現。欲復之，則不能有妄言也。」這個注解極為精確。方向東《大戴禮記匯校集解》〔註17〕只是引述前人之說，未能自加按語。其引阮元之說，訓「復」為「覆行」，也是朱熹一派的意見，沒有新見。

（3）《大戴禮記・曾子立事》：「人信其言，從之以行；人信其行，從之以復。」此言將「行」與「復」對舉，如果訓「復」為「行」，則就成為「人信其行，從之以行」，這就與前面的「從之以行」重複，顯然不可通。這裡的「復」與「行」應該有所區別。黃懷信解釋為：「信之，故助其實現，所謂從之以復也。」也是訓「復」為「實現」，這是正確的。黃懷信〔註18〕和方向東〔註19〕都引戴禮曰：「王易注云：『復，重複踐行也』。」將「重複」和「踐行」合二為一，並不是精確的訓詁，但總的來說王易注是屬於朱熹一派〔註20〕。

（4）《國語・楚語下》：「復言而不謀身，展也。」韋注：「復言，言可復，不欺人也。不謀身，不計身害也。」徐元誥《國語集解》〔註21〕、蕭旭《國語校補》〔註22〕、郭萬青《國語考校》〔註23〕均無別解。今按：韋注正確但不明確。復言之「復」當訓「兌現、實現」，謂兌現諾言而不謀及自身之利害，也是一種誠，也就是「展」。《爾雅》：「展，誠也。」《國語》韋昭注：「展，誠也。」〔註24〕從《楚語下》此言可以看出，「復」與「展（誠信）」關係密切。

（5）《左傳・僖公九年》：「荀叔曰：『吾與先君言矣，不可以貳，能欲復

〔註16〕三秦出版社，2005 年。458 頁。

〔註17〕中華書局，2008 年。428 頁。

〔註18〕三秦出版社，2005 年。459 頁。

〔註19〕中華書局，2008 年。429 頁。

〔註20〕王易注很可能是採用了《漢書》顏師古注。考《漢書・董仲舒傳》：「樂而不亂，復而不厭者，謂之道。」顏師古注：「復，謂反覆行之也。」然而仔細觀察，可知顏師古說的反覆行樂，並與「言」無關，這個「復」與《論語》、《大戴禮記、《國語》的「復言」沒有任何關係，萬不可牽合。

〔註21〕中華書局點校本，2002 年。

〔註22〕收入蕭旭《群書校補》第一冊，廣陵書社，2011 年。

〔註23〕上下冊，臺灣花木蘭文化出版社，2015 年。

〔註24〕參看《故訓匯纂》（商務印書館，2004 年）623 頁「展」字條第 10～15 注。陳瑑《國語翼解》（中華書局，1991 年）卷五 129 頁。

言而愛身乎？』」杜預注：「復言，言可復也。」這是直接引述《論語》的原話來做注解，沒有解決問題。《國語·晉語二》作「吾言既往矣，豈能欲行吾言而又愛吾身乎？」《左傳》的「復言」對應《晉語》的「行吾言」。《國語》用「行」替換《左傳》的「復」，二者確實義近。顧炎武《左傳杜注補正》〔註25〕：「言欲踐其言，自不得愛其身。」這是採用朱熹之說。洪亮吉《春秋左傳詁》〔註26〕、陳舜政翻譯《高本漢左傳注釋》〔註27〕對此無注。楊伯峻《春秋左傳注》〔註28〕：「復言猶言實踐諾言。」只是從精確的訓詁學上講，「復言」解釋為「兌現諾言」才是最精確的。《史記·晉世家》作：荀息曰「吾不可負先君言。」可見司馬遷以「不負」釋「復」，則司馬遷認為「復」有「誠信」的意思，這是精確的。劉文淇《春秋左氏傳舊注疏證》〔註29〕釋為：「欲使前言可反覆而行之。」這也不是精確的訓詁，這個「復」沒有反覆的意思。

（6）《左傳·襄公二十八年》：「欲復其願，而棄其本。」杜注：「謂欲得鄭朝以復其願。」楊伯峻《春秋左傳注》〔註30〕1144頁稱：「復即復言之復，實踐也。」我們認為精確的訓詁應是實現其願望，而不是實踐其願望。「復」強調的是行為的結果，而不是行為本身或其過程。《左傳》此處的「復其願」與前文的「逞其願」義近，顯然不是簡單的「實行」。

四

「覆」的另外一種用法不能與本文的「復」相混。如《大戴禮記·文王官人》：「覆其微言以觀其信。」孔廣森《補注》：「覆，讀如『言可復也』之復。」王聘珍《解詁》曰：「覆，復也。」孔廣森、王聘珍的注解是錯誤的。這個「覆」當訓為「察」。《爾雅》：「覆，察也。」《周禮·考工記·弓人》：「覆之而角至，謂之句弓。」鄭玄注：「覆猶察也。」《慧琳音義》卷10「三覆」條引《集訓》：「重察言語曰覆也。」朱駿聲《說文通訓定聲》「覆」字條稱：「覆，謂諦察其隱微。」《慧琳音義》卷二十一引《華嚴經音義》「三復」條注引《珠叢》：「復，謂重審察也。」其「重」是「重複」的「重」。《文王官人》是說「察其微言以

〔註25〕收入《顧炎武全集》1，上海古籍出版社，2011年。26頁。
〔註26〕中華書局點校本，2004年版。286頁。
〔註27〕臺灣中華叢書編審委員會印行，1972年版。
〔註28〕修訂本，中華書局，1990年。329頁。
〔註29〕臺灣中文出版社，1971年版。294頁。
〔註30〕修訂本，中華書局，1990年。

觀其信」。又,《大戴禮記・曾子立事》:「觀說之流,可以知其術也;久而復之,可以知其信也。」王聘珍《解詁》:「復者,復其言。」孔廣森《補注》:「復,如『言可復』之復。」王聘珍、孔廣森的注解是錯誤的。這個「復」也應當訓為「審察」。〔註31〕又,《左傳・哀公十六年》葉公說:「吾聞勝也好復言,而求死士,殆有私乎!復言,非信也。期死,非勇也。子必悔之。」吳靜安《春秋左氏傳舊注疏證續》〔註32〕對「復言」的解釋只引述俞樾之言,完全沒有解決問題。楊伯峻《春秋左傳注》〔註33〕:「復言,出口為言,必實踐之也。」楊逢彬《論語新注新譯》〔註34〕引述《左傳》此言,採用其叔父楊伯峻之說,稱其中的「復言」是「實踐諾言之義。」今按,楊伯峻、楊逢彬之說非是。葉公說白公勝「好復言」明顯是貶義,與《論語》的「言可復」絕不是一回事。這個「復」當訓為「察」,意思是白公勝「喜歡探察別人的話究竟有什麼含義」,所以葉公說白公勝有「私」,即有「邪」〔註35〕。

五

為什麼我們堅持認為不能將這樣的「復」的含義等同於「行」呢?這也有另外的考慮。因為表示「實現承諾、兌現承諾」的「復言」的「復」在古書中又作「孚」。今本《易經》多有「孚」字,在馬王堆漢墓帛書本《易經》中幾乎全部作「覆」。〔註36〕《釋名・釋言語》:「覆,孚也,如孚甲之在外物也。」〔註37〕《國語・周語下》:「信,文之孚也。」韋注:「孚,覆也」。宋庠曰:「注

〔註31〕 黃懷信主撰《大戴禮記匯校集注》(三秦出版社,2005年)491頁釋「復」為「履行前言」,這也是不精確的。
〔註32〕 共四冊,東北師範大學出版社,2004年。第四冊2187頁。
〔註33〕 修訂本,中華書局,1990年。1700頁。
〔註34〕 北京大學出版社,2016年。13頁。
〔註35〕 《左傳》此處的「私」當訓「邪」。參看《故訓匯纂》(商務印書館,2004年)1618頁「私」字條第10義項。
〔註36〕 參看張政烺《馬王堆帛書〈周易〉經傳校讀》(收入李零等編《張政烺論易叢稿》,中華書局,2011年);于豪亮《馬王堆帛書〈周易〉釋文校注》(上海古籍出版社,2016年版);張立文《帛書周易注譯》(中州古籍出版社,2008年);丁四新《楚竹書與漢帛書周易校注》(上海古籍出版社,2011年);吳新楚《周易異文校證》(廣東人民出版社,2001年);裘錫圭主編《長沙馬王堆漢墓簡帛集成》第一冊圖版,第三冊《周易經傳》釋文注釋。中華書局,2014年。
〔註37〕 見王先謙《釋名疏證補》(上海古籍出版社,1984年)187頁;任繼昉《釋名匯校》(齊魯書社,2006年)188頁。另見《故訓匯纂》「覆」字條。

『覆』，『言可復』之『復』。」〔註38〕王念孫《廣雅疏證》：「孚育，猶覆育也。」《方言》卷十一「蜉蝣」條，錢繹《方言箋疏》〔註39〕：「復育，即蜉蝣，一聲之轉。」都是說「孚」與「復、覆」相通。一般學者都將「孚」訓為「信」〔註40〕。但在上博簡第三冊所收的《周易》〔註41〕又都是作「孚」。因此可以推斷今本作「孚」是沿襲了戰國時代南方楚系文字的傳統，馬王堆帛書本作「覆」是戰國時代齊魯文字系統。由於在《論語》、《孟子》、《周禮》、《儀禮》中都沒有「孚」字，《左傳》有三處「孚」字，一處是引述前人語錄，兩處是引用《詩經》的「萬邦作孚」。因此基本上可以肯定《左傳》本文不存在使用「孚」字的現象。《禮記》有三處有「孚」字，兩處是引用《詩經》「成王之孚」和「萬邦作孚」。一處是《聘義》：「孚尹旁達。」鄭玄注：「孚讀如浮。尹讀如竹箭之筠。浮筠謂玉彩色也。」〔註42〕足見《聘義》的這個「孚」與訓為「信」的「孚」毫無關係，是「浮」的異體字或假借字，因此我們可以說《禮記》本文沒有「孚」字。《論語》、《孟子》、《左傳》、《周禮》、《儀禮》、《禮記》都是先秦山東齊魯一帶的文獻，都沒有「孚」字，因此「孚」字很可能來自戰國時代的南方楚文字系統，而楚系文字的「孚」又是承襲了西周金文的傳統，因為在西周金文有「孚」字〔註43〕。東周洛陽的朝廷官員繼承了西周王朝的傳統，也用「孚」字。〔註44〕《毛詩》有「孚」字，而我們在《司空新考》〔註45〕一

〔註38〕 參看徐元誥《國語集解》88 頁，中華書局點校本，2002 年。

〔註39〕 中華書局點校本，1991 年。395 頁。華學誠《揚雄方言校釋匯證》（中華書局，2006 年）750 頁未收錄錢繹此言。

〔註40〕 參看《故訓匯纂》（商務印書館，2004 年）549 頁「孚」字條。

〔註41〕 見馬承源主編《上海博物館藏戰國楚竹書》（三），上海古籍出版社，2003 年。另參看丁四新《楚竹書與漢帛書周易校注》（上海古籍出版社，2011 年）。饒宗頤主編《上博藏戰國楚竹書字彙》（安徽大學出版社，2012 年）362 頁。

〔註42〕 見《十三經注疏》（浙江古籍出版社，1998 年）1694 頁。更考《孔子家語·問玉》：「孚尹旁達，信也。」注：「孚尹，玉貌；旁達，言似者無不通。」與《禮記》鄭玄注合。

〔註43〕 參看董蓮池《新金文編》（作家出版社，2011 年）上冊 312～313 頁。

〔註44〕 考《國語·周語》有訓為「信」的「孚」字，如《周語上》的內史過對周襄王說：「制義庶孚以行之。……制義庶孚，信也。」韋昭注：「孚，信也。」（參看徐元誥《國語集解》32 頁，中華書局點校本，2002 年）；《周語下》：「信，文之孚也。」於此可見《國語》的《周語》編撰不會在齊魯一帶。即使編撰者是齊魯人，其所依據的文獻原文也沒有反映齊魯方言，而是中原東周朝廷的語言，這又是繼承了西周王朝用字的傳統。

〔註45〕 收入本書。

文中指出《毛詩》正是用春秋末戰國初的楚文字寫成的，與春秋戰國時代的中原文字不同。「復」表示「有效驗、實現（然諾）、兌現（諾言）」，也就是皇侃疏的「驗」。這個意思的「復」是先秦齊魯一帶的方言特徵。所以，作「復」的《易經》是先秦齊魯文字系統，作「孚」的《易經》是楚文字系統。二者古音相通，意思相近。今本《易經》的「孚」與帛書本《易經》的「覆」音義相通，這就足以證明《論語》「言可復也」的「復」比起「踐行」的意思，更精確的訓詁是「效驗、兌現、實現」，與「信」義近。當然，有時根據古書的上下文脈，可以將「復」理解為「實行、踐行」，這只是隨文翻譯，意思接近，但並不是精確的訓詁。《故訓匯纂》〔註46〕「孚」字條沒有收「孚」訓「踐行、行」的義項，表明在訓詁學中，「孚」從來沒有「踐行、行」的含義。

　　在上古漢語中，「孚」似乎是比「信」要尊貴的一個詞，褒贊的意味較強，甚至含有「神聖」的色彩。考《詩經‧大雅‧下武》：「永言配命，成王之孚。成王之孚，下土之式。」鄭箋：「孚，信也。」但「孚」用於周成王，而且周成王的「孚」還能成為「下土之式」。《詩經‧大雅‧文王》：「上天之載，無聲無臭。儀刑文王，萬邦作孚。」毛傳：「孚，信也。」「孚」用於周文王和天下萬邦。《左傳‧莊公十年》：「小信未孚，神弗福也。」一般的「信」達不到「孚」的高度。足見「孚」比一般的「信」要尊貴。《尚書‧湯誥》：「上天孚佑下民，罪人黜伏。」孔傳：「孚，信也。」「孚」是用於「上天」的。《尚書‧高宗肜日》：「天既孚命正厥德。」孔傳釋「孚」為「信」。「孚」也用於「天、命」。另外，「孚」字還是《易經》的用語，而《易經》本是聖人神道設教的經典，地位尊顯。因此，「孚」雖然訓為「信」，但比一般的「信」更有尊貴神聖的語言色彩。正因為如此，「孚」與一般的「踐行」不是一回事。與「孚」音義皆通的「復、覆」也不是一般的「踐行」，而是「有效驗、兌現」的意思，應該說比「踐行」是更高層次的，強調了「效驗」，不僅僅是實踐而已。

　　另外，有學者認為《論語》此文的「信近於義」當解釋為「近於信的義」。我們認為這明顯不符合《論語》原意。何晏《集解》稱：「復，猶覆也。義不必信，信不必義也。以其言可反覆，故曰近於義也。」何晏的注解很正確：因為「信」表示能夠兌現承諾，所以近於「義」。不能做其他解釋。何晏將其中的「言」解釋為「語言」，也就是語言上的承諾。

〔註46〕商務印書館，2004年。549～550頁。

六

　　但王澤春先生在《「信近於義，言可復也」再議》〔註47〕一文中做出新近的解釋為：「通過對《論語》文本進行分析和對重要概念進行考察，以及對有子思想及先秦其他思想家誠信思想進行論證，加之對《左傳》中『復言』的探析，可以知道這句話的原意就是：如果所作出的承諾、約定是合宜的，所說的話就能兌現。」這樣就把「言」字解釋成了「所說的話」。「信近於義，言可復也」此二句的關係就變成：如果「信近於義」，則「言可復也」。二句的關係變成了假設條件和結果的關係。我們認為這個解釋沒有說服力，不符合《論語》對「信」的論述。詳考《論語》，並沒有將「信」分為「近於義」的「信」和「不近於義」的「信」。現將《論語》中關於「信」的主要論述大致排比如下：

　　1.《學而》：「曾子曰：「吾日三省吾身：為人謀而不忠乎？與朋友交而不信乎？」

　　2.《學而》：「子曰：道千乘之國：敬事而信，節用而愛人，使民以時。」

　　3.《學而》：「子曰：弟子入則孝，出則弟，謹而信，泛愛眾，而親仁。」

　　4.《學而》：「子夏曰：與朋友交，言而有信。」

　　5.《學而》：「子曰：主忠信，無友不如己者。」

　　6.《為政》：「子曰：人而無信，不知其可也。」

　　7.《公冶長》：「子曰：老者安之，朋友信之，少者懷之。」

　　8.《公冶長》：「子曰：十室之邑，必有忠信如丘者焉，不如丘之好學也。」

　　9.《述而》：「子曰：述而不作，信而好古。」

　　10.《述而》：「子以四教：文，行，忠，信。」

　　11.《泰伯》：「曾子曰：動容貌，斯遠暴慢矣；正顏色，斯近信矣；出辭氣，斯遠鄙倍矣。」

　　12.《泰伯》：「子曰：篤信好學，守死善道。」

　　13.《泰伯》：「子曰：狂而不直，侗而不愿，悾悾而不信，吾不知之矣。」

　　14.《顏淵》：「子貢問政。子曰：足食。足兵。民信之矣。」

　　15.《顏淵》：「自古皆有死，民無信不立。」

　　16.《顏淵》：「子曰：主忠信，徙義，崇德也。」

〔註47〕見《孔子研究》2017 年第 2 期。

17. 《子路》:「子曰:上好信,則民莫敢不用情。」

18. 《子路》:「子曰:言必信,行必果。」

19. 《衛靈公》:「子曰:言忠信,行篤敬。」

20. 《衛靈公》:「子曰:君子義以為質,禮以行之,孫以出之,信以成之。君子哉!」

21. 《陽貨》:「子曰:恭、寬、信、敏、惠。恭則不侮,寬則得眾,信則人任焉,敏則有功,惠則足以使人。」

22. 《子張》:「子夏曰:君子信而後勞其民,未信則以為厲己也;信而後諫,未信則以為謗己也。」

23. 《堯曰》:「寬則得眾,信則民任焉,敏則有功。」

以上是《論語》關於「信」的主要論述,可以很清晰地見出:《論語》將「信」本身看作是很重要的行為理念,絕對沒有將「信」分為「近於義」的「信」和「不近於義」的「信」。孔子沒有要求門人只兌現「近於義」的「信」。真正做這種區分的不是《論語》,而是《孟子》。考《孟子‧離婁下》:「孟子曰:大人者,言不必信,行不必果,惟義所在。」這是孟子針對孔子思想的改易,因為《論語‧子路》:「子曰:言必信,行必果。」於此可見《孟子》的思想與《論語》是有所不同的。我們不能將《孟子》的思想觀念套在《論語》裏面。因此,本文不能贊成王春澤先生的觀點。

七

總結本文的論述,《論語》「言可復也」的「復」的含義是「效驗、兌現、實現」,以梁代學者皇侃訓為「驗」最精審,而不是一般意思上的「踐行」。但在某些文脈中理解為「踐行」也是可以的,朱熹訓為「踐言」也不算錯,只是不精確而已。在表示「誠信」的意思時,「孚」是比「信」更尊貴的詞,可以說「小信為信,大信為孚」。在先秦經典中,「覆」有時訓為「察」。